Sur les traces d'Abraham Ulrikab

Les événements de 1880-1881

France Rivet

HORIZONS POLAIRES

Recherche, rédaction, traductions anglais-français et mise en page	France Rivet
Traductions allemand-français du journal et des lettres d'Abraham, du journal de Johan Adrian Jacobsen, de la conférence de Rudolf Virchow et des extraits de son livre *Crania Ethnica Americana*	Jacqueline Thun
Traductions allemand-français des articles de journaux publiés à Prague, Francfort, Darmstadt et Crefeld	Philippe Gendron
Révision et correction	Line Fortin Jacqueline Thun

Couverture de Sumit Shringi. Portrait d'Abraham par Jacob Martin Jacobsen, 1880 (Archives moraves, Herrnhut). Photo du fjord Saglek © France Rivet, Horizons Polaires, 2009.

Portrait de l'auteur © Rémi Laprise, 2013.

Catalogage avant publication de Bibliothèque et Archives nationales du Québec et Bibliothèque et Archives Canada

Rivet, France, 1963-

    Sur les traces d'Abraham Ulrikab : les événements de 1880-1881

    Comprend des références bibliographiques et un index.

    ISBN 978-0-99367-407-5

    1. Inuits - Europe - Histoire - 19e siècle. 2. Ulrikab, Abraham, 1845?-1881 - Mort et sépulture. 3. Restes humains (Archéologie) - Rapatriement - Terre-Neuve-et-Labrador. 4. Exhibitions ethnologiques - Europe - Histoire - 19e siècle. I. Titre.

E99.E7R583 2014   305.897'124094   C2014-941522-2

Dépôt légal - Bibliothèque et Archives nationales du Québec, 2014
Dépôt légal - Bibliothèque et Archives Canada, 2014
Aussi disponible en version électronique (PDF) : ISBN 978-0-99367-402-0

© Horizons Polaires, 2014
Traduction française des journaux d'Abraham et de Johan Adrian Jacobsen :
© Horizons Polaires et Jacqueline Thun, 2014

Horizons Polaires Inc.
27, rue de Cotignac, Gatineau (Québec) J8T 8E4
info@horizonspolaires.com / www.horizonspolaires.com

À la mémoire de :

Abraham
Maria
Nuggasak
Paingu
Sara
Tigianniak
Tobias
Ulrike

À tous les Nunatsiavummiut :

Puisse ce livre vous apporter
les éléments essentiels qui vous permettront de
vous réapproprier une partie de votre histoire
et de boucler la boucle sur le sort
réservé à huit des vôtres.

Table des matières

Liste des figures 7
Préface 11
Introduction 15
Quelques notes 21
Le début des spectacles ethnographiques de Carl Hagenbeck 25
En quête d'un nouveau navire 31
Jacobsen tente de recruter au Groenland 33
L'arrivée à Hebron au Labrador 37
Le fjord de Nachvak 41
Le départ pour l'Europe 49
La traversée de l'Atlantique 57
L'arrivée à Hambourg 61
Le séjour à Hambourg 65
Le séjour à Berlin 69
La première lettre d'Abraham au Frère Elsner 91
Les rencontres avec les frères et sœurs moraves à Berlin 97
Les « Esquimaux » étudiés par Rudolf Virchow 107
Le séjour à Prague 141
Le séjour à Francfort 145
Le séjour à Darmstadt et le décès de Nuggasak 155
Le séjour à Bockum et les décès de Paingu et de Maria 159
L'arrivée au Jardin d'acclimatation 169
La dernière lettre d'Abraham au Frère Elsner 177
La mort des « Esquimaux » à Paris 179
Les résultats des autopsies 191
Le décès des « Esquimaux » dans les journaux 201

La commission d'enquête sur le décès des « Esquimaux »......................207
Le débat sur la vaccination obligatoire..219
Le retour des biens des « Esquimaux » au Labrador................................225
La calotte crânienne de Paingu 235
Les moulages de trois cerveaux 239
L'exhumation des « Esquimaux »...251
Les squelettes ont-ils été exhibés à Paris? 257
Qu'est-il advenu des restes de Nuggasak, de Paingu et de Sara? 267
La collection d'artefacts..271
Les répercussions de la mort des « Esquimaux » 279
Les prochaines étapes 283
Annexe A – Journal d'Abraham..287
Annexe B – Les Esquimaux du Jardin d'acclimatation............................295
Annexe C – Sommaire de la chronologie des événements 305
Annexe D – Allocution de Théophile Chudzinski..309
Annexe E – La circonvolution de Broca 317
Remerciements 321
Références bibliographiques 333
Index des noms cités...355

Liste des figures

Fig. 1 Affiche *Die Eskimos von Lavrador*, 1881 10
Fig. 2 Fjord Saglek, Parc national des Monts-Torngat 14
Fig. 3 Fjord Nachvak, Parc national des Monts-Torngat 14
Fig. 4 Heinrich Leutemann, 1880 25
Fig. 5 Johan Adrian Jacobsen, 1881 27
Fig. 6 L'empereur Guillaume 1er observant les Groenlandais 29
Fig. 7 Carl Hagenbeck, ca 1890 30
Fig. 8 L'*Eisbär*, 1880 36
Fig. 9 Hebron, milieu du XIXe siècle 36
Fig. 10 Abraham, l'interprète engagé par J. A. Jacobsen, 1880 40
Fig. 11 Poste de la Cie de la Baie d'Hudson, Nachvak, ca 1910 43
Fig. 12 George Ford et sa première épouse Harriet Merrifield 46
Fig. 13 Mission morave de Hebron 47
Fig. 14 Nuggasak, Paingu et Tigianniak, 1880 48
Fig. 15 Famille d'Abraham, 1880 54
Fig. 16 Carte géographique, lieux cités au Labrador ou Groenland 55
Fig. 17 Carte géographique, lieux cités en Europe 56
Fig. 18 Héligoland, ca 1890-1900 58
Fig. 19 Tigianniak calmant la tempête, 1880 60
Fig. 20 Le nouveau et l'ancien Kugelbake de Cuxhaven, 1867 61
Fig. 21 Port de Hambourg, 1883 62
Fig. 22 Carl Hagenbeck's Thierpark, 13, rue Neuer Pferdemarkt 64
Fig. 23 Carte de visite de Tobias, 1880 66
Fig. 24 Adolf Schoepf (gauche) et J. A. Jacobsen (droite), 1909 67
Fig. 25 La gare de train Berliner à Hambourg 68
Fig. 26 Les quais de la gare Berliner 68
Fig. 27 Gare Hamburger de Berlin, ca 1850 70
Fig. 28 Scènes du Zoo de Berlin, partie 1, 1880 72
Fig. 29 Scènes du Zoo de Berlin, partie 2, 1880 73
Fig. 30 Plan du zoo de Berlin, 1873 74
Fig. 31 Galerie Kaiser abritant le *Castan's Panopticum*, Berlin, 1900 78
Fig. 32 Abraham et Tobias en kayak, 1880 83
Fig. 33 Étang du zoo de Berlin 90
Fig. 34 Porte d'entrée du zoo de Berlin en 1880 90
Fig. 35 Adolf Stöcker 96
Fig. 36 Heinrich Bodinus 100
Fig. 37 L'emplacement du 136, rue Wilhelmstraße à Berlin, 2013 106
Fig. 38 Rudolf Virchow 107
Fig. 39 Tableau des noms des couleurs 114

Liste des figures

Fig. 40 Dessins sur les avant-bras de Paingu 124
Fig. 41 Contour de la main droite et du pied droit de Tobias 132
Fig. 42 Contour de la main droite et du pied droit d'Ulrike 133
Fig. 43 Propulseur du Labrador 136
Fig. 44 Propulseur groenlandais 137
Fig. 45 Illustrations des huit « Esquimaux », 1880 140
Fig. 46 Annonce du journal *Bohemia*, 15 novembre 1880 141
Fig. 47 Annonce du journal *Bohemia*, 19 novembre 1880 144
Fig. 48 Zoo de Francfort, 1878 145
Fig. 49 Carte du Zoo de Francfort, 1875 146
Fig. 50 Étang du Zoo de Francfort 154
Fig. 51 Vue intérieure et extérieure de l'Orpheum, ca 1905 155
Fig. 52 Nuggasak, 1880 156
Fig. 53 Étang du Zoo de Bockum, 1906 160
Fig. 54 Salle de concert où Noël a été célébré, Zoo de Bockum 161
Fig. 55 Paingu, 1880 163
Fig. 56 Lieu d'inhumation de Paingu à Bockum, 2013 164
Fig. 57 Hôpital Alexianer de Crefeld où Sara a été admise, 1883 165
Fig. 58 Gare du Nord, ca 1921 171
Fig. 59 Jardin d'acclimatation, grande pelouse et grandes écuries 172
Fig. 60 Hutte des Groenlandais au Jardin d'acclimatation 174
Fig. 61 Maison de tourbe devant la mission morave, Hebron 174
Fig. 62 Ulrike et Maria, 1880 176
Fig. 63 Hôpital Saint-Louis, façade de la cour d'entrée 180
Fig. 64 Annonce « Départ des Esquimaux » 181
Fig. 65 Plan de l'hôpital Saint-Louis 182
Fig. 66 Registre des entrées, Hôpital Saint-Louis, Maria 183
Fig. 67 Registre des entrées, Hôpital Saint-Louis, 5 adultes 183
Fig. 68 Registre des décès, Hôpital Saint-Louis, Maria 184
Fig. 69 Tigianniak, 1880 185
Fig. 70 Paingu, Tigianniak et Nuggasak, 1880 190
Fig. 71 Dr Emile Landrieux 191
Fig. 72 Tobias, Abraham, Ulrike, Sara et Maria, 1880 200
Fig. 73 Dr Léon Colin 207
Fig. 74 Dr Henri Liouville 224
Fig. 75 Tigianniak, Paingu et Nuggasak 238
Fig. 76 Dr Paul Topinard 239
Fig. 77 Théophile Chudzinski 242
Fig. 78 Réfectoire du Couvent des Cordeliers 244
Fig. 79 Squelettes et moulages de cerveaux, Musée Broca 245
Fig. 80 Tobias, Abraham, Ulrike, Sara et Maria, 1880 250
Fig. 81 Armand de Quatrefages 251
Fig. 82 Dr Paul Brouardel 253
Fig. 83 Abraham, 1880 256
Fig. 84 Vue extérieure du « bâtiment de la baleine », 1892 257
Fig. 85 Vue générale, galerie d'anatomie comparée, 1880 258
Fig. 86 Groupe de squelettes européens, 1880 259
Fig. 87 Ernest Théodore Hamy, 1883 260
Fig. 88 René Verneau 262

Fig. 89 Galerie d'anthropologie et de paléontologie, 1910 263
Fig. 90 « Race eskimo », Musée de l'Homme 266
Fig. 91 Rudolf Virchow dans son laboratoire, 1891 270
Fig. 92 Musée d'ethnographie du Trocadéro... 271
Fig. 93 Armand Landrin 272
Fig. 94 Musée royal d'ethnologie de Berlin, ca 1900 278
Fig. 95 Herman Frederik Carel Ten Kate.. 286
Fig. 96 Affiche *Amerikanische Völke.* 316
Fig. 97 Portrait de Nuggasak et de Tigianniak.. 316
Fig. 98 Affiche *Amerikanishe Völkertypen* 320
Fig. 99 Portrait de Paingu.. 320
Fig. 100 Section II-J, vieux cimetière de Darmstadt 359

Fig. 1 Affiche *Die Eskimos von Lavrador*, 1881
Illustration de J. H. Fischer. *Deutsche Illustrirte Zeitung*, n° 13, p. 196.
(Collection Hans-Josef Rollmann)

Préface

Vicomte DE CHALLANS
Chronique parisienne, journal *La Presse*, Paris, 10 février 1881

Nécrologie

Si cela vous est égal, ne parlons pas du divorce. [...] Ne touchons pas non plus aux actualités bruyantes, aux procès à sensation, aux *premières* de la semaine, toutes ces choses sont les revenants bons du métier; il ne manquera pas de chroniqueurs pour les exploiter.

Parlons, si vous le voulez bien, d'un simple fait qui n'a provoqué ni étonnement, ni donné lieu à la moindre protestation.

La chose s'est passée dans un lieu public, au Jardin d'acclimatation du Bois de Boulogne; là même où vous allez admirer une quantité de créatures exilées dont la plupart ont l'air triste et rêveur des gens atteints de nostalgie!

Toutes ces créatures sont des bêtes ou plutôt des animaux – le nom de bête est trop facilement donné aux imbéciles pour qu'il ne constitue pas maintenant une injure.

Mais, au milieu de ces animaux voués aux misères de la civilisation forcée, je ne sais quel savant féroce a eu la malencontreuse idée d'amener une famille d'Esquimaux.

À l'aide de quels appâts était-on arrivé à les attirer ici?

Je ne sais! Toujours est-il qu'ils y étaient.

Toujours est-il qu'ils n'y sont plus.

Ils sont morts, tous! Depuis le premier jusqu'au dernier. Morts de la petite vérole, paraît-il; c'est si grave la petite vérole compliquée d'acclimatation.

Après le premier deuil, les survivants ont dû aspirer ardemment à la patrie.

Oh, je conçois qu'en se représentant leur pays vêtu de neige, les huttes enfumées à ciel ouvert, la triste végétation des lichens et certaines préparations culinaires qui feraient soulever de dégoût un cœur français, on puisse s'écrier comme le troupier légendaire : « Ils appellent ça une patrie!... »

Mais chaque zone a ses splendeurs. Les horizons de neige et de glace, irradiés merveilleusement par le soleil, ont sans doute leur charme aussi.

Et les Esquimaux, habitués aux fantastiques illuminations de l'aurore boréale, au mirage éternel des banquises étincelantes, n'ont pas dû s'accoutumer facilement à notre belle terre de France, où fort souvent le ciel a tout à fait l'air d'être macadamisé.

Et dire qu'il y a peut-être là-bas, près du pôle, des créatures assez naïves pour croire que leurs compatriotes sont installés en pays de Cocagne[1].

Certainement, ceux qui nous regardent de si loin et nous voient à travers les récits fantaisistes des marins vaniteux et des philanthropes acclimateurs nous croient logés dans le meilleur des mondes.

À présent, ce qui serait utile au point de vue des acclimatations futures, ce serait de connaître à fond les impressions des pauvres défunts Esquimaux. Ils n'ont pas, que je sache, laissé derrière eux un carnet de notes sentimentales comme font les héroïnes des Cours d'assises. Ils ont dû mourir, comme à peu près tous les varioleux, tranquillement, sans éclat dans cet état de prostration qui suit ordinairement les grands accès de fièvre. Il est vrai qu'ils n'avaient pas besoin de montrer leur visage au public.

Si l'on faisait une petite enquête? Si l'on nommait une commission, une sous-commission et des agents *ad hoc* pour établir, d'après examen, la part de responsabilité qui incombe à chacun?

Car ils sont morts, ces malheureux, et c'est bien la faute de quelqu'un s'ils ne sont plus, à cette heure, réunis dans la hutte où ils étaient nés.

Puisque vous les ameniez ici, dans notre République aimable et

---

[1] Se réfère à un pays mythique où tout est en abondance.

paisible, vous deviez prévoir pour eux les inconvénients probables. Pourquoi ne les aviez-vous pas vaccinés? Que ceci vous serve de leçon.

Il est encore heureux qu'on les ait établis dans ce jardin superbe, où l'air ne manquait point. Au moins, n'ont-ils pas vécu de la triste existence des grandes villes.

Jamais je n'ai été au Jardin d'acclimatation sans faire, le long du chemin, une grande dépense d'émotion et de pitié. Chaque fois que j'entends s'élever la voix des fauves, chaque fois que mon regard rencontre celui de l'antilope, de l'aurochs[2] ou du bison, il me semble que l'air natal manque à tous ces exilés. [...]

J'en reviens aux Esquimaux. Voulez-vous que je vous dise toute ma pensée.

Malgré nos grandes idées sur la fraternité des hommes, je parie que beaucoup de Français ne se sont arrêtés devant les Esquimaux qu'en curieux et comme s'il y avait simplement quelques bêtes de plus au bois de Boulogne.

Aussi, lorsque ces pauvres gens ont succombé au mal terrible qui s'est abattu sur eux, on s'est contenté de publier dans les journaux ce court entrefilet :

« Les Esquimaux du Jardin d'acclimatation sont morts! »

Absolument comme on écrit de temps à autre : « La girafe est morte de consomption. »

Oh pardon! Il n'y a pas bien longtemps qu'on publiait, tous les matins, le bulletin de santé d'un singe phtisique. Mais les Esquimaux!...

Écoutez donc, les joujoux sont tellement perfectionnés qu'on n'a plus rien de neuf à voir. Nous en sommes aux jouets de chair et d'os. À quand l'exhibition d'un petit Samoyède dans la vitrine d'Alphonse Giroux[3]?

---

[2] Bovidé ancêtre des races actuelles de bovins domestiques.
[3] Alphonse Giroux (ca 1775-1848) était peintre restaurateur, marchand de tableaux, de meubles et d'objets d'art. Il a travaillé à la restauration de la cathédrale Notre-Dame de Paris.

Fig. 2 Fjord Saglek, Parc national des Monts-Torngat
(© France Rivet, Horizons Polaires, 2009)

Fig. 3 Fjord Nachvak, Parc national des Monts-Torngat
(© France Rivet, Horizons Polaires, 2009)

Introduction

Cent trente-trois ans auront été nécessaires pour que le Vicomte de Challans puisse enfin obtenir réponse aux diverses questions qu'il a soulevées à la suite de la mort, dans l'indifférence générale, des « Esquimaux ». Comment a-t-on pu les attirer en Europe? Pourquoi n'ont-ils pas été vaccinés? À qui incombe la responsabilité de leur mort?

Le Vicomte de Challans aurait été agréablement surpris d'apprendre que l'un d'eux, Abraham, un père de famille de 35 ans, a bel et bien laissé un carnet de notes décrivant ses états d'âme. Originaire de la communauté de Hebron au Labrador, Abraham était chrétien et a été éduqué par les missionnaires moraves [4]. Il était lettré, jouait du violon, parlait l'anglais et quelques mots d'allemand. Parmi les 35 000 exhibés [5] que les grandes villes européennes ont vus défiler durant les décennies qu'ont duré les spectacles ethnographiques (1870-1958), Abraham est, à notre connaissance, le seul à avoir laissé un témoignage écrit de son expérience.

Peu de temps après son décès, le journal qu'Abraham avait rédigé en inuktitut, sa langue maternelle, a été retourné au Labrador où le Frère Kretschmer l'a traduit en allemand. Des versions en anglais et en français ont également été produites par la communauté morave qui les a communiquées dans diverses publications. Puis, l'histoire est tombée dans l'oubli et ce, pendant un siècle.

En 1980, la tragédie a refait surface lorsque l'ethnologue canadien Dr James Garth Taylor a découvert une copie de la traduc-

---

[4] L'Église morave ou « Église de l'Unité des Frères » désigne une branche du protestantisme issue de Moravie (région qui fait maintenant partie de la République tchèque). Elle a son siège principal à Hermhut en Allemagne. La première mission de l'Église morave au Labrador a été établie à Nain en 1771. Celle de Hebron fut mise sur pied en 1830.
[5] Exhibitions : L'invention du sauvage. [s.d.].

tion allemande du journal d'Abraham. Cet exemplaire se trouvait dans les archives de l'Église morave situées en Pennsylvanie aux États-Unis. C'est par le biais de l'article que le Dr Taylor a publié dans le magazine *Canadian Geographic*[6] en 1981 que l'histoire des huit « Esquimaux » du Labrador décédés en Europe fut dévoilée au public du XXe siècle.

Au cours des 25 années suivantes, quelques personnes se sont penchées sur cette tragédie. Entre autre, l'ethnologue allemande Hilke Thode-Arora ainsi le professeur Hartmut Lutz et ses étudiants de l'Université de Greifswald en Allemagne. Ils ont étudié le journal d'Abraham et l'ont comparé avec celui de Johan Adrian Jacobsen, le Norvégien qui avait recruté les « Esquimaux ». Ils ont fouillé dans les archives moraves, celles de Jacobsen et de Carl Hagenbeck[7] et dans les journaux de l'époque. Leurs travaux ont été publiés, en anglais et en allemand, dans des revues scientifiques ou sous forme de livres.

Mais personne n'avait encore effectué de recherches à Paris, là où cinq des huit individus sont décédés. Personne n'avait encore tenté de répondre aux questions : Qu'est-il advenu de leurs dépouilles? Où ont-ils été inhumés? Ils doivent bien avoir laissé des traces de leur passage à Paris. Où se trouvent-elles?

Ce sont-là quelques-unes des questions auxquelles je tente de répondre depuis 2010.

Mon aventure a débuté durant l'été 2009, au cours d'une croisière le long de la côte du Labrador. Alors que le navire quittait le port de St. John's (Terre-Neuve-et-Labrador), j'ai remarqué un homme avec deux appareils photo autour du cou. Il était partout sur le navire à prendre des clichés. Le lendemain, lorsque je l'ai vu apparaître sur le pont avec une tuque[8] identique à la mienne, j'ai immédiatement su que je me devais d'aller lui parler. Il s'est avéré que je m'adressais à Hans-Ludwig Blohm, photographe de renom, qui sillonne l'Arctique depuis déjà plus de 30 ans. Hans et moi sommes devenus amis instantanément.

Alors que le bateau approchait de la communauté de Hebron, Hans m'a raconté brièvement l'histoire tragique d'Abraham tout

---

[6] Taylor, James Garth. (1981).
[7] L'instigateur des spectacles ethnographiques et partenaire de Jacobsen dans cette aventure.
[8] La « tuque » est aux Canadiens ce que le « bonnet » est aux Européens.

en m'invitant à aller à la bibliothèque du navire pour consulter le livre *The Diary of Abraham Ulrikab: Text and Context*[9], écrit par son ami Hartmut Lutz. Hans en avait fait don à la bibliothèque du navire lors de l'embarquement et ses photos avaient été utilisées pour illustrer le volume.

L'histoire tragique de ces deux familles inuites[10] m'a stupéfaite. Je ne me souvenais pas d'avoir entendu parler de ces spectacles ethnographiques où des gens de contrées éloignées étaient installés dans des jardins zoologiques afin que le grand public vienne les observer et assouvir sa curiosité.

Il s'avère qu'en 1880, Abraham avait accepté de collaborer à un tel scénario dans le but d'en tirer les revenus qui lui permettraient de régler ses dettes, ainsi que celles de feu son père, contractées envers la mission morave pour des achats de biens de première nécessité. Pour lui, cette offre représentait son meilleur espoir d'améliorer le sort de sa famille une fois de retour au Labrador. Malheureusement, la vie en a décidé autrement puisque tout le groupe fut décimé par la variole et ce, moins de quatre mois après avoir posé le pied sur le sol européen. Trois d'entre eux décédèrent en Allemagne. Les cinq autres à Paris.

J'étais fascinée par cette histoire, mais elle me semblait incomplète. L'ouvrage se limitant à indiquer que les « Esquimaux » avaient été admis à l'hôpital et y étaient morts, je cherchais en vain le chapitre décrivant ce qui pouvait bien s'être passé à Paris.

À l'heure du désembarquement, Hans fit une rencontre marquante. Zipporah Nochasak, une de nos guides d'origine inuite, s'approcha de lui, très excitée, un exemplaire du livre *The Diary of Abraham Ulrikab: Text and Context* en main. Elle venait de reconnaître Hans sur une photo contenue dans le livre. Ayant récemment pris connaissance de cette histoire, Zipporah était encore ébranlée par sa lecture. Pour elle, il était clair que les personnes décédées en Europe devaient être des membres de sa famille. Hans était tout simplement abasourdi à l'idée de se trouver devant quelqu'un qui était peut-être lié par le sang aux personnes décédées 128 ans plus tôt en Europe.

---

[9] Lutz, Hartmut, Alootook Ipellie et Hans-Ludwig Blohm. (2005).
[10] Nous avons adopté les règles établies par l'Office québécois de la langue française voulant que le nom *Inuit* et l'adjectif *inuit* s'accordent en genre et en nombre.

Quelques mois plus tard, Zipporah étant de passage à Ottawa, nous avons convenu de nous rencontrer tous les trois et de parler de l'histoire d'Abraham. Comme le français est ma langue maternelle et que j'ai toujours aimé faire de la recherche et fureter dans les archives, je leur ai alors promis que j'essaierais de retracer le parcours du groupe lors de son séjour à Paris.

Quatre ans et trois voyages de recherche en Europe plus tard, vous allez trouver dans les pages qui suivent le fruit de ce travail. Ce qui devait être une simple recherche effectuée durant mon temps libre a pris une ampleur inattendue et s'est métamorphosé en une activité à temps plein.

Jamais je n'aurais imaginé que cette recherche m'amènerait à rencontrer les conservateurs et à visiter les réserves de deux des plus grands musées nationaux français; à franchir les portes d'autres institutions qui sont généralement fermées au public; à voyager non seulement à Paris, mais également de Hambourg à Tromsø[11] en passant par Krefeld, Darmstadt, Frankfurt, Berlin et Oslo; à discuter directement avec le ministre et le sous-ministre de la Culture, de la récréation et du tourisme du Nunatsiavut, avec des ambassadeurs et autres diplomates canadiens, français, allemands et norvégiens; à mettre sur pied une campagne de financement par la collectivité.

Tous les jours, je me pince pour m'assurer que tout ceci est bien réel. Toutes ces heures consacrées à fouiller le passé me semblent avoir permis de mieux documenter les événements de 1880-1881. Découvrir et raconter toute leur histoire était la moindre des choses qui puisse être faite pour que la mort d'Abraham et celle de son épouse Ulrike (24 ans), de leurs fillettes Sara (3 ans) et Maria (9 mois), d'un jeune célibataire chrétien Tobias (20 ans) ainsi que celle des membres de la famille non chrétienne composée de Tigianniak (45 ans), de son épouse Paingu (50 ans) et de leur fille Nuggasak (15 ans) n'aient pas été vaines. En Europe, les « Esquimaux » ont amusé les foules de curieux, ont permis à des entrepreneurs d'empocher des profits et ont été étudiés par les anthropologues, heureux d'avoir à leur disposition des « sauvages » provenant de ces terres lointaines. Malheureusement, ces huit personnes ont payé le prix ultime pour avoir désiré améliorer leur condition de vie et voir l'Europe « civilisée ».

---

[11] Ville de la Norvège située au nord du cercle polaire.

Ce qui me rend le plus fière, c'est de savoir que tous ces efforts consacrés à la recherche d'information dans les musées et les archives, au Canada et en Europe, vont peut-être contribuer à changer le cours de cette histoire. Jamais, au grand jamais, une telle possibilité ne m'avait effleuré l'esprit lorsque j'ai commencé les recherches en 2010.

À plus d'une reprise dans son journal, Abraham a exprimé son désir de rentrer chez lui, au Labrador.

> Un an à passer c'est bien trop long parce que nous voudrions rentrer vite dans notre pays, parce que nous sommes incapables de rester toujours ici. Oui vraiment! C'est impossible! [...]
>
> Je n'aspire pas aux biens matériels, ce à quoi j'aspire, c'est à revoir les miens qui sont là-bas [...].

Au moment où vous lirez ces lignes, la nouvelle de la découverte, à Paris, des squelettes d'Abraham, de son épouse Ulrike, de leur fillette Maria, du jeune célibataire Tobias et de leur compatriote Tigianniak aura été rendue publique. La possibilité de concrétiser le désir le plus cher d'Abraham est désormais envisageable. De plus, cent trente-trois ans après leur décès, Abraham et Ulrike pourraient être réunis avec Sara, la fillette de 3 ans qu'ils ont dû confier à un hôpital en Allemagne au moment où le groupe devait continuer sa route pour Paris. Le crâne de cette dernière a été localisé à Berlin.

En juin 2013, lors de ma visite à l'ambassade du Canada à Paris, j'ai eu la très grande surprise d'apprendre que, quelques jours plus tôt, le 14 juin 2013, le premier ministre canadien Stephen Harper et le président français François Hollande avaient signé le *Programme de coopération renforcée Canada-France*[12] dans lequel on trouve l'engagement suivant dans la section *L'Arctique et le Nord* :

> Travailler avec les autorités compétentes afin de faciliter le rapatriement au Canada d'ossements inuits se trouvant dans les collections de musées français.

---

[12] Harper, Stephen. Premier ministre du Canada. (2013, 14 juin).

Cette phrase a été incluse spécifiquement pour Abraham et son groupe. L'histoire ne se termine donc pas avec la publication du présent livre. Au contraire, ce n'est que le commencement d'un tout nouveau chapitre qui s'écrira au courant des mois, sinon des années à venir, alors que les descendants, la communauté et les autorités compétentes inuites, canadiennes, françaises et allemandes se pencheront sur la possibilité de rapatrier ces restes humains au Canada.

Au fil des pages, vous découvrirez donc les événements qui se sont déroulés au XIXe siècle, tant avant qu'après le décès des « Esquimaux ». J'espère avoir réussi mon engagement à ne pas juger ces événements ni blâmer des agissements qui, aujourd'hui, paraissent hautement répréhensibles.

Le but de ce livre est de réunir les multiples documents, du moins ceux dont j'ai jusqu'ici retrouvé la trace, associés à la tragique histoire d'Abraham Ulrikab et de sa famille. Puissent ces écrits originaux, qui témoignent des mots d'Abraham et de ceux de ses contemporains, être bénéfiques à la communauté inuite du Labrador dans sa quête pour apprendre toute la vérité – et pour enfin boucler la boucle – des tristes événements de 1880-1881.

Mon souhait est que ce livre puisse nous permettre à tous de mieux comprendre le passé et aux responsables de prendre une décision en toute connaissance de cause au sujet de ce possible rapatriement.

J'espère que ce triste chapitre de la fin du XIXe siècle – un périple partagé par les Inuits, les Canadiens, les Français, les Allemands et les Norvégiens – saura vous intéresser, et que tous les intervenants qui s'investiront dans les décisions à venir réussiront à y donner une fin positive et constructive. Puisse ce livre également inspirer les jeunes inuits à fouiller leur passé et à raconter les histoires de leurs prédécesseurs. Il y a certainement plusieurs autres récits fascinants à mettre en lumière.

Merci! Nakkumek!

France Rivet
Gatineau (Québec) mai 2014

Quelques notes

Les quelques clarifications qui suivent sont destinées à faciliter la lecture du livre.

Documents moraves

Le présent livre ne se limite qu'à une portion des documents conservés dans les archives de l'Église de l'Unité des Frères (Église morave). Ces archives étant en grande majorité en allemand, mes compétences ne correspondaient pas à cette tâche; depuis quelques années d'ailleurs d'autres chercheurs s'y consacrent. Pour le moment, je me suis donc contentée d'inclure les quelques documents moraves de langues anglaise et française que j'ai découverts. De plus, je tiens à exprimer ma gratitude envers le professeur Hartmut Lutz de m'avoir autorisée à traduire en français ses transcriptions des documents moraves originaux qu'il a publiées dans la version allemande de son livre *The Diary of Abraham Ulrikab: Text and Context*[13]. Bien que non exhaustif, l'ensemble de ces documents donne un bon aperçu de la vision morave des événements. Espérons qu'un compte rendu beaucoup plus complet sera publié dans un avenir très prochain. L'un des résultats que je suis impatiente de lire est le portrait des huit personnes, de leurs familles et de leurs communautés avant leur départ pour l'Europe.

Les noms des « Esquimaux »

En 1880, les Inuits ne portaient pas de nom de famille. Afin de distinguer les personnes ayant un prénom identique, la coutume était d'ajouter le prénom de leur époux/épouse après le leur ou le prénom de leur père, pour les gens non mariés. Abraham Ulrikab signifie donc « Abraham, mari d'Ulrike ».

---

[13] Lutz, Hartmut *et al.* (2007).

Or, lorsque les « Esquimaux » sont arrivés en Europe, tous les adultes de la famille chrétienne se sont vu assigner le prénom de leur père comme nom de famille. En sol européen, Abraham est donc devenu Abraham Paulus (bien qu'il ait continué à signer ses lettres et son journal Abraham suivi du nom de son épouse). Ulrike est devenue Ulrike Henocq et Tobias, Tobias Ignatius. Les fillettes d'Abraham ont pris le nom de famille qui avait été assigné à leur père soit Sara Paulus et Maria Paulus.

Quant à la famille non chrétienne, aucun nom de famille ne leur a été assigné en Europe. Ils étaient connus uniquement sous leur prénom respectif. Après consultation avec les spécialistes de la langue du Centre culturel Torngâsok à Nain, il a été décidé d'orthographier leurs prénoms selon les nouvelles règles de la langue inuktitut du Labrador, soit : Nuggasak, Paingu et Tigianniak. Ceci dit, pour néanmoins respecter l'authenticité des documents historiques, lorsqu'ils sont inclus dans une citation, les noms respectent la graphie utilisée par l'auteur. Vous verrez donc les noms écrits d'une grande variété de façons :

Nuggasak : Nochasak, Noggasak, Nokassak, Nogasak, Nogosak, Roggasack, etc.

Paingu : Paingo, Pängu, Bairngo, Bängu, Buignu, Beango, Paieng, Paceng, Païeng, etc.

Tigianniak : Terrianiak, Terrianniak, Teggianiack, Tiggianiak, Tigganick, Teregianaik, Täggianjak, Tereganiak, etc.

Le nom correctement orthographié en inuktitut a parfois été ajouté à côté, entre crochets, pour éviter toute incertitude.

Citations

Puisque mon but est de donner accès aux écrits originaux, le présent livre comporte un grand nombre de citations. Pour permettre de repérer visuellement les extraits provenant du journal de Johan Adrian Jacobsen, ceux-ci sont entourés de lignes simples. Les extraits du journal d'Abraham se trouvent dans une boîte ombragée, alors que les citations provenant de journaux sont entourées de lignes doubles. Les citations d'autres sources sont simplement placées en retrait par rapport au texte.

Dans les extraits du journal de Jacobsen, les parenthèses (...) sont celles de Jacobsen, les mots barrés, soulignés ou écrits en plus gros caractères également. Les passages qui apparaissent en exposant, (comme ceci), sont des corrections ou des ajouts insérés dans les interlignes, sans doute ultérieurement par Jacobsen lui-même. De même, les passages du journal de Jacobsen qui sont précédés de la mention « En marge » sont des ajouts insérés en marge, sans doute ultérieurement par Jacobsen lui-même.

Les termes en langue étrangère, les noms de lieux ou de personnes dont la traductrice ne connait pas l'orthographe correcte sont signalés par des barres obliques (/). Les mots peu visibles dans le manuscrit, difficilement lisibles ou compréhensibles sont entre chevrons (<...>). Les commentaires justificatifs de la traductrice sont entre crochets ([...]).

De même, toutes les parenthèses qui apparaissent dans les extraits du journal d'Abraham sont celles du frère Kretschmer.

JOURNAL DE JOHAN ADRIAN JACOBSEN

Lorsque Johan Adrian Jacobsen a débuté la rédaction de son journal en 1880, il a décidé de l'écrire en allemand, une langue qu'il ne maîtrisait pas parfaitement. Bien qu'il ait fait de son mieux, le résultat est un mélange personnel d'allemand, de norvégien et de danois. Afin de faciliter la compréhension du texte, nous avons pris quelques libertés dans la traduction française. Par exemple, nous avons corrigé les fautes d'orthographe et de syntaxe, nous nous sommes efforcés de donner une graphie cohérente aux noms d'individus et de lieux, et nous avons essayé de rendre son style plus fluide et d'une lecture plus aisée.

Enfin, puisque l'intégralité de la traduction française de son journal n'a pu être incorporée dans le présent ouvrage, elle a été publiée séparément sous le titre *Voyage avec les Eskimos du Labrador, 1880-1881*. Le lecteur qui désirera prendre connaissance des nombreux détails supplémentaires qui s'y trouvent pourra s'y reporter.

« ESQUIMAU » OU INUIT

Les textes du XIXe siècle qui sont repris dans le présent ouvrage reflètent l'utilisation de l'époque du terme « Esquimaux », par opposition au terme « Inuit » utilisé aujourd'hui. De plus, nous respectons la graphie utilisée par l'auteur (Esquimaux, Eskimos,...). Afin que le lecteur puisse demeurer dans l'ambiance du XIXe siècle tout au long de sa lecture, les sections qui sont de notre cru utilisent également le mot « Esquimaux », mis entre guillemets, lorsqu'on fait référence au groupe d'Inuits qui a été exhibé en Europe. Le terme Inuit est utilisé dans les autres circonstances.

Photographies des restes des « Esquimaux »

Est-ce des représentations visuelles des restes d'Abraham ou des autres membres de son groupe devraient être rendues publiques? Quelle serait la réaction de la communauté inuite du Labrador, et des descendants potentiels, si ces images étaient montrées? Auraient-ils l'impression que leurs compatriotes sont à nouveau exhibés sur la place publique ?

Pour nous aider à répondre à ces questions, le comité des aînés de la communauté de Nain a été invité à donner son avis. Lors de leur discussion, un consensus a été rapidement atteint : aucune image de leurs restes ne devrait être montrée.

Donc, si vous espérez trouver des photographies des restes des « Esquimaux », vous serez déçu. Seules quelques photographies montrant des squelettes ou de crânes anonymes ont été incluses dans le but de donner une idée de ce à quoi ressemblaient les galeries d'anthropologie des musées à la fin du XIXe siècle ou du début du XXe siècle.

Le début des spectacles ethnographiques de Carl Hagenbeck

Hambourg (Allemagne), 1874. Carl Hagenbeck, marchand d'animaux exotiques et propriétaire d'une ménagerie, s'apprête à faire venir un troupeau de rennes de Laponie. À l'époque, ses revenus sont en baisse et il lui faut trouver une alternative. Lors d'une discussion avec son ami, le peintre animalier Heinrich Leutemann, celui-ci suggère qu'une famille lapone serait également d'un grand intérêt pittoresque, idée aussitôt acceptée par Hagenbeck qui envoie l'ordre de faire accompagner les rennes par leurs éleveurs[14].

Fig. 4 Heinrich Leutemann, 1880
(Wikimedia Commons)

---

[14] Elliot, Hugh S.R. et Thacker, A.G. (1912). p. 16.

Trois hommes, une femme et deux jeunes enfants débarquent quelques mois plus tard à Hambourg. Hagenbeck les décrit comme suit[15] :

> Nos invités, il est vrai, n'auraient pas brillé dans un concours de beauté, mais ils étaient sans aucune sophistication et si totalement préservés de la civilisation qu'ils semblaient venir d'un autre monde. J'étais sûr que les petits étrangers susciteraient un grand intérêt en Allemagne. [...]
>
> Mes attentes optimistes ont été pleinement réalisées; cette première de mes expositions ethnographiques a été à tout point de vue un énorme succès. J'attribue cela principalement à la simplicité avec laquelle l'ensemble a été organisé, et à l'absence totale d'accessoires vulgaires. Les Lapons eux-mêmes n'avaient aucune idée de l'aspect commercial de l'entreprise, et ne savaient rien des expositions. Ils s'étaient simplement payés une courte visite à la civilisation bourdonnante qu'ils voyaient autour d'eux, et il ne leur était jamais venu à l'idée de modifier leurs habitudes de vie primitives. Le résultat fut qu'ils se sont comportés comme s'ils étaient dans leur pays natal, et l'intérêt et la valeur de l'exposition ont donc été grandement améliorés. Ils se sont installés dans l'arrière-cour de ma demeure, rue Neuer Pferdemarkt, et ont séjourné exclusivement à l'extérieur. Tout Hambourg est venu voir cette véritable « Laponie en miniature ».

Cette première expérience avec les spectacles ethnographiques s'étant avérée lucrative, aussitôt les Lapons repartis, Hagenbeck décide de faire venir un groupe de Nubiens du Soudan. Les Lapons avaient impressionné les foules par le contrôle qu'ils exerçaient sur les rennes. En 1876, pour les Nubiens, c'est plutôt leur agilité à monter les chevaux et les chameaux qui fascine les Européens à Hambourg, Düsseldorf, Breslau et Paris. Hagenbeck offre aux Nubiens de revenir à l'hiver 1877-1878. Ils acceptent et sont exhibés à Francfort, Dresde, Londres et Berlin (où plus de 62 000 personnes viennent les observer en une seule journée)[16].

Au printemps 1877, désireux de s'assurer que ses expositions puissent être présentées tout au long de l'année, Hagenbeck

---

[15] Elliot, Hugh S.R. et Thacker, A.G. (1912). p. 16-17.
[16] Rothfels, Nigel (2008). p. 84.

engage un jeune Norvégien, Johan Adrian Jacobsen, qu'il envoie au Groenland avec la mission de ramener des familles esquimaudes.

Fig. 5 Johan Adrian Jacobsen, 1881
(Photo offerte par Mme Anne Kirsti Jacobsen)

Jacobsen est âgé d'à peine 23 ans. Comme il est né et a grandi sur l'île de Risøya[17] en Norvège, les défis de la navigation dans l'Atlantique et l'Arctique lui sont familiers. Il navigue entre les îles depuis sa plus tendre enfance; puis, à l'adolescence, il passe ses étés à pêcher et à chasser dans l'archipel du Svalbard, dans le Haut-Arctique. Il revient tout juste d'un séjour de trois ans en Amérique du Sud. Son désir de voyager aux quatre coins de la planète lui vient de son frère aîné, Jacob Martin, qui, à l'âge de 15 ans, était parti à la découverte du monde pendant plusieurs années avant de s'établir à Hambourg. Lorsqu'il rencontre Hagenbeck, Jacobsen est justement à Hambourg chez son frère. Il raconte :

---

[17] Île située au 70ᵉ parallèle nord près de la ville de Tromsø.

« Un jour, j'ai entendu parler d'un compatriote qui avait vendu six ours polaires à M. Carl Hagenbeck à Hambourg. Hagenbeck avait donné l'ordre de faire des collections ethnographiques d'artefacts utilisés par les Eskimos et de ramener une famille esquimaude du Groenland. Mais le capitaine s'en allait à la Nouvelle-Zemble[18] où il ne pouvait pas obtenir d'Eskimos; je me suis donc présenté à Hagenbeck et je lui ai dit que je savais où les Eskimos se trouvaient et que je pourrais lui en ramener[19]. »

« Avez-vous confiance de réussir ? », lui demande Hagenbeck.

« Pourquoi pas ? », lance aussitôt Jacobsen.

« Vous êtes mon homme ! Vous voyagerez[20] ! », répond Hagenbeck.

Jacobsen s'embarque aussitôt sur un navire danois en direction du Groenland. Après des essais infructueux dans la baie de Disco, finalement, c'est à Jakobshavn[21], que Jacobsen réussit à engager six personnes : une jeune famille de quatre personnes, Caspar Mikel Okabak (36 ans), son épouse Juliane Maggak (24 ans) et leurs deux fillettes Anne (2 ans ½) et Katrine (1 an ¾) ainsi que deux jeunes hommes célibataires, Heinrich Kujanje (28 ans) et Hans Kokkik (41 ans).

Le groupe s'installe dans l'arrière-cour de la demeure de Hagenbeck, là où les Lapons ont séjourné trois ans plus tôt. Ils partent ensuite en tournée dans diverses villes européennes : Paris, Bruxelles, Cologne, Berlin, Dresde, Hambourg, puis Copenhague. À Berlin, l'empereur Guillaume 1er s'émerveille devant leur habileté à manier le kayak.

À la mi-juillet 1878, ils sont de retour dans leur communauté du Groenland. Jacobsen, lui, est déjà reparti en Laponie pour rassembler une collection ethnographique et recruter de nouveaux sujets à exhiber. Neuf personnes acceptent son offre et sont présentées à Hambourg, Hanovre, Paris, Lille, Bruxelles, Düsseldorf, Berlin, puis Dresde. Le groupe est toujours en Europe lorsque Hagenbeck demande à Jacobsen de se rendre au Havre pour y accueillir trois Patagoniens.

---

[18] Un archipel de l'océan Arctique russe.
[19] Jacobsen, Johan Adrian et Adrian Woldt (1977). p. 220.
[20] Fienup-Riordan, Ann. (2005). p. 3-5.
[21] Aujourd'hui connue sous le nom d'Illulisat.

Fig. 6 L'empereur Guillaume 1er observant les Groenlandais
Par M. Hoffmann.(Photo offerte par les Archives du Tierpark Hagenbeck)

Les spectacles ethnographiques de Hagenbeck vont donc bon train et font contrepoids à son commerce d'animaux exotiques, moins florissant.

À l'automne 1879, Johan Adrian Jacobsen écrit dans son journal personnel que lui et Carl Hagenbeck envisagent de recruter à nouveau des « Esquimaux » dans l'espoir de répéter le succès obtenu en 1877-1878. Ils songent même à engager Hans Hendrik, un Groenlandais qui a participé à diverses expéditions en Arctique[22]. Finalement, ils comprennent que s'ils veulent des « Esquimaux sauvages » ils n'ont d'autre choix que d'aller les chercher eux-mêmes. Au même moment, le frère aîné de Jacobsen, Jacob Martin, projette d'acquérir un navire pour aller pêcher le *haakjerring* (requin du Groenland) sur les côtes de l'Islande. Ils pourraient aussi utiliser le navire pour partir aux quatre coins de la planète à la recherche d'objets ethnographiques et de personnes exotiques à ramener en Europe! Jacob Martin croit qu'il peut obtenir un navire pour 15 000 marks. S'ils sont capables de se procurer un bateau pour cette somme,

---

[22] Hans Hendrick (1834-1889), connu sous le nom de *Suersaq*, était un interprète groenlandais engagé par divers explorateurs de l'Arctique pour les guider. À notre connaissance, il serait le premier Inuk à avoir publié, en 1878, le récit de ses aventures (*Memoirs of Hans Hendrik, the Arctic traveller, serving under Kane, Hayes, Hall and Nares, 1853-1876*). L'île Hans, ce minuscule îlot dont le Canada et le Danemark se disputent la souveraineté, est ainsi nommée en son honneur.

Hagenbeck leur propose d'utiliser le navire pour recruter des « Esquimaux ». Il est prêt à payer un tiers des coûts, et à récolter un tiers des recettes. Il est confiant dans le fait que les « Esquimaux » leur permettront d'engranger de gros profits.

Jacobsen accepte son offre et se met à la recherche d'un navire.

Fig. 7 Carl Hagenbeck, ca 1890
(Wikimedia Commons)

En quête d'un nouveau navire

Les deux frères Jacobsen se rendent à Glückstadt, sur le fleuve Elbe pour examiner un navire. Ils ne peuvent s'entendre sur un prix avec le propriétaire et décident de se tourner vers la Norvège où il devrait être possible d'en trouver un au plus bas prix possible.

Johan Adrian quitte Hambourg le 14 novembre 1879. Son voyage débute à Stavanger[23] où il séjourne pendant huit jours. Malheureusement, tous les navires disponibles sont trop chers ou ne peuvent tout simplement pas être déplacés, la glace les ayant déjà emprisonnés.

Il se trouve à Bergen[24] lorsqu'un télégramme arrive lui demandant de se rendre à Kristiansund[25] pour jeter un coup d'œil à un navire qui est à vendre.

> J'avais déjà commencé à penser que tout cela était une entreprise qui nous ruinerait, mais mon frère ne voulait pas entendre parler de mes soucis Comme toujours, il était très décidé et n'avait pas de soucis. Il ne pensait même pas si ce serait rentable ou non. J'ai donc dû me rendre à Kristiansund où je suis arrivé le 1er décembre. Huit jours plus tard, j'avais acheté le navire appelé *Hevnegutten* (le garçon de la vengeance). (Journal de J. A. Jacobsen, p. 79)

Jacobsen signe un contrat avec le constructeur du navire mais il ne peut le ramener à Hambourg; l'Elbe était gelée et les prévisions météorologiques annonçaient plusieurs jours très orageux.

---

[23] Ville située sur la côte sud-ouest de la Norvège.
[24] Ville située à 200 km au nord de Stavanger.
[25] Ville située à un peu plus de 500 km au nord de Bergen.

Jacobsen, qui a finalement rebaptisé la goélette *Eisbär*[26], embauche le capitaine Bang, un ancien capitaine de Tønsberg qui avait navigué sur l'océan Arctique. Dans une tentative pour rendre le voyage vers Hambourg lucratif, Jacobsen achète une cargaison de guano[27]. Une nuit, le navire prend une énorme quantité d'eau et il se voit obligé de jeter plus de 100 sacs de guano ruinés. Le navire est ramené au chantier naval pour y être réparé. Un mois s'écoule. Finalement, le 18 février, le bateau est prêt et ils quittent Kristiansund.

En route pour Hambourg, ils essuient plusieurs grosses tempêtes et doivent s'arrêter à diverses reprises pour chercher un abri. Ils arrivent à Hambourg le 18 mars, date autour de laquelle ils avaient initialement prévu partir pour leur expédition.

Plusieurs mesures doivent être prises avant de pouvoir se mettre en route en direction du Groenland. Le navire doit être assuré et équipé de différents types d'équipement de pêche. De plus, Jacobsen doit se rendre à Berlin pour obtenir la permission de garder Bang en tant que capitaine du navire. En tenant compte de tous ces imprévus, le navire leur aura coûté 28 000 marks, presque le double de l'estimation initiale de 15 000 marks.

À bord de l'*Eisbär*, ils ont au moins trois autres membres d'équipage : M. Gulliksen, un capitaine de Tønsberg qui avait navigué pour une entreprise polaire, M. Christensen, avec plusieurs années d'expérience de la navigation sur l'océan Arctique, et un navigateur dont le nom n'est pas indiqué.

Finalement, le 27 avril 1880, l'*Eisbär* et son équipage quittent Hambourg avec la mission de recruter de 12 à 15 « Esquimaux » (« sauvages » ou christianisés) qui accepteraient de venir en Europe.

---

[26] *Eisbär* signifie « ours polaire ».
[27] Le guano, nom donné aux excréments d'oiseaux de mer ou de chauves-souris, était utilisé comme fertilisant.

Jacobsen tente de recruter au Groenland

L'*Eisbär* se dirige vers le Groenland. Dans un premier temps, Jacobsen compte participer à la chasse au phoque et à la baleine près des côtes du Groenland. Malheureusement, leurs efforts rapportent de bien maigres résultats, la température est désagréable, le brouillard et la pluie sont souvent au rendez-vous, la glace les empêche de progresser et Jacobsen commence à souffrir de problèmes de santé.

Après un séjour sur la côte est du Groenland, ils mettent le cap sur la côte ouest. Le 6 juillet, l'*Eisbär* fait finalement son entrée à Jakobshavn, là où Jacobsen avait recruté le groupe de 1877. Son arrivée ne passe pas inaperçue et Jacobsen renoue avec ses connaissances.

> Le bateau a été du matin au soir assiégé par des Eskimos, tous ceux de Jakobshavn me connaissaient déjà évidemment et voulaient me saluer, peut-être pour avoir du schnaps. Okabak avec sa famille. Kokkik est maintenant marié, Kujanje (Hendrik) [Heinrich] est parti au nord à Rittenbenk et s'y est marié. (Journal de J. A. Jacobsen, 7 juillet 1880)

Aux dires de Jacobsen, plusieurs d'entre eux étaient prêts à le suivre en Europe, mais le gouvernement danois lui refuse l'autorisation d'emmener qui que ce soit.

> Aujourd'hui, j'ai reçu une lettre de Godhavn[28]. Elle est très défavorable; je n'ai pas le droit d'emmener des Groenlandais, car l'inspection ne peut le permettre. Par

---

[28] Aujourd'hui connu sous le nom de *Qeqertarsuaq*.

> contre, j'ai l'autorisation d'acheter 6 chiens, probablement parce qu'ici, une sorte de maladie canine sévit et qu'il sait que la plupart des chiens mourra de toute façon. Je peux en outre acheter 2 kayaks, 12 paires de /kamikker/ (bottes) et jusqu'à 6 fourrures, mais il n'y a pas eu moyen de les avoir; j'en ai fait la demande tous les jours. C'est une honte qu'on tyrannise les pauvres Eskimos de cette manière, car ils veulent tous venir avec nous; la femme[29] qui était du voyage en Europe a pleuré presque tous les jours de ne pouvoir venir. Le jeune Kujanje avait amené sa femme; il habite à 9 miles de la colonie et était décidé à nous accompagner, mais quand il a appris que l'inspecteur l'avait interdit, il a eu peur. Si quelqu'un était parti sans autorisation, il aurait été puni. (Journal de J. A. Jacobsen, 18 juillet 1880)

Une hypothèse émise pour expliquer ce refus des autorités danoises est liée aux problèmes qui ont surgi dans la communauté après le retour des individus qui avaient séjourné en Europe en 1877-1878.

> Les Eskimos sont rentrés chez eux richement chargés de cadeaux de toutes sortes et avec un salaire faramineux. Okabak a invité tous les membres de sa tribu à une grande fête dans le port de Disko. Il avait acheté tellement de café, de thé, de sucre, de farine et de biscottes que la fête aurait pu durer plusieurs jours. Du haut d'une grosse pierre, il a parlé de son voyage en Europe qui l'avait même conduit jusqu'à Paris. Ses discours n'avaient pas de fin. Comment s'étonner que personne ne veuille plus aller à la chasse et qu'ils s'étendent tous sur leurs peaux en rêvant de voyages dans le Sud. Les choses se sont si mal passées que le gouvernement danois a interdit d'emmener de nouveau des Esquimaux du Groenland vers l'Europe[30].

---

[29] Il s'agit de Juliane Maggak, l'épouse d'Okabak.
[30] Citation de l'auteur Günter Niemeyer extraite du livre *Hagenbeck : Geschichte und Geschichten*, traduite en anglais et citée par Nigel Rothfels. Voir Rothfels, Nigel. (2008). p. 139.

Jacobsen prend alors la décision de suivre son plan B : tenter sa chance du côté de la baie de Cumberland[31] sur l'île de Baffin.

> Brouillard épais jusqu'à 11 heures du matin. Dès qu'il se levait, on voyait malheureusement tant de glace et si compacte qu'il nous fallait renoncer à forcer la glace jusqu'à la terre. J'étais d'avis d'essayer vers l'ouest le long de la <côte> vers le sud, mais le capitaine pensait qu'on ne pouvait rien faire d'autre que de sortir de la glace dans la même direction et ensuite de faire un essai plus au sud. Le bateau était tourné nous avons viré vers le sud pour sortir de la glace. Tout l'après-midi, nous avons dérivé et navigué au milieu de la glace, car le brouillard était revenu. La brise avait fraîchi et il a fait si froid ces deux derniers jours que tous les cordages sont couverts de glace et que l'eau gèle sur le pont. Ainsi nos beaux espoirs étaient de nouveau anéantis; je n'espère plus toucher terre, les conditions dues à la glace sont trop difficiles. Tout mon courage s'en est allé et je ne m'attends plus qu'à la ruine à mon retour. (Journal de J. A. Jacobsen, 2 août 1880)
>
> Nous avons tenté du Cap Wales[32] à l'île Léopold d'atteindre la côte. Plus au sud du Cumberland, il n'y a aucune chance de le faire. J'ai pris la décision de faire cap sur le Labrador au sud et d'essayer d'aborder là. (Journal de J. A. Jacobsen, 5 août 1880)

Cinq jours supplémentaires sont nécessaires à l'*Eisbär* pour atteindre la côte du Labrador. C'est donc à 19 heures du soir du mardi 10 août 1880 que le navire de Jacobsen jette l'ancre dans le port de Hebron, une petite communauté d'environ 200 âmes.

---

[31] La baie de Cumberland est un bras de mer situé sur la côte est de l'île de Baffin, à l'ouest de la mer du Labrador. Pangnirtung est la seule communauté établie sur le littoral de cette baie.

[32] S'agit-il du cap Prince of Wales situé sur la péninsule d'Ungava près du village de Kangiqsujuaq (61° 37' 0" N, 71° 30' 0" W)? Quant à l'île Léopold, elle est située à l'entrée du détroit de Cumberland (64° 58' 0" N, 63° 23' 0" W). (Base de données toponymiques du Canada)

Fig. 8 L'*Eisbär*, 1880
Illustration by M. Hoffmann.
See Hagenbeck, Carl and M. Hoffmann. (1880). p. 10

Fig. 9 Hebron, milieu du XIXe siècle
Reproduction en couleur d'une lithographie faite par l'évêque morave Levin Theodor Reichel, et publiée pour la première fois par Leopold Kraatz. (Photo offerte par les Archives du Centre for Newfoundland Studies – Collection *Les Inuits du Labrador vus par les moraves*)

L'arrivée à Hebron au Labrador

Aussitôt arrivé à Hebron, Jacobsen se rend à terre et y fait la rencontre des missionnaires Kretschmer, Haugk et Schneider qui appartiennent à l'Église morave. À son grand désespoir, les missionnaires ne sont pas du tout favorables à son projet.

> Les missionnaires ici ne semblent pas vouloir favoriser nos affaires comme je l'avais espéré. Lorsque je leur ai raconté que j'avais emmené des Eskimos du Groenland en Europe, ils ont tous prétendu que ces gens devaient être irrémédiablement corrompus, entreprendre un voyage en Europe semble pour eux signifier « ~~perdre son âme~~ » « être perdu ». (Journal de J. A. Jacobsen, 10 août 1880)

> J'ai parlé aujourd'hui avec plusieurs Eskimos à propos du voyage en Europe; deux familles m'ont paru décidées à venir avec nous, si les missionnaires ne s'y opposaient pas. J'ai alors questionné Messieurs les missionnaires qui m'ont répondu que c'était absolument impossible, vu que d'abord ils n'avaient pas l'autorisation de leurs supérieurs en Allemagne et ensuite à cause du Labrador ou de la Compagnie de la Baie d'Hudson. Puis ils ont insisté sur le fait que les Eskimos en seraient corrompus, car c'est un peuple ^{disent-ils} futile, etc. Tous mes arguments n'ont servi à rien.
>
> Le problème est que les Eskimos sont un peuple sans autonomie et ce que disent les Européens qui vivent dans le pays a force de loi. Les missionnaires n'ont rien eu de plus pressé que d'interdire le voyage aux Eskimos, et bien entendu, ceux-ci ont plutôt écouté leur ordre que ma demande ^{mes offres} puisque je ne suis qu'un étranger. Une famille pourtant est prête à partir avec nous malgré l'interdiction, mais ne peut persuader une autre de le

> faire également, et une seule famille, c'est trop peu. Je lui [au chef de la famille?] ai proposé de m'accompagner dans le nord pour convaincre les Eskimos sauvages de venir, mais il assure que cela ne servirait à rien parce que les sauvages sont dispersés dans les montagnes à chasser le renne [le caribou] et difficiles à rencontrer; ils sont aussi très méfiants vis-à-vis des étrangers, car on est trop souvent escroqué dans le commerce avec les schooners venus ~~du Labrador~~ de Terre-Neuve. (Journal de J. A. Jacobsen, 12 août 1880)

> J'ai encore passé la journée à essayer de convaincre les Eskimos de partir avec nous, je leur ai fait beaucoup de promesses et malgré tout, on a trop peur de partir parce que les missionnaires l'ont défendu. C'est triste de les voir réprimés comme des esclaves et encore plus de constater la façon avec laquelle les Européens font montre de leur pouvoir. Comme si notre entreprise n'était pas reconnue et réelle, c'est une honte, car les missionnaires connaissent tous Hagenbeck de nom; je leur ai aussi montré mon mandat, tout a été en vain. (Journal de J. A. Jacobsen, 14 août 1880)

Finalement, le 15 août, après plusieurs jours d'efforts, Jacobsen réussit à engager un interprète, Abraham, afin de se rendre à Nachvak, un fjord plus au nord, pour tenter d'y recruter des « Esquimaux » non chrétiens. Comme ils ne sont pas sous l'influence des missionnaires moraves, il ose espérer qu'ils se laisseront convaincre plus facilement.

> Notre Eskimo interprète est l'un des Eskimos les plus intelligents que j'aie rencontrés jusqu'à présent; il a beaucoup de connaissances, écrit bien, joue de l'orgue, du violon, de la guitare, connaît la plupart des pays, les grandes villes, parle un peu anglais, est aussi un bon chasseur de phoques et conducteur de chiens. (Journal de J. A. Jacobsen, 16 août 1880)

Pendant son séjour à Hebron, Jacobsen en profite pour visiter d'anciennes sépultures et y recueillir des artefacts susceptibles de constituer une collection ethnographique.

> J'ai appris que de vieilles tombes se trouvaient à proximité et suis allé avec deux membres de mon équipage visiter les lieux. Il s'agissait dans la totalité de tombes de l'époque païenne et on m'a expliqué beaucoup de choses que je ne savais pas. Près de chaque tombe et en partie à l'intérieur sont enterrés les objets qui appartenaient au défunt ^{déposé un à un avec lui dans la tombe}. Mais il semble que les objets aient été ^{auparavant} brisés, car tous les récipients étaient cassés même aux endroits où ils étaient à l'abri. C'est une coutume chez les Eskimos qu'un objet appartenant à un mort ne soit plus jamais utilisé par d'autres et pour cette raison on le porte à la tombe ^{et l'y dépose dessus}. On y trouve des restes de kayaks, des tentes, des oumiaks (grandes embarcations), des ustensiles de ménage; en un mot tous les biens que laisse un Eskimo. On peut donc rassembler au Labrador une riche collection si on a le temps de faire des recherches. Les missionnaires en effet ne se préoccupent pas de ces choses. Au Groenland, c'est différent. Là, les Européens ont tout exploré. Je suis très étonné de ce que tous les objets soient en bois et en fer, peu en os et en pierre, ainsi je n'ai trouvé qu'une pointe de lance en pierre et quelques outils sans importance en os.
>
> En marge : J'ai inspecté les tombes en différents endroits du Labrador et emporté tout ce qui était apte à être exposé dans un musée. (Journal de J. A. Jacobsen, 11 août 1880)

Jacobsen se dit satisfait de la quantité d'objets qu'il a pu rassembler. Bien qu'il ait été étonné de ne ressentir aucune réticence de la part des « Esquimaux », il admet avoir finalement compris que ses agissements ne leur plaisaient pas.

> En marge : J'ai fini par remarquer qu'ici non plus les Eskimos n'aiment pas que l'on s'affaire sur les tombes de leurs ancêtres, sans doute surtout en raison des esprits des ancêtres. (Journal de J. A. Jacobsen, 13 août 1880)

Fig. 10 Abraham, l'interprète engagé par J. A. Jacobsen, 1880
Photo de Jacob Martin Jacobsen. (*Nederlands Fotomuseum*)

Le fjord de Nachvak

Le lundi 16 août à 7 h, l'*Eisbär* lève l'ancre en direction du fjord de Nachvak. Le même jour, les missionnaires moraves rédigent une lettre à la *Conférence des anciens de l'Unité*[33] les informant de la visite de Jacobsen et demandant des précisions sur la façon dont ils sont tenus de réagir si telle situation se représentait. Ils écrivent[34] :

Lettre de Hebron à la *Conférence des anciens de l'Unité*.

le 16 août 1880

À notre grand étonnement, le 10 août, une goélette battant pavillon allemand est entrée dans notre port. C'était un M. Jakobsen de Hambourg qui voyage au nom de Hagenbeck, le propriétaire de la ménagerie, et est à la recherche d'antiquités, etc., mais en même temps d'Eskimos afin de les exhiber dans les villes européennes. À l'origine, il comptait obtenir des païens du Northumberland, mais n'a pas pu atteindre la côte en raison de l'énorme quantité de glaces flottantes et a mis neuf jours à venir de là jusqu'à nous.

Nous lui avons résolument expliqué que nous ne sommes pas autorisés ni disposés à l'aider afin que nos gens baptisés soient exhibés dans le monde[35] et observés comme des bêtes sauvages et ce, en échange d'argent. Mais il n'a pas pu partager nos réserves et n'a pas compris pourquoi nous ne voulons pas servir les intérêts de la science, car les Esquimaux seraient généreusement récompensés comme ceux du Groenland, qu'il a emmenés avec lui il y a trois

---

[33] Un conseil d'administration (situé en Allemagne) constitué de 12 membres élus pour surveiller et administrer toutes les affaires générales de l'Église morave.
[34] Lutz, Hartmut *et al.* (2007). p. 47.
[35] « Dans le monde » traduit « draußen », littéralement « à l'extérieur, dehors ». (Note de la traductrice)

ans. En dépit de notre résistance, le recrutement a eu lieu et une famille avait déjà accepté. Mais comme il ne voulait pas prendre avec lui seulement quatre personnes, mais de huit à dix, rien n'a été encore fait. Il va maintenant tenter sa chance dans la région de Nachvak. Nous aimerions savoir comment nous comporter dans de tels cas.

G. Kretschmer, W. Haugk, A. Hlawatscheck

P.S. La contribution des Eskimos à la mission est de £ 2.12 s. 4 d.

Les trois hommes prennent également le temps de consigner cette visite dans le journal de la mission, récit qui, à la fin de l'année, sera publié dans les *Periodical Accounts* et communiqué à toutes les autres missions de l'Église morave. Ils écrivent[36] :

> Le *Meta*[37] est arrivé avec à son bord, Frère et Sœur Schneider[38], qui étaient en route pour Ramah afin de prendre la relève de Frère et Sœur Weiz[39]. Le même jour, L'*Ours polaire*, un navire norvégien battant pavillon allemand, est arrivé au port. Le maître, M. Jacobsen de Tromsø en Norvège, a été engagé par Hagenbeck de Hambourg, le collectionneur bien connu d'objets ethnographiques pour les musées qui, il y a quelques années, a exhibé des Groenlandais en Allemagne. Après quelques jours, il nous a informés qu'il souhaitait engager huit ou neuf Eskimos du Labrador dans le même but, et il ne voit pas pourquoi nous devrions nous opposer à ce que nos gens acceptent son offre. Nous étions cependant très heureux quand il nous a quittés le 16 afin de se diriger vers Nachvak, où il espérait se procurer quelques indigènes païens à emmener avec lui en Europe.

Trois jours de navigation sont nécessaires à l'*Eisbär* pour atteindre le fjord de Nachvak. Il y arrive donc dans la soirée du 18 août.

---

[36] *Periodical Accounts Relating to the Missions of the Church of the United Brethren Established Among the Heathen.* (1881, décembre). p. 448.
[37] Le *Meta* était un navire principalement utilisé par les missions moraves au Labrador pour maintenir la communication entre leurs postes de mission.
[38] Il s'agit du missionnaire Johann Georg Schneider et de son épouse.
[39] Il s'agit du missionnaire Samuel Weiz et de son épouse.

Fig. 11 Poste de la Cie de la Baie d'Hudson, Nachvak, ca 1910
(Musée McCord MP-0000.637.8)

Nous sommes entrés dans le fjord. Les cartes ne sont ici d'aucune utilité, elles sont complètement fausses et notre interprète n'est encore jamais allé aussi loin au nord. À minuit, nous avons mouillé à 8 toises. Nous avons tiré plusieurs coups de fusil pour voir si des gens ne se trouvaient pas à proximité; nous avons vu de la lumière et avons entendu une détonation en réponse et comme la profondeur était suffisante, nous avons jeté l'ancre. Il y a donc des Eskimos dans les alentours du fjord. (Journal de J. A. Jacobsen, 18 août 1880)

À 7 heures, je suis allé à terre avec mon interprète et un matelot et nous nous sommes dirigés vers un endroit où on voyait de la fumée. Nous avons trouvé là quatre familles et ces gens nous ont informés qu'ils étaient les seuls habitants de Nachvak, car les autres sont tous partis à l'intérieur des terres et ne reviendraient qu'en octobre. C'est la saison de la chasse au caribou, on sèche la viande et la graisse et les prépare pour l'hiver.

C'étaient tous des gens assez âgés que les jeunes laissent ici quand ils partent sans eux à l'intérieur des terres en raison des fatigues que cela représente. Ceux qui res-

> tent vivent de la pêche à la truite et on peut en avoir beaucoup contre du tabac et des allumettes. Je les ai invités à visiter notre bateau et à midi j'avais les quatre familles à bord. Je les ai fait bien manger et leur ai proposé ensuite de partir en Europe. D'abord personne ne voulait, mais mon interprète a su si bien leur parler (je lui avais promis un nouveau costume s'il arrivait à persuader quelqu'un de venir avec nous) que finalement une famille s'est décidée à le faire : un homme, une femme assez âgée et leur fille. Mais où vais-je trouver les autres ici? (Journal de J. A. Jacobsen, 19 août 1880)

Dans son livre *Eventyrlige Farter, Fortalte for Ungdommen*[40], Jacobsen, offre une version quelque peu différente de sa toute première rencontre avec les « Esquimaux » de Nachvak et y fournit des détails supplémentaires.

> Un soir d'orage, nous étions dans le fjord de Nachvak. Aucun des villages autochtones n'était marqué sur la carte, nous ne savions donc pas si la région était habitée ou non. Il faisait sombre, le fjord était couvert de violentes vagues, et les nuages noirs se pourchassaient dans une course folle à travers le ciel. De temps en temps, une pluie torrentielle déferlait. Nous sondions constamment la profondeur /et nous nous déplacions [?]/ avec des voiles arrisées. Finalement, j'ai eu l'idée de tirer un coup de fusil. À notre plus grand plaisir, nous avons reçu une réponse un peu plus tard, et /elle venait de près/ de la côte sur la droite. Nous avons tiré de nouveau, et après plusieurs coups de feu et coups de réponse provenant de la terre, nous avons enfin pu jeter l'ancre dans une petite baie, où l'eau était assez calme.
>
> Peu de temps après, un bateau rempli d'Eskimos est venu à nous. Ils sont immédiatement montés à bord sans montrer le moindre signe de peur. Ils étaient des hommes sauvages, du moins à en juger par leur apparence. Les hommes portaient leurs cheveux longs, pendant jusqu'à leurs sourcils, et dans leur dos, ils flottaient incultes et mal peignés jusqu'à leurs épaules. Vestes courtes en peau de renne et pantalons en peau de phoque étaient leurs

---

[40] Jacobsen, Johan Adrian. (1894).

> costumes traditionnels. Les femmes portaient une veste en peau de phoque qui descendait jusqu'aux chevilles, dans le dos, la forme rappelait une queue de castor. Les cheveux étaient tressés et enroulés autour des oreilles; tressée dans les cheveux, une longue pampille[41] de perles de la longueur de plus de une demi-aune[42] leur pendait souvent jusqu'aux épaules. Le front était tatoué avec des rayures, parallèles aux sourcils. Le reste du costume traditionnel : pantalons et bottes courtes.
>
> Comme la langue de ces Eskimos est assez semblable à celle des Groenlandais, nous pouvions bientôt nous comprendre les uns les autres, et nous avons ainsi appris que nous étions dans le voisinage d'un poste de traite appartenant à la Compagnie de la Baie d'Hudson, et que c'est pour cette raison que tous les Eskimos étaient munis d'armes.
>
> Nous leur avons offert de la viande salée, des galettes, du beurre et du thé. L'un après l'autre les sauvages ont goûté la viande salée, mais tous ensemble ils l'ont crachée immédiatement, en s'écriant : Tara juk! (trop de sel!). Mais ils ont semblé apprécier énormément le thé et les galettes.

Dans l'après-midi du 19 août, Jacobsen rend visite au gérant du poste de la Compagnie de la Baie d'Hudson (CBH) à Nachvak, George Ford.

Les deux hommes sympathisent rapidement et Ford[43] s'intéresse au projet de Jacobsen. Ford a une longue discussion avec Abraham et réussi à le convaincre de partir pour l'Europe avec sa famille. Abraham pose toutefois une condition : que Jacobsen s'assure de fournir des vivres à sa mère pendant l'année où il sera absent. Jacobsen jubile!

---

[41] Un élément de bijouterie en forme de pendeloque. (Dictionnaire Larousse).
[42] Une aune est une ancienne mesure de longueur servant à mesurer les étoffes et valant environ 1,20 m.
[43] George Ford est né au Labrador en 1857, un an après que ses parents sont arrivés du Royaume-Uni. George est entré au service de la CBH à Nachvak en 1877. Il y est resté jusqu'en 1908. Il décéda de la grippe espagnole en 1918 à St. John's (Terre-Neuve-et-Labrador).

Fig. 12 George Ford et sa première épouse Harriet Merrifield (Photo offerte par *Them Days*[44], extraite du Vol. 25, n° 4)

M. Ford a longuement parlé avec mon interprète et a obtenu sa promesse d'aller avec moi en Europe si je lui assurais que je fournirais des vivres à sa mère jusqu'à son retour dans un an, ce que j'ai naturellement aussitôt fait. Il nous faut donc retourner à Hebron pour aller chercher sa famille. J'en suis très content, je suis aussi persuadé que je n'aurais pas, malgré tous mes efforts, réussi à le convaincre sans l'aide de M. Ford. Il parle bien la langue, étant né au Labrador, de parents Anglais. L'après-midi, je me suis rendu à un cimetière, ai trouvé diverses choses, ustensiles de ménage, etc. et ai regagné notre bateau. M. Ford nous a accompagnés à bord où nous sommes arrivés à 9 heures du soir. M. Ford a passé la nuit à bord. Je lui ai acheté différents objets, des vêtements, etc. Soir calme, ciel clair.

En marge : Pour fêter le consentement d'Abraham à

---

[44] Ford, Henry. (2000).

> faire le voyage avec sa femme et ses enfants, M. Ford et moi avons bu un bon coup. J'avais des provisions de vin, de cognac, de rhum et d'aquavit[45] et bien que mon capitaine Bang m'en dérobe pas mal en cachette, j'en avais encore assez. J'ai encore eu la chance de trouver des gens pour m'aider de leur mieux. En 1877 c'était Fleischer [Carl] au Groenland et maintenant c'est M. Ford. Sans sa force de persuasion, Abraham n'aurait pas changé d'avis. (Journal de J. A. Jacobsen, 20 août 1880)

Le 21 août, Jacobsen accompagné d'Abraham va chercher la famille non chrétienne qui a accepté de partir pour l'Europe. Il s'agit de Tigianniak, un shaman de 45 ans, de son épouse Paingu, âgée d'environ 50 ans, et de leur fille Nuggasak, âgée de 15 ans. Ils montent à bord avec, entre autres choses, quatre chiens, un kayak et une vieille tente.

L'*Eisbär* lève l'ancre le 22 août à 8 h et est de retour à Hebron le 25 août à 3 h.

Fig. 13 Mission morave de Hebron
(© Hans Blohm, 1993)

---

[45] Eau de vie à base de céréales et de pommes de terre.

Fig. 14 Nuggasak, Paingu et Tigianniak, 1880
Photo de Jacob Martin Jacobsen.
(*Nederlands Fotomuseum*)

LE DÉPART POUR L'EUROPE

Les missionnaires moraves sont consternés par la décision d'Abraham, mais ils ne peuvent le retenir de force.

En une journée, l'*Eisbär* est préparé pour la traversée de l'Atlantique. Jacobsen est heureux de voir cinq autres personnes se joindre à lui pour le voyage. Il s'agit d'Abraham[46], âgé de 35 ans, de son épouse Ulrike, 24 ans, de leurs deux fillettes Sara, 3 ans, et Maria[47], 9 mois, ainsi que d'un jeune célibataire, Tobias[48], 20 ans.

> À 9 heures du soir nous étions prêts et à 11 heures, notre Eskimo[49] est monté à bord avec armes et bagages comme on dit et je crois tous les Eskimos de la moitié du Labrador s'étaient donné rendez-vous, car le bateau grouillait d'Eskimos. Je leur ai fait servir à tous un bon repas pour laisser un bon souvenir. La paix n'est revenue que tard.
>
> En marge : Les missionnaires n'étaient pas très satisfaits qu'Abraham, sa famille et son neveu Tobias voyagent

---

[46] Abraham est né à Hebron le 29 janvier 1845. Ses parents sont Paulus et Elizabeth. Il a été baptisé le 25 février 1845 et avait au moins quatre frères et sœurs : Jonas, né le 19 janvier 1848; Sabine, née le 5 novembre 1850; Niccodemius, né le 4 février 1854 et Niccodemius, né le 27 septembre 1855 (nous présumons que le premier du nom de Niccodemius est décédé en bas âge). Voir Microfilm 510. Bibliothèque et Archives Canada.

[47] Maria Clara est née le 9 novembre 1879 et a été baptisée à Hebron le 26 décembre 1879. Voir Microfilm 510. Bibliothèque et Archives Canada.

[48] Certains écrits indiquent que Tobias est un neveu d'Ulrike, d'autres, un neveu d'Abraham, d'autres qu'il est simplement un jeune célibataire de la communauté. Des recherches plus approfondies sont en cours pour confirmer s'il y a un lien de parenté entre Tobias et Abraham ou Ulrike.

[49] Jacobsen emploie le singulier. Soit il s'agit d'une faute grammaticale, soit il considère Ulrike, Tobias et les enfants comme faisant partie des « armes et bagages » d'Abraham. (Note de la traductrice)

> avec nous. Moi, par contre, j'étais fou de joie. Il s'en était fallu de peu que le gros capital que nous avions investi soit de l'argent gaspillé (l'expédition s'était montée pour nous à environ 30 000 marks). Ma réputation était aussi en jeu, à moi qui avais fait le projet et avais tout organisé et qui ne devais pas me tromper à ce point. Tout l'été j'ai souvent été près de désespérer. (Journal de J. A. Jacobsen, 25 août 1880)

L'*Eisbär* entreprend sa traversée transatlantique le 26 août à 7 heures du matin avec, à son bord huit nouveaux passagers, neuf chiens adultes, huit chiots et cinq kayaks, en plus des membres de l'équipage.

Le jour même, le Frère Kretschmer écrit une lettre au Frère Connor en Allemagne[50] :

Le 26 août 1880

Cher Frère Connor,

Voici quelque chose de tout à fait nouveau et de particulier. Le navire *Eisbär* (ours polaire) de Hambourg, qui était ici récemment, est revenu de Nachvak hier et a obtenu là une seule famille, et voilà que maintenant une famille d'ici a décidé finalement de partir, le couple Abraham et Ulrike (frères dans la Cène du Seigneur). Je leur ai dit que nous ne pouvions absolument pas permettre à nos gens baptisés d'être exposés à l'extérieur comme des bêtes sauvages dans le monde en Europe pour gagner de l'argent. Ils n'ont vraiment pas pu comprendre nos réserves, ne voulaient pas nous vexer, mais étaient incapables de dire non à M. Jakobsen. Car les gains journaliers promis de trois shillings par homme, deux shillings par femme, et un shilling par enfant, cela fait beaucoup, si la promesse est tenue et ils reviendraient l'année prochaine avec une somme d'argent et des cadeaux. Je leur ai dit que nous ne voulions pas leur refuser de voir tant de belles et grandes choses en Allemagne, mais que nous devons mépriser la route prise pour atteindre ce but. Cependant aucun Eskimo ne peut comprendre que cela pourrait être mauvais pour lui de recevoir un salaire de la part de quelqu'un qui veut le voir. En outre, le désir de voir les splendeurs euro-

---

[50] Lutz, Hartmut *et al.* (2007). p. 47-50.

péennes est trop fort, et d'ailleurs, Abraham s'attend à voir toutes les missions du Labrador ainsi que les congrégations de Herrnhut, de Niesky, etc. Dans tous les cas, vous serez informés depuis Hambourg de leur arrivée. Comme nous étions tout à fait opposés à cela, nous n'avons pu ni voulu signer un contrat avec M. Jakobsen. Par conséquent, nous ne sommes pas responsables des conséquences, bonnes ou mauvaises, qui pourraient en découler. M. Jakobsen regrettait de ne pas l'avoir acheté et de ne pas s'être auparavant renseigné à Berthelsdorf (sa première intention n'était pas du tout d'aller au Labrador, mais au Cumberland)[51]. Je lui ai brièvement demandé de ne pas leur donner de boissons alcoolisées et de les surveiller afin qu'ils ne puissent pas voir quoi que ce soit de mal, etc. Ce matin, il est parti avec eux, très heureux de ne pas avoir fait le voyage en vain. La nuit dernière, un jeune homme célibataire a annoncé qu'il devrait et voulait partir lui aussi. Il s'est également embarqué ce matin. Il est de toute façon d'un caractère audacieux. Ce sont des gens libres et nous ne pouvons pas les retenir.

Sans doute les chers frères et amis dans et hors de l'assemblée seront légitimement indignés quand il sera rendu public dans les journaux que des Eskimos de Hebron sont exhibés publiquement dans les zoos de Berlin, de Dresde, de Paris. Nous pouvons attester, cependant, que si cela est connu de nous, c'est aussi entièrement contre notre volonté. Pour excuser les Eskimos, on doit dire qu'ils ne peuvent comprendre nos réserves concernant ce voyage; ils regrettent que nous n'ayons pu dire oui, mais c'est trop pour eux de refuser tous les plaisirs et toutes les richesses escomptés. L'hiver dernier, Abraham et sa famille ont souffert d'une grande pauvreté, mais n'ont pas accepté l'aide du bureau de bienfaisance. L'hiver prochain, la situation sera la même puisqu'il a gagné très peu de revenus ce printemps et n'a pas été en mesure de rembourser sa dette de 10 livres. Par conséquent, il veut gagner de l'argent en Europe pour un filet de pêche de façon à pouvoir rembourser ses dettes. Il souhaite également voir Herrnhut et Niesky avec sa femme. M. Jakobsen le lui a promis. S'il devait vraiment s'y rendre, nous aimerions vous

---

[51] Cette phrase n'est pas tout à fait claire. Qu'est-ce que Jacobsen regrettait ne pas avoir acheté? (Note de la traductrice)

demander de ne pas les repousser comme des désobéissants. Ceci ferait plus de mal que de bien, car ils penseraient que nous leur refusons le bonheur de voir tant de beautés. Ce qui nous semblerait le mieux, ce serait que les frères et sœurs du Labrador s'adressent à eux (Abraham est personnellement connu des Frères Kern [Carl Gotthelf], Elsner, Linder [Carl], Sœur Erdmann [épouse de Friedrich]). Il joue du violon, de la clarinette, de la guitare, comprend un peu l'anglais. Sa femme Ulrike, âgée de 24 ans, est une personne sage, n'a jamais été exclue, a travaillé pendant quatre ans pour nous en tant que femme de ménage, 2 ans ¾ comme bonne d'enfants, a été une bonne élève de Frère Erdmann, comprend un peu l'allemand.

La famille païenne de Nachvak avait l'intention de déménager à Rama l'hiver prochain pour être convertie. L'homme s'appelle Terrieniak (renard), la femme Paingu (mal du pays), l'enfant Nachosak. Ils sont mentionnés dans le *Diarium de Rama* pour l'année 1876. Nous apprendrons l'année prochaine si ces personnes et les nôtres ont été considérées comme semblables ou si on a fait la différence entre baptisés et païens. Le fait que les Eskimos savaient que des Groenlandais étaient allés en Allemagne il y a trois ans a beaucoup contribué à leur rendre un tel voyage souhaitable. Si le navire était resté plus longtemps, beaucoup d'autres [Eskimos] auraient décidé de partir, car ce sont des enfants qui ne soupçonnent aucun mal, mais s'attendent toujours au meilleur.

Ne serait-il pas bon qu'une partie de ceci soit rendue publique dans le *Herrnhut*[52]? Je te prie d'agir comme bon te semble. Que le Sauveur les protège dans le monde et qu'Il les laisse Le servir au mieux, même dans cette voie tortueuse. Nous craignons qu'ils ne soient des personnes difficiles pour nous plus tard, mais même alors, que Sa volonté soit faite.

Meilleurs salutations à toi et à tous tes chers collègues.
Ton humble Frère B. G. Kretschmer

---

[52] Magazine publié par l'Église morave.

Quelques jours plus tard, le 30 août, c'est au tour du missionnaire Samuel Weiz d'exprimer ses préoccupations[53] :

> [...] Je n'ai pas réussi à voir ces gens avant leur départ, mais mes collègues ont fait tout ce qui a été en leur pouvoir pour les retenir au Labrador. Tout a été inutile, et nous ne pouvons ni ne voulons employer la force. Il ne nous reste donc qu'à les placer sur le cœur du bon Berger, le suppliant de veiller sur leurs âmes. Selon toute probabilité, ces pauvres gens seront après leur retour un élément pernicieux au milieu de nos troupeaux, et créeront mille difficultés aux missionnaires.

Puis, un texte paru dans les *Periodical Accounts* de 1881 nous apporte quelques précisions supplémentaires sur les craintes qui hantaient les missionnaires de Hebron lorsqu'ils ont regardé l'*Eisbär* s'éloigner[54] :

> [...] un certain nombre de chrétiens Eskimos de Hebron, comprenant un homme avec sa femme et leurs deux enfants, un homme non marié et trois autochtones païens de Nachvak, ont été emmenés en Europe. [...] La perspective de voir une partie du monde et de gagner beaucoup de nourriture et d'argent sans travailler dur, était plus puissante que les arguments et les exhortations des missionnaires. Le chef de la famille chrétienne, Abraham, est un Eskimo exceptionnellement intelligent, qui joue du violon et a déjà acquis une certaine connaissance de l'allemand : il aurait imposé à son employeur la condition que, lors de son séjour en Europe, il soit emmené à Herrnhut. Pour le côté dégradant d'une telle exhibition de leurs personnes, ils n'avaient aucun sentiment. Il a été encore moins possible aux missionnaires de leur ouvrir les yeux sur les dangers moraux auxquels ils seraient exposés en Europe, et qui se sont avérés très préjudiciables pour un groupe d'autochtones du Groenland du Nord exhibés de façon similaire en Allemagne il y a trois ans. L'avenir de ces personnes est très sombre. Peu habitués à un labeur quotidien pour leur nourriture selon la tradition du pays, ayant des constitutions plus ou moins défavorablement affectées par le climat insolite et le mode de vie, ces voyageurs rentrent chez eux inaptes

---

[53] *Les Esquimaux en Europe.* (1881, 6 mars). p. 105.
[54] *Periodical Accounts Relating to the Missions of the Church of the United Brethren Established Among the Heathen.* (1881, décembre). p. 448-449.

à reprendre la vie d'autrefois. Tant que son argent ne sera pas épuisé, à son retour, l'Eskimo se complaira probablement dans l'oisiveté, puis sombrera dans la pauvreté et la misère. Compte tenu de ces dangers actuels et futurs, l'anxiété des missionnaires pour ces membres de leur troupeau ne peut surprendre, et on peut être certain qu'ils feront l'objet de beaucoup de prières à Hebron.

Fig. 15 Famille d'Abraham, 1880
Ulrike tenant Maria sur ses genoux, Tobias, Abraham et Sara.
Photo de Jacob Martin Jacobsen. (Archives moraves, Herrnhut)

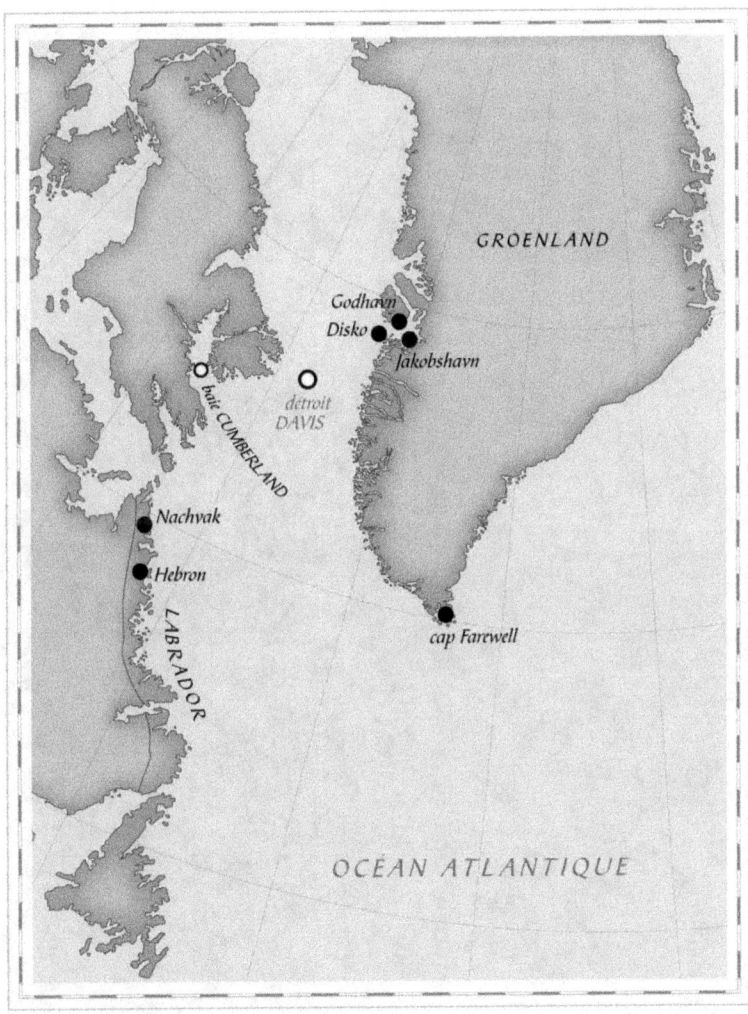

Fig. 16 Carte géographique, lieux cités au Labrador ou Groenland
(illustration de Diane Mongeau, 2014)

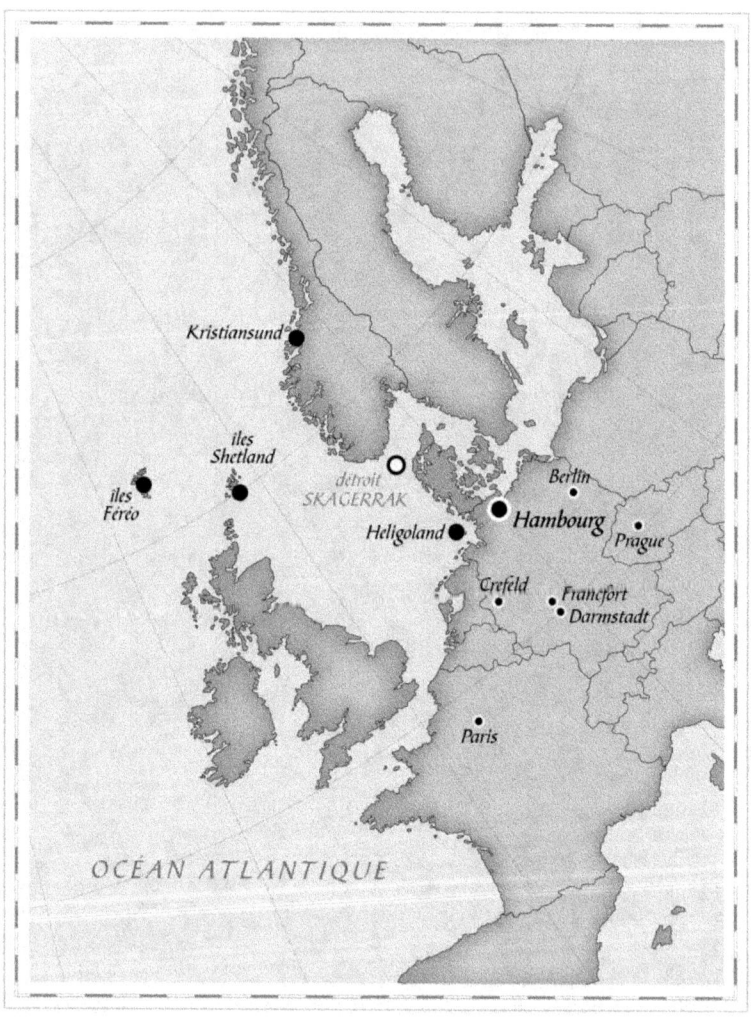

Fig. 17 Carte géographique, lieux cités en Europe
(illustration de Diane Mongeau, 2014)

La Traversée de l'Atlantique

Très rapidement, les « Esquimaux » sont frappés par le mal de mer et Jacobsen se dit qu'ils doivent certainement beaucoup regretter de s'être laissé persuader de quitter leur cher Labrador. Nuggasak est celle qui souffre le plus des effets de la mer.

Alors que le périple n'en est qu'à son quatrième jour, les « Esquimaux » commencent à trouver le temps long.

> Ils demandent déjà combien de temps va durer le voyage, les malheureux, même avec un vent favorable comme aujourd'hui, nous ne pourrons pas être à Hambourg avant un mois. [...]
>
> En marge : J'ai essayé de réconforter mes Eskimos. Nous avons dans la cale installé une salle de séjour confortable. Nous avons au lieu de l'écoutille mis en place un <abri>[55] qui leur permet de monter et de descendre à tout moment. Nous avons également construit un bon escalier au lieu de l'échelle pour leur faciliter les allées et venues. (Journal de J. A. Jacobsen, 30 août 1880)

Le 1er septembre 1880, ils franchissent le cap Farewell, la pointe sud du Groenland.

Le 4 septembre est la première journée calme durant laquelle personne ne souffre du mal de mer. Quelques jours plus tard, c'est l'ennui qui prend le dessus.

> Chez les Eskimos, l'ennui a remplacé le mal de mer et ils demandent sans arrêt si la terre n'est pas bientôt en vue. Ils ont vu que nous observions tous les jours le soleil et ont demandé à un matelot qui se trouvait à la barre ce

---

[55] Le terme utilisé par Jacobsen est « *ein sogenannter Kappe* ».

qu'on pouvait bien voir là-dedans, le vaurien leur a répondu que l'on pouvait voir là-dedans ^{avec l'octant} Hambourg et à quelle distance la ville se trouvait. L'Eskimo a essayé lui aussi, mais n'a pas pu trouver Hambourg. (Journal de J. A. Jacobsen, 13 septembre 1880)

Le 9 septembre, ils doublent la pointe ouest de l'Islande, soit le 23e méridien à l'ouest de Greenwich puis, le 15 septembre, ils longent les îles Féroé. Trois semaines jour pour jour après leur départ, ils aperçoivent la terre pour la première fois. Il s'agit de Foula, la plus occidentale des îles Shetland, un archipel situé au nord de l'Écosse.

L'Europe est donc tout près, mais une autre semaine de navigation est nécessaire avant qu'ils puissent enfin faire leur entrée dans l'Elbe.

Le 22 septembre 1880 à 7 h du matin, Johan Adrian Jacobsen rapporte que Héligoland, un archipel de la mer du Nord, situé à 62 km de l'embouchure de l'Elbe, est en vue. Douze heures de navigation sont requises pour l'atteindre.

Fig. 18 Héligoland, ca 1890-1900
(Wikimedia Commons)

> Il s'est mis à faire de la tempête si bien que nous risquions fortement d'échouer sur la côte du Schleswig[56]. Que nous nous soyons trouvés si à l'est provient du fait que notre chronomètre de bord est défectueux. Nous <avons navigué> avec le plus de voile possible et nous avons réussi à atteindre Héligoland à 7 heures du soir, où nous avons jeté l'ancre. Aussitôt, le vent est passé au N.-N.-O., un vent fort qui nous a forcés à attendre jusqu'à 2 heures du matin pour ne pas entrer trop tôt dans l'Elbe. [...] Je suis allé ensuite dans la cabine et tout à coup j'ai entendu des cris épouvantables, j'ai couru sur le pont, pensant que quelqu'un était tombé par-dessus bord ou avait été blessé et me suis trouvé devant un spectacle extraordinaire. L'Eskimo païen ᵀᵉʳʳⁱᵃⁿⁱᵃᵏ qui se tenait à la proue gesticulait avec les bras et poussait des hurlements. J'ai d'abord pensé qu'il était subitement devenu fou. Nous étions tous autour de lui et personne ne savait que faire; sa voix surpassait les mugissements de la tempête; c'était celle d'un malheureux en danger de mort. L'un des autres Eskimos s'est alors avancé et nous a dit qu'il fallait le laisser tranquille, car il était en train de faire de la magie pour avoir bon vent – en même temps, sa femme dans sa cabine faisait de très étranges gestes avec les mains, mais sans un mot. Quand il a eu crié ses formules magiques, il est allé tranquillement dans sa cabine en nous promettant que nous aurions un bon vent. Quelques <heures> plus tard, nous avions effectivement un vent favorable ᵛᵉⁿᵗ ᵈᵘ ⁿᵒʳᵈ, et Terrianiak (c'est ainsi qu'il s'appelle et il est considéré dans son pays, comme grand sorcier, un « Angakok[57] ») a soutenu que c'était son mérite. J'étais très heureux que le gaillard ne soit pas devenu fou ᶜᵒᵐᵐᵉ ʲᵉ ˡ'ᵃᵛᵃⁱˢ ᶜʳᵘ ᵘⁿ ᵐᵒᵐᵉⁿᵗ, au début je l'ai vraiment cru. Mais à partir de ce moment-là, les hommes d'équipage ont fermement cru que Terrianiak était un sorcier parce que le vent fort du S.-O. avait trop soudainement tourné au nord. (Journal de J. A. Jacobsen, 22 septembre 1880)

---

[56] Fait références au duché de Schleswig situé dans le nord-ouest de l'Allemagne près de la frontière danoise.
[57] Jacobsen utilisait la graphie groenlandaise du mot. En inuktitut, le mot s'écrit *angakkuq*.

Dans son livre *Eventyrlige Farter, Fortalte pour Ungdommen*, Jacobsen relate à nouveau cet épisode.

Fig. 19 Tigianniak calmant la tempête, 1880
(Illustration de M. Hoffmann.)
Voir Hagenbeck, Carl et M. Hoffmann. (1880). p. 15

> Le chaman était à la proue du bateau – Terrianiak, le vieux renard roux, était son nom – avec des gestes sauvages et le visage tourné face à la tempête, de sorte que ses longs cheveux fouettaient comme une crinière dans le vent, avec des cris déchaînés et des incantations, qui encore et encore couvraient le tonnerre de l'orage. En même temps, un autre Eskimo était assis dans l'écoutille et faisait les plus surprenants mouvements avec ses mains, mais dans le plus profond silence. Ce n'est qu'après avoir agi un long moment de la sorte que le chaman a mis fin à ses cris et à ses gestes. Il semblait improbable qu'il puisse encore avoir de la voix. Quand je lui ai demandé ce que signifiait son surprenant comportement, il a répondu solennellement, qu'il avait conjuré la tempête, et qu'elle allait bientôt tourner à notre avantage.

L'ARRIVÉE À HAMBOURG

L'*Eisbär* lève l'ancre et quitte Héligoland en pleine nuit. L'obscurité les empêchant de s'aventurer sur l'Elbe sans pilote, ils s'arrêtent au bateau-phare qui se tient à environ 7,5 km de l'embouchure[58]. Un pilote monte à bord vers 8 h du matin le 23 septembre pour mener le groupe à bon port.

Fig. 20 Le nouveau et l'ancien Kugelbake de Cuxhaven, 1867 (Wikimedia Commons)

---

[58] Depuis 1816, un bateau-phare est posté aux coordonnées géographiques 54° 0' 0" N, 8° 10' 40", connues sous le nom « Elbe 1 ». En 1880, le bateau-phare était le *Gustav-Heinrich*, une goélette de trois mats en bois, bâtie l'année précédente et nommée en l'honneur de Gustav Heinrich Kirchenpauer, un huissier de Hambourg. Voir Feuerschiff Elbe 1. [s.d.].

Vers midi, l'*Eisbär* fait un arrêt à Cuxhaven, ville à l'embouchure de l'Elbe, d'où Jacobsen envoie un télégramme à son frère Jacob Martin à Hambourg l'informant de leur arrivée.

Sans aucun doute, tous ont aperçu le *Kugelbake*, la structure de bois d'environ 30 mètres de haut, le principal point de repère de Cuxhaven. En 1880, la structure guide les marins depuis près de 200 ans déjà. Sa position marque l'emplacement même où la mer du Nord se termine et où l'Elbe commence.

À 16 h, ils passent devant Glückstadt, une ville sur la rive droite de l'Elbe située approximativement à mi-chemin entre Cuxhaven et la destination, Hambourg.

À 21 h, Jacob Martin Jacobsen ainsi que Claus Gottfried Carl Hagenbeck, le père de Carl Hagenbeck, montent à bord et accompagnent le groupe jusqu'à leur arrivée à Hambourg, le 24 septembre 1880 à 6 h.

Fig. 21 Port de Hambourg, 1883
Photo de Georg Koppmann. (Wikimedia Commons)

Les « Esquimaux », les chiens et les bagages sont aussitôt débarqués et amenés dans le quartier St. Pauli, chez Carl Hagenbeck, au 13 de la rue Neuer Pferdemarkt, là où s'étaient produits les Lapons de 1874 et les Groenlandais de 1878.

Sommé par Carl Hagenbeck d'immédiatement venir le rencontrer à Berlin, Jacobsen part le soir même et rencontre son partenaire le lendemain matin à 6 heures à l'hôtel Topfers. Les deux hommes sont heureux de se retrouver. Ils se mettent l'un et l'autre au courant des événements des derniers mois, puis planifient la tournée des « Esquimaux ».

> Hagenbeck se montra extraordinairement heureux de ce que j'aie ramené les Eskimos et nous fîmes des plans pour savoir où nous les produirions et avec le plus de bénéfices. Après Hambourg, nous voulions d'abord aller à Berlin où nous avions eu en 1878 tant de chance avec les Groenlandais que même l'empereur Guillaume 1er avait voulu les voir. (Journal de J. A. Jacobsen, notes ajoutées à la page 139)

Les deux hommes se rendent ensuite au Jardin zoologique de Berlin, puis chez le peintre et écrivain, M. Hoffmann, qui a été engagé par Hagenbeck pour écrire et illustrer un compte rendu du voyage de Jacobsen à l'aide de son journal[59]. Jacobsen reprend le chemin de Hambourg le soir même.

---

[59] Publié sous le titre *Beiträge über leben und treiben der Eskimos in Labrador und Grönland*. Voir Hagenbeck, Carl et M. Hoffmann. (1880).

Fig. 22 Carl Hagenbeck's Thierpark, 13, rue Neuer Pferdemarkt
(Photo offerte par les Archives du Tierpark Hagenbeck)

Le séjour à Hambourg

Au cours de la prochaine semaine, l'arrière-cour de la résidence de Carl Hagenbeck, qui fait 6226 mètres carrés[60] et abrite sa ménagerie, est bourdonnante d'activité. Tous s'affairent à construire les habitations, à dresser des tentes et à mettre en place la collection d'artefacts recueillis par Jacobsen.

Une grande inscription *Carl Hagenbeck's Thierpark* orne la façade de sa résidence privée. Les visiteurs entrent par la porte principale, traversent un grand couloir orné de cornes, de crânes et de panaches, pour se retrouver dans la cour arrière aménagée pour accueillir une large variété d'espèces animales. Dans cette cour, les petits oiseaux chanteurs côtoient tigres, ours polaires et éléphants. Les animaux ne s'y trouvent généralement que pour quelques jours ou quelques semaines, le temps que Hagenbeck leur déniche un nouveau propriétaire. Il n'est pas rare d'y voir près de mille bêtes. C'est donc entouré d'animaux des quatre coins de la planète que le groupe du Labrador commence sa tournée européenne.

Les premiers visiteurs sont accueillis le 2 octobre 1880. Malheureusement, peu de détails ont été trouvés sur l'exhibition à Hambourg. Abraham n'avait pas encore entrepris son journal. Quant à Jacobsen, son journal est silencieux du 4 au 27 octobre, période durant laquelle il a séjourné à l'hôpital pour essayer de recouvrer la santé, car il avait été accablé de divers malaises une bonne partie de l'été.

L'exhibition à Hambourg dure une douzaine de jours. C'est durant cette période que Jacob Martin Jacobsen, le frère aîné de Johan Adrian, prend les portraits officiels du groupe. Ces photos deviennent les cartes de visite que les visiteurs peuvent se procurer dans les divers endroits où se produisent les « Esquimaux ».

---

[60] Von Kuenheim, Haug. (2009). p. 58.

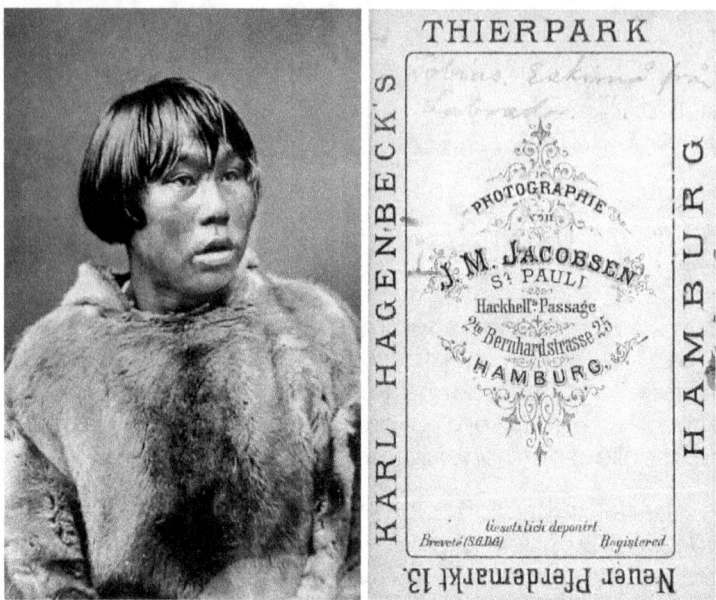

Fig. 23 Carte de visite de Tobias, 1880
Photo par Jacob Martin Jacobsen. (Photo offerte par Kenn Harper)

Carl Hagenbeck engage deux autres personnes pour s'occuper et accompagner le groupe : Adolf Schoepf, de Dresde, bon ami de Johan Adrian Jacobsen ainsi qu'une dame, madame Jacobsen[61], qui prépare leurs repas, fait leur lessive, etc. Jacobsen dit de cette dernière :

> En marge : [...] elle s'occupe d'eux comme une mère. Comme elle est depuis des années du voyage (elle était aussi avec les Groenlandais), on lui a donné le nom de « mère anthropologue » (Journal de J. A. Jacobsen, 25 septembre 1880)

Jacobsen étant incommodé par des problèmes de santé, c'est Adolf Schoepf qui prend en charge les « Esquimaux » à Hambourg. Il les suivra durant tout leur séjour et Jacobsen se joindra à eux lorsque sa santé le lui permettra.

---

[61] Dans son journal, Jacobsen nomme cette dame, Mme Jacobs. Toutefois, selon diverses autres sources, le nom de famille de celle-ci est Jacobsen. Nous présumons que Johan Adrian a utilisé une abréviation. L'identité de cette femme n'a pas encore été entièrement élucidée, mais pour assurer une certaine homogénéité, nous avons donc adopté le nom Jacobsen.

Fig. 24 Adolf Schoepf (gauche) et J. A. Jacobsen (droite), 1909
(Photo offerte par le Zoo de Dresde)

Fig. 25 La gare de train Berliner à Hambourg
(Wikimedia Commons)

Fig. 26 Les quais de la gare Berliner
(Wikimedia Commons)

Le séjour à Berlin

Le vendredi 15 octobre 1880, les « Esquimaux » accompagnés d'Adolf Schoepf et de madame Jacobsen se rendent à la gare Berliner de Hambourg pour le voyage de nuit en direction de Berlin. Construite en 1846, la gare est un simple hall d'accueil prolongé de quais couverts d'une charpente en bois. À l'époque, il s'agit de l'une des plus importantes structures de bois en Allemagne.

Leur départ a lieu à 21 h et le trajet de 284 kilomètres nécessite neuf heures. Abraham qui ne commence son journal que vers la fin octobre revient néanmoins sur cette première expérience avec le chemin de fer qu'il décrit ainsi :

> Quand nous avons voyagé à la vapeur, nous étions plus rapides que si nous avions volé. Nous occupions toujours (les places) qui sont réservées aux grands messieurs. Le train était si long[62] que ses deux extrémités étaient très éloignées l'une de l'autre. Nous étions au milieu dans une belle maison (un wagon); nous ne pouvions pas fermer les fenêtres si nous voulions voir; regarder dehors était impossible à cause du vent; j'ai eu mal aux yeux, ils étaient enflés de voir, bien que je n'aie qu'un peu sorti la tête. […]
>
> [Pendant le voyage, notre compatriote Renard (Terrianiak) a fait, très extraordinairement, de la magie, alors

---

[62] Abraham avait raison de dire que le train était long. Sur Wikipédia, on peut lire que sur cette ligne, les locomotives tiraient 33 voitures de voyageurs (première et seconde classe), 43 voitures de troisième classe et une voiture de luxe pour les personnalités. Lorsqu'Abraham dit qu'il a voyagé dans la section réservée aux grands messieurs, on peut donc s'imager que le groupe occupait cette unique voiture de luxe. Voir Berlin-Hamburg Railway. [s.d.].

> qu'il était dans la belle voiture à vapeur, il était tout bouleversé par la magie et n'a pu sourire à personne quand nous sommes arrivés]⁶³.

À 6 h, le samedi 16 octobre, le train fait son entrée à la gare Hamburger de Berlin.

Fig. 27 Gare Hamburger de Berlin, ca 1850
(Wikimedia Commons)

Un article paru dans le *Charlottenburger Zeitung*⁶⁴ nous apprend que malgré le voyage de nuit épuisant, à leur arrivée, les « Esquimaux » sont de bonne humeur :

> La caravane d'Eskimos de Hagenbeck est arrivée. La caravane se compose de 8 personnes qui considèrent le Labrador, que la science a pour l'instant peu exploré, comme leur pays natal et

---

⁶³ Note manuscrite en marge : « Le passage entre crochets a été rayé par le Frère Kretschmer peut-être par égard pour le lecteur européen. Il est possible, toutefois, qu'il ait été rayé dans le texte original. (?) » Cette note tend à montrer que le manuscrit n'est pas celui de Kretschmer, mais une copie par une tierce personne (un autre frère morave?) qui n'avait pas accès à l'original d'Abraham. (Note de la traductrice)
⁶⁴ *Charlottenburger Zeitung*. (1880, 19 octobre).

qui diffèrent d'une manière essentielle dans l'aspect, dans leurs habitudes et dans leurs coutumes des Eskimos du Groenland, qui nous ont été présentés par Hagenbeck il y a 2 ans.

La caravane est divisée en deux groupes, dont l'un se compose d'Abraham, 34 ans, de sa femme de 24 ans, Ulrike, de leurs filles Sarah et Maria, et du célibataire Tobias, 21 ans, qui viennent de la colonie morave de Hebron et ont déjà acquis un degré assez élevé de civilisation; tandis que Teregeniak [Tigianniak] (en allemand « renard »), 44 ans, son épouse de 50 ans Tägnu [Paingu] et leur fille de 15 ans, Nokassak (renne) sont originaires de Nachvak, située loin au nord, sont toujours dans un état complètement primitif. Malgré leur voyage éprouvant pendant la nuit, ces gens étaient d'excellente humeur et ont observé attentivement tout ce qu'ils ont rencontré durant le trajet jusqu'au zoo. Ils ont été particulièrement surpris par les tentes avec la rangée de « beer gardens », et, secouant leurs têtes, ils ont répété le mot « bière » encore et encore avec un regard interrogateur.

Le jardin zoologique avec ses installations de qualité a fait une impression nettement surprenante sur les gens, et Abraham, apparemment le plus intelligent de la caravane, s'est exclamé d'une voix forte « Un gni jong » (c'est joli), tandis que le calme Teregeniak a exprimé ses sentiments avec un agréable « Ananak » (bon). Abraham est plutôt doué en anglais, peut compter en allemand et réciter les jours de la semaine. « Oblone samedi » (aujourd'hui [c'est] samedi), a-t-il dit, alors que la conversation a mentionné en passant le mot dimanche. La caravane a 3 chiens du Labrador et 9 (chiens) Kingmik du Groenland avec elle, qui permettent de tirer leurs traîneaux. Ils ont également apporté de nombreux kayaks (bateaux). Le costume des femmes est caractérisé par un curieux manteau à queue en fourrure[65] et par une décoration de perles, Zapangat, placée au bout des tresses des côtés de la tête.

La caravane s'est installée dans des huttes au jardin zoologique. Elles sont dressées à côté de l'étang près de l'aire des restaurants, et leur agencement intérieur caractérise l'état culturel de chaque famille.

---

[65] En langue inuktitut, ce « curieux manteau » est appelé un *amauti*.

Fig. 28 Scènes du Zoo de Berlin, partie 1, 1880
(Wikimedia Commons)

Fig. 29 Scènes du Zoo de Berlin, partie 2, 1880
(Wikimedia Commons)

Fig. 30 Plan du zoo de Berlin, 1873
(Wikimedia Commons)

L'étang où étaient installées les huttes est celui que l'on aperçoit en bas à gauche. Le pavillon de restauration est la grosse bâtisse à la droite de l'étang. Le pavillon de musique est situé entre les deux.

De son côté, Abraham décrit leur arrivée à Berlin comme suit :

> [...] nous sommes arrivés le matin à 6 heures à Berlin dans notre maison que nous avons nous-mêmes construite; une belle maison, même si elle est en planches. Il a été impossible de balayer l'intérieur de notre maison à cause des gens. Nos chefs avaient beau les chasser dehors, d'autres entraient. Nous avons une maison au milieu des arbres. Tout près, il y a une maison pour la musique, admirable aussi. On souhaite beaucoup voir notre maison à Berlin, mais ce n'est pas possible pour tout le monde. Quelques-uns seulement l'ont vue, nos chefs ne savaient même pas si nous ferions entrer quelqu'un (ou non). Quand les maîtres sont arrivés, ils sont entrés les premiers, mais pas tout de suite, parce que c'était impossible à cause des gens. Notre clôture a été démolie plusieurs fois par les gens qui se bousculaient.
>
> Un jour, un grand monsieur de Berlin est venu nous voir

> et il avait beaucoup d'autres messieurs avec lui. Ils sont tous venus dans notre enclos pour voir nos kayaks, mais tout a été aussitôt envahi par des gens et il a été impossible d'aller nulle part. Nos deux chefs, Schoepf et Jacobsen, pestaient beaucoup à grands cris et le chef des soldats aussi, quelques-uns sont sortis, mais la plupart n'avaient pas d'oreilles. Comme nos deux chefs n'arrivaient à rien, ils sont venus à moi et m'ont envoyé les mettre dehors. J'ai fait alors ce que j'ai pu, pris mon fouet et mon harpon à phoques groenlandais et un air terrible; l'un des messieurs semblait pleurer, d'autres m'ont tendu la main tandis que je les chassais; d'autres encore s'en sont allés ou ont sauté par-dessus la palissade parce qu'ils étaient si nombreux. Il y en a eu qui m'ont remercié d'agir comme je faisais et nos messieurs m'ont aussi beaucoup remercié. Ulrike avait aussi fermé la maison de l'intérieur et barricadé l'entrée pour que personne ne s'introduise et ceux qui voulaient regarder par la fenêtre, on les a repoussés avec un bâton.

La présence de la foule et le bruit constant ne tardent donc pas à incommoder le groupe du Labrador. Cette fatigue est en fait la toute première chose qu'Abraham note dans son journal lorsqu'il le débute aux alentours du 22 octobre.

> À Berlin, ce n'est pas bien plaisant, c'est impossible à cause des gens et des arbres et parce que tant d'enfants viennent. L'air est constamment rempli du bruit des piétons et des voitures, notre enclos est tout de suite entièrement occupé. [...]
>
> Les nôtres, la famille Renard (Terrianiak) ne sont plus joyeux parce qu'ils sont fatigués des gens. Et nous dans l'autre maison nous avons été patients, bien que nous soyons également très fatigués. Avec persévérance, quand le soir vient, nous prions qu'on [Dieu] veuille nous aider. Cela (la prière) semble aussi avoir de l'effet sur nous.

> Il y a des *kablunat*[66], des catholiques (?) qui, c'est vrai, rient de nous, mais ceci ne nous a pas encore fatigués parce qu'on peut rire aussi de leur âme. À certains d'entre eux, qui parlaient de nous, j'ai même souvent répondu puisqu'ils pouvaient parler anglais. Souvent nos hommes du Nord[67] en ont horrifiés quelques-uns. Je suis tous les jours occupé à dessiner des humains, le Labrador et Nain.

À quelques autres reprises, Abraham fait état de leurs interactions avec les visiteurs de Berlin.

> Les *kablunat* (les spectateurs) ont toujours quelque chose de bon avec eux, toutes sortes de choses à manger dont ils nous font cadeau et de gros fruits qui ont même du jus (des fruits frais).
>
> Certains jours, j'ai aussi joué dehors du violon, parce que les *kablunat* le souhaitaient tant; soit, je ne sais pas parfaitement bien jouer, mais cela leur est égal. On m'a sans cesse demandé d'écrire mon nom, parfois les voix étaient très nombreuses, ils se l'arrachaient les uns aux autres; il était impossible de les satisfaire tous. [...]
>
> De temps en temps certains nous donnent de l'argent, quelquefois 2 pence, quelquefois 1 mark, quelquefois 50 pence, parfois 20 pence, des cigares aussi tous les jours.
>
> Un an à passer, c'est bien trop long parce que nous voudrions rentrer vite dans notre pays, parce que nous sommes incapables de rester toujours ici. Oui vraiment! C'est impossible! Nuit et jour le terrible vacarme des (voitures) traîneaux et des sifflements de la vapeur.

Le journal d'Abraham nous éclaire également sur leurs conditions de travail à Berlin : le froid qui les rend malades, la nourri-

---

[66] Terme inuit qui signifie « les gens qui ne sont pas Inuits ». Généralement utilisé pour faire référence aux gens de race blanche.
[67] C'est-à-dire Tigianniak et sa famille

ture qui n'offre pas une grande variété et qui ferait bien peu d'envieux aujourd'hui.

> Le 23 octobre. Il a neigé sans arrêt, les *kablunat* ont très froid; nous-mêmes, nous avons très froid. [...]
>
> Tous les jours, nous avons entendu les voix des canons, très fort même. Mais tout porte ici à tomber malade de grands rhumes; mais moi, je me porte à peu près bien, bien que j'aie aussi un gros rhume. Mais le travail de chaque jour est dur, à cause de la mauvaise santé, parce que notre enfant Sara est malade et que nous souffrons tous, c'est naturellement dur, il est regrettable que (Sara) doive rester toute seule, elle ne se plaint pas parce qu'elle comprend déjà qu'on ne peut pas faire autrement. [...]
>
> Le 7 nov. Avons encore eu quelque chose de triste. Notre compagnon, le célibataire Tobias a été frappé par notre Monsieur Jacobsen avec le fouet à chiens. (Monsieur Jacobsen) a été tout de suite très en colère parce que Tobias ne lui obéissait jamais, ainsi qu'il a dit; il aurait beaucoup de raisons de lui en vouloir. Il a presque failli le laisser et le chasser. Si M. J. agit une autre fois de cette manière, je vais écrire en Angleterre, comme j'en ai reçu l'ordre. Par la suite, il a été très aimable avec moi, pour que je n'écrive pas. On a même aussitôt acheté à nos deux femmes des rubans de soie. Si Tobias est souvent indocile, il ne sera pas payé, mais s'il est gentil, il aura un gros salaire. Après cela, Tobias a été gravement malade.
>
> <u>L'étang sur lequel nous allons en kayak est très froid,</u> nous devons toujours d'abord briser la glace avant de canoter. En ce moment, c'est même le grand froid. [...]
>
> <u>La viande</u> (la viande de phoque) nous manque beaucoup, soit, tout n'est pas vraiment très bon, mais <u>voilà ce que nous mangeons le plus souvent</u> : le matin, café et biscuits de marins[68], à midi, de la morue, des

---

[68] Également appelés « biscuits de mer », une sorte de pain sec, composé d'eau, de levain et de farine, qui est utilisé par les marins lors

> pommes de terre, de la bière et du pain de marins. À 4 heures, du café et du pain de marins. À 6 heures, du thé, du hareng, de la bière et du pain de marins.
>
> 11 nov. Peu de gens. On ne nous donne pas d'argent parce qu'ils sont trop peu nombreux.

L'épisode où Jacobsen frappe Tobias semble être une situation unique qui ne s'est jamais reproduite. Jacobsen n'en fait aucune mention dans son journal.

Fig. 31 Galerie Kaiser abritant le *Castan's Panopticum*, Berlin, 1900 (Wikimedia Commons)

À quelques reprises, le groupe a la chance de sortir de l'enceinte du zoo. Une de ces occasions décrite par Abraham est leur visite au musée de cire :

> Un soir, nous sommes allés, portant de grands manteaux et des chaussures, regarder des choses exposées

de longs voyages. Ils peuvent être de forme ronde ou carrée. De là vient peut-être le fait qu'Abraham utilise parfois le mot « biscuit » et parfois le mot « pain ».

> dans une grande maison[69], nous y avons été transportés dans une maison (assis[70]). Quand nous sommes arrivés, nous sommes entrés et avons vu beaucoup de gens réunis, – mais – c'étaient seulement des personnes qui ressemblaient à des humains (dans le cabinet de cires); elles étaient si ressemblantes qu'on ne remarquait rien. Oui, vraiment, certaines respiraient, d'autres bougeaient, et tout cela de l'intérieur, non, il est impossible de tout raconter. Nous avons vu aussi la voiture de Napoléon, on la lui a prise pendant la guerre. Et toutes sortes de fusils, oui, on aurait vraiment dit des humains, très variés. Nous avons vu aussi des Nubiens, des Africains, des Chinois et des Indiens, des Américains et des Californiens, oui vraiment des habitants du monde, nous en avons vu beaucoup à Berlin.

La présence des « Esquimaux » à Berlin attire évidemment l'attention des médias et de nombreux articles sont publiés dans les journaux locaux :

> *Norddeutsche Allgemeine Zeitung*, édition du 18 octobre 1880
>
> Les Eskimos ont commencé dimanche leur spectacle au Jardin zoologique de Berlin sous les applaudissements massifs d'un public de près de 7 000 personnes. La partie la plus intéressante du spectacle est probablement la chasse au phoque. Enveloppé dans des fourrures, Tobias joue le rôle du phoque à chasser. Aussitôt que Tareganiak l'aperçoit, il tombe au sol, imitant les cris d'un phoque et rampant jusqu'à lui. Finalement, l'animal à portée de tir, le coup part, le phoque est abattu et le chasseur saute de joie, attache une laisse qu'il a apportée avec lui autour du corps de l'animal et le tire jusqu'à sa hutte où sa femme, ses enfants et ses amis l'attendent. Tobias et Tareganiak jouent leur rôle avec beaucoup d'enthousiasme et Tobias, le phoque tué, se laisse patiemment traîner sur le sol. La chasse sur l'eau est tout aussi intéressante. Les kayaks des Esquimaux du

---

[69] Il s'agit du Castan's Panopticum, le musée de cire situé dans la galerie Kaiser au coin des rues Friedrichstraße et Behrenstraße à Berlin.
[70] La traduction française du journal d'Abraham publiée en 1883 indique qu'il s'agit en fait d'un tramway. Voir Notes de voyages d'Abraham, l'Esquimau. (1883).

Labrador diffèrent énormément tant par leur construction que par leur maniement des bateaux groenlandais. Tous les Eskimos présents ici, en particulier Tobias et Tareganiak, participent à ces chasses au phoque, au saumon et aux oiseaux de mer à l'aide de harpons; ensuite ils évoluent sur des traîneaux tirés par des chiens et montrent leur talent à marcher avec des raquettes. Tous ces numéros amusent grandement la foule.

Norddeutsche Allgemeine Zeitung, édition du 21 octobre 1880

Un visiteur du jardin zoologique raconte à quel point les Eskimos aiment les enfants et ce, bien qu'ils ne soient ici que depuis seulement deux jours. Parmi les curieux qui sont venus lundi pour voir les Eskimos se trouvaient de très nombreux enfants. Ceux-ci ont tenté de communiquer avec les Eskimos par la parole et par des gestes. La nuit tombait déjà et la majorité des spectateurs étaient partis. Les Eskimos[71] aussi étaient entrés dans leurs huttes. Seul Tobias, le jeune homme de 21 ans, qui est un assez joli jeune homme, était assis à l'extérieur appuyé contre un arbre. Il a été entouré par un groupe de garçons et de filles qui plaisantaient avec lui et lui posaient beaucoup de questions. Un jeune garçon, d'environ 10 ans et arborant un joli visage toujours souriant, a trouvé grâce aux yeux du fils du Nord, qui caressait le garçon à chacun de ses commentaires. Il semblerait qu'il aurait ce faisant touché le garçon déluré de façon un peu rude. Le garçon a alors fait semblant de pleurer et Tobias a bondi, mis la tête de l'enfant sur sa poitrine et l'a couvert de baisers. Lorsque le garçon a relevé la tête en riant aux éclats, Tobias s'est mis lui aussi presque aussitôt à rire de bon cœur et a recommencé à caresser et à embrasser le gamin. Ce fut presque de force que l'Eskimo a dû être séparé des enfants joyeux et, ce n'est qu'après que le chef du groupe lui a fait comprendre qu'il reverrait les enfants le lendemain, qu'il a dit au revoir à ses amis de Berlin pour ce jour-là et s'est retiré dans la hutte.

---

[71] Le texte allemand dit « Groenlandais ». (Note de la traductrice)

Neue Preussische Zeitung, édition du 23 octobre 1880

Au jardin zoologique, l'Eskimo Abraham Paulus attire particulièrement l'attention des visiteurs. Il est considéré comme le plus instruit de ses semblables. Peu de temps avant son départ pour l'Europe, il a cartographié la côte du Labrador avec ses nombreuses baies et les cours de ses rivières d'après ses propres voyages. L'esquisse de la carte est actuellement entre les mains du directeur du Jardin d'acclimatation à Paris qui veut la présenter à la Société de géographie. Abraham est aussi très habile à dessiner des portraits. Entre autres, il a fait son autoportrait à l'aquarelle, une réalisation qui, aussi maladroite qu'elle puisse sembler, pourrait néanmoins satisfaire les attentes les plus exigeantes en ce qui concerne la ressemblance. Abraham joue également du violon, écrit et lit la langue de son pays.

Norddeutsche Allgemeine Zeitung, édition du 23 octobre 1880

En général, les Eskimos sont déjà bien acclimatés, surtout le jeune Tobias qui s'est fait beaucoup de nouveaux amis en les accueillant avec un chaleureux *iltarnemek* (bonjour). Ce sont les *Kamutik suicksak* (tours en traîneaux) qui lui plaisent le plus. Très vite, il suit les *Kingmiks* (chiens) avec son *Herautak* (fouet) de 20 pieds de long et l'on peut entendre les *Schiknbuk* (claquements) de très loin. Abraham préfère le *Nankatorit* (bateau) aux promenades en traîneau. Tereganiak n'aime pas du tout travailler, il préfère se consacrer à la contemplation philosophique : « schilalok obleme, kaugbot de schilake, kangsabot Sonntag, Innuit onuktut » (mauvais temps aujourd'hui, beau temps demain, après-demain dimanche, il y aura alors beaucoup de gens!), a-t-il dit à son collègue hier. Même quelqu'un qui ne connaît pas leur langue pouvait percevoir à quel point l'idée de l'agitation associée aux dimanches le terrifiait. La langue des Eskimos du Labrador diffère sensiblement de celle des Groenlandais. Les

Eskimos du Labrador ne semblent pas avoir de chansons originales de leur pays; lorsqu'ils chantent ils utilisent des airs allemands qui ont été traduits dans leur langue[72], comme : « Jarit dreißig inkasat, atik ulikatigi vagit » (À trente ans après quelques tempêtes.)

Charlottenburger Zeitung, édition du 24 octobre 1880

Du jardin zoologique. L'ours polaire du jardin zoologique, qui est généralement connu pour son calme contemplatif, a fait preuve d'un enthousiasme vraiment fébrile depuis l'arrivée des Eskimos.

Dès qu'un Eskimo s'approche de sa cage, il court avec un fort grognement vers les barreaux [de la cage] et semble vouloir passer au travers afin d'attaquer son ennemi naturel, qu'il reconnaît malgré sa longue captivité. De plus, les Eskimos provoquent un énorme tollé dans le pavillon des fauves, mais il est difficile de les convaincre d'entrer dans la fauverie, en raison de leur peur insurmontable des lions et des tigres. En général, les Eskimos se sont déjà installés plutôt admirablement.

Norddeutsche Allgemeine Zeitung, édition du 26 octobre 1880

Les Eskimos du Labrador qui nous sont présentés au jardin zoologique sont apparentés à un peuple sur le point de mourir. D'après les derniers recensements, la totalité des missions moraves sont peuplées par seulement 1100 Eskimos. La population de Hoffenthal[73] a diminué de 18 au cours des six derniers mois. Seuls quelques enfants survivent à leur 6e année. À Nakvak,

---

[72] Cette observation reflète l'influence des missionnaires moraves sur la vie et la culture des Inuits du Labrador. En 1880, les missionnaires répandaient le christianisme à travers le Labrador depuis déjà plus d'un siècle. Ce faisant, ils incitaient les Inuits à abandonner la pratique de leurs danses et de leurs chants traditionnels puisque ceux-ci étaient considérés comme des rituels païens.
[73] Il s'agit de la communauté de Hopedale.

ville natale du païen Tereganiak, il ne reste que 11 familles – environ 40 personnes – une autre communauté païenne en compte environ 100, et une troisième environ 40-50 habitants. On peut presque prédire l'année où les Eskimos du Labrador auront complètement disparu de la terre.

Un dimanche du début novembre, ce sont plus de 16 000 personnes qui profitent des tarifs réduits en vigueur pour rendre visite aux « Esquimaux ». Le dernier dimanche de leur séjour à Berlin, une véritable chasse au phoque est organisée sur l'étang. L'événement attire des milliers de curieux.

En apprenant qu'il est prévu qu'un phoque sera chassé et mis à mort par les « Esquimaux », le 9 novembre, Hagenbeck fait part de ses réticences à Jacobsen[74] :

> Je viens de recevoir une lettre de M. Schoepf dans laquelle il écrit que le phoque doit être chassé, écorché et consommé par les Eskimos dimanche. Je vous demande de toute urgence de supprimer la première partie du programme, car je ne veux pas que l'animal soit harponné dans l'étang. Le phoque doit juste à être abattu. [...] Je suis heureux d'apprendre que la vieille Pängna va mieux.

Fig. 32 Abraham et Tobias en kayak, 1880
(Museum für Völkerkunde Hamburg)

---

[74] Thode-Arora, Hilke. (2002). p. 7.

La requête de Hagenbeck ne semble pas avoir été entendue puisqu'une chasse est bel et bien ouverte sur l'étang au cours de laquelle Abraham, Tigianniak et Tobias démontrent leur habileté de chasseur :

> **Le déroulement de la chasse au phoque**[75]
>
> La chasse au phoque, qui a attiré des milliers de personnes au Jardin zoologique de Berlin, s'est avérée être un spectacle fort intéressant. Dans la nuit de dimanche, le phoque s'est échappé de l'étang situé à côté du campement des Eskimos et prévu à l'origine comme terrain de chasse; il s'est réfugié dans les eaux adjacentes. Peu après deux heures de l'après-midi, les kayaks des Eskimos furent mis à l'eau et la chasse a commencé. Dans un premier temps, Abraham et Tereganiak sont partis à la recherche du fugitif. Peu de temps après il a été repéré et il s'agissait maintenant de le fatiguer en le traquant afin de pouvoir l'atteindre plus facilement. C'est dans ce but que Tobias a rejoint les chasseurs avec son kayak. Le phoque était un malin : il restait la plupart du temps sous l'eau et ne refaisait que brièvement surface de temps en temps et jamais là où on l'attendait. Il était intéressant d'observer les chasseurs. Pendant que Tobias, avec le zèle excessif de la jeunesse, depuis le début et naturellement sans succès, cherchait à harponner le phoque agile et qu'Abraham, en chasseur assez impatient, parcourait sans méthode l'étang avec son kayak, le vieux Tereganiak restait assis dans son bateau, penché et calmement à l'affût et dès le début les connaisseurs ont su que lui seul serait le vainqueur. Au bout d'environ trois quart d'heure, le phoque a refait surface à quelques pas du kayak de Tereganiak; le harpon à portée de main saisi prestement, un lancer rapide et le phoque a reçu la pointe de fer mortelle en plein dans le dos. Des applaudissements nourris ont salué le chasseur. Il tirait à lui à l'aide de la corde liée à la pointe du harpon le phoque qui se retournait sur lui-même, donnant ainsi à Abraham qui s'était aussitôt approché l'occasion de lui asséner le coup fatal dans la poitrine avec la solide pointe de son harpon. La chasse était terminée et les chasseurs, chargés de leur butin se sont retirés dans leur

---

[75] Charlottenburger Zeitung. (1880, 17 novembre). Philippe Gendron et Jacqueline Thun ont tous deux collaboré à la traduction française de ce texte.

camp où Madame Ulrike avait déjà allumé un feu dans la tente d'été devant l'orchestre. On a étendu une fourrure, on y a déposé l'animal tué et on lui a d'abord ouvert la poitrine. Tereganiak s'est alors mis à écorcher l'animal à l'épaisse couche graisseuse; pendant que madame Bägnu avec le couteau semi-circulaire des Esquimaux séparait la graisse, Tereganiak et Tobias vidaient l'animal et coupaient les côtes – qui seules sont consommées – en morceaux grands comme la main que la femme Ulrike, après les avoir sommairement lavés, jetait dans la marmite d'eau bouillante. Le seul condiment utilisé est le sel. Les abats ont été donnés aux chiens qui maintenant qu'on les gâte, n'ont pas tenu compte de ce qui était autrefois leur plat préféré. Au bout d'une heure environ la viande était tendre; on l'a retirée du bouillon presque noir à l'odeur puissante et placée sur un plat. Les Esquimaux, accroupis autour du plat, saisissent une côte de la main gauche et en maintenant la pièce serrée dans la bouche, ils coupent la viande (dont le goût ressemble à celui du lièvre) avec le couteau qu'ils ont dans la main droite. Ils la mangent avec un plaisir évident et, avec une certaine fierté, la font goûter au public. Le spectacle a duré trois heures.

La présence des « Esquimaux » à Berlin fait également parler d'elle à Londres. Le journal religieux londonien *Sunday at Home* publie une description donnée par un visiteur chrétien[76] :

Ces dernières années, nous avons vu en Europe des Indiens d'Amérique, des Cafres Zoulous, des Lapons et d'autres autochtones de régions éloignées, exhibés en public. Bien qu'on ne les ait amenés que pour des fins commerciales, la possibilité a été donnée aux « voyageurs casaniers » de voir l'apparence et les habitudes de gens étranges. Parmi ces peuples, aucun n'a plus d'intérêt que les Eskimos du Grand Nord aux yeux des lecteurs de rapports de missionnaires ou de livres de voyages ordinaires. Un ami chrétien qui les a vus l'an dernier à Berlin en a donné la description suivante.

Ici, en premier lieu, sont présentés les huttes de tourbe, les tentes en peau de baleine; une cabine, d'où hurlent quelques chiens ressemblant à des loups; un petit étang sur lequel on voit un seul bateau (un kayak) semblable à un canot pour une personne et

---

[76] The Esquimaux. (1881, 21 mai).

recouvert d'une peau percée d'un trou, à travers lequel l'Eskimo passe son corps; finalement, du matériel de chasse ou de pêche – choses qui donnent au public une idée du campement des Eskimos des régions polaires. Peu après, les Eskimos sortent de leurs huttes et se consacrent à divers exercices destinés à faire une démonstration de chasse et de pêche telles qu'elles sont pratiquées dans leur pays. [...]

Mais quelle différence entre ces huit Eskimos tous issus du même pays! Même les observateurs les plus superficiels ne manqueront pas d'être frappés; chez Terrianiak et ses compagnons : les cheveux en désordre, la saleté, les yeux sans expression, un regard stupide et sauvage; chez Abraham et sa famille : une expression ouverte, franche et sympathique, une manière de vivre qui contraste singulièrement avec celle de l'autre famille. Même les ouvriers du jardin zoologique ont remarqué cette différence, et l'un d'eux a rendu ce compliment à Abraham : « Quel homme honnête et digne de confiance est Abraham! »

Jusqu'à présent, un seul article a été trouvé dans lequel l'auteur s'indigne que des êtres humains soient relégués au rang de pièce d'exposition dans des jardins zoologiques. J. K., l'auteur de l'article, a préféré gardé l'anonymat :

Les Esquimaux au Jardin zoologique de Berlin[77]

Comme il est dit dans les annonces publiques, dimanche dernier, les Eskimos du Labrador et du Groenland ont commencé leurs « présentations ». Mais que présentent donc ces personnages curieux, petits et rachitiques, venus du nord inhospitalier?

Eh bien, sans doute la première chose qu'ils ont à offrir est ce qui nous, « fils médiocres de cette terre » (filles incluses, bien sûr), intrigue le plus – à savoir, eux-mêmes.

Et c'est ainsi que nous arrivons à un point qui sans doute ne fait pas partie du domaine de l'anthropologie proprement dite – qui est très à la mode depuis quelque temps, et qui, comme on sait, signifie « connaissance de l'humain » – mais qui, vu sous un autre

---

[77] Die Eskimos im Zoologischen Garten zu Berlin. (1880, 21 octobre).

angle, pourrait très bien cependant appartenir à ce nouveau champ de connaissances.

Nous nous garderons bien de nous mettre en relation avec ces messieurs de stricte observance anthropologique. Ils doivent faire leurs observations et effectuer leurs mesures sans être perturbés; ils doivent construire toutes les lignes et les angles imaginables et inimaginables sur les visages et les crânes des Eskimos, et doivent évaluer leurs rapports en chiffres précis. Quelque part, dans les archives de la science, il doit y avoir un petit compartiment qui n'a pas encore été rempli à ras bords. On se met donc à produire les tableaux nécessaires. Mais même pour les archives de la science, vient un moment où, comme dans l'administration des tribunaux, l'ordre de détruire des fichiers accumulés est donné, pour faire place aux nouveaux, qui, à leur tour, et après une durée prédéterminée, subiront le même sort. Mais si elle continue dans la voie qu'elle a suivie jusqu'ici, la section « Anthropologie » des archives scientifiques, contiendra très bientôt une quantité alarmante de matière. Tout est enregistré, le moindre fragment de tesson, le moindre bout de bois, le moindre morceau de caillou sont conservés. En un clin d'œil on a un « musée anthropologique » et un musée « intéressant » en plus. Aujourd'hui, dès qu'une chose parvient à s'imposer comme étant « intéressante », on a gagné la partie. On pourrait s'exclamer tel ce profond prince du Danemark : « Être intéressant, telle est la question! ». Il faut considérer cette situation avec le plus grand sérieux, car elle est absolument de force majeure. En vérité, les paroles du Dr Faust sont valables ici aussi : « Regarde ce signe; les noires phalanges se courbent devant lui[78] ». Et les blanches, itou! « C'est intéressant! » En présence de ce fait, pas de logique qui tienne, aucune objection, aucune question. Il est intéressant de pouvoir observer un moment la vie et les activités mises en scène de ces êtres qui ont été amenés loin de leur lugubre patrie enneigée. Parce que, c'est ainsi, et qu'il en sera toujours ainsi. Il suffit de regarder ces petits hommes un peu plus attentivement, un peu plus dans le sens propre d'« anthropologique », et on se rend compte immédiatement qu'une expression mélancolique marque leur visage, en particulier celui des femmes esquimaudes. Elles savent très bien qu'elles sont exhibées, exposées aux regards curieux et indiscrets des vieux et des jeunes. Qui sait ce que ces enfants du

---

[78] Traduction de Gérard de Nerval. (Note de la traductrice)

Nord le plus rude pensent de leurs très cultivés confrères européens?

Dommage qu'il faille se le rappeler! On l'avait presque oublié devant cet « intéressant » spectacle anthropologique. Et d'ailleurs, cela aurait été assez pardonnable, puisque, non loin de là, les pachydermes de l'Inde de l'est, les éléphants à peau épaisse, s'ébattent dans leurs enclos spacieux et solidement fermés, où vous pouvez les observer dans leur manière d'être naturelle. Ici vous pouvez par contre observer ces porteurs d'épaisses fourrures du Nord-Ouest qui dans leur manière d'être naturelle s'ébattent en paix, car telle est leur manière, à l'intérieur de leurs huttes qui ne sont clôturées que par une barrière en bois. Impossible de dire à quel point ils sont « intéressants! » Parce que ces gens du Nord se promènent tout comme nous le faisons. Si ce n'est que dans leurs vêtements en peau de phoque, ils peuvent nous paraître un peu maladroits, et ressembler un peu à des ours. Mais qui sait sous quel jour nous leur apparaissons? Pourtant, c'est quand même très intéressant de voir comment la mère esquimaude porte son petit enfant sur son dos dans son capuchon. Serait-ce la raison pour laquelle le capuchon a cette grande taille informe? Ou est-ce après tout uniquement pour le bien de la tête de la mère, qui a peut-être besoin de la protection du capuchon contre le froid parfois cinglant? À -40 degrés Réaumur[79] (-50 degrés Celsius) et plus, même les Eskimos peuvent parfois se sentir un peu mal à l'aise. Sans parler des déplacements sur l'eau dans ce bateau étroit et pointu, dans lequel l'Eskimo est assis, et sait comment le faire avancer avec une pagaie plutôt primitive. Le bateau flotte même sur l'eau! C'est immensément intéressant! Et chaque fois que le père Eskimo veut offrir à la famille le plaisir d'un petit voyage, il prend son petit garçon sur ses genoux et laisse sa femme s'étendre de tout son long sur l'étroit bateau. Comme vous l'avez remarqué, ils sont maintenant tous les trois dans le bateau, et une fois de plus, ceci est très intéressant. Et le lancement du harpon sur le poisson ennemi imaginaire! C'est presque comme faire des manœuvres, quand on a aussi un ennemi imaginaire. Mais le summum de toutes ces choses intéressantes c'est le tour de traîneau dans un châssis en bois recouvert de peau de renne et tiré par huit chiens.

---

[79] L'échelle Réaumur est une échelle de température conçue en 1731 par le physicien et inventeur français René-Antoine Ferchault de Réaumur (1683-1757).

Nous cependant, nous soutenons que rien n'est gagné avec l'observation la plus minutieuse de tous ces « détails intéressants », même du point de vue prétendument anthropologique. Ni notre culture ni nos connaissances ne s'en sont trouvées le moins du monde élargies ou approfondies en aucune façon. Nous, par contre, et sûrement beaucoup d'autres avec nous, nous ne pouvons pas réprimer un sentiment de gêne devant la récente prolifération « d'exhibitions humaines », et en particulier devant ces « exhibitions humaines » dans les jardins zoologiques! Il y a les espèces « lion » dans leurs différents degrés, il y a la famille des pachydermes, il y a l'espèce « singe » dans ses innombrables variations. Et maintenant, on ajoute l'espèce « homo », comme on l'a écrit récemment dans un quotidien, dans ses divers degrés. Nous avons déjà eu l'occasion de voir les Nubiens, les Noirs, les Lapons, les Patagons, et, sans aucun doute, d'autres « peuples intéressants » nous enverront également leurs représentants. Ou plutôt, nos marchands d'animaux lors de leurs longs voyages seront ici ou là en mesure de trouver des « humains » qui se laisseront convaincre de coopérer. Loin de nous l'intention de nous mêler du métier de quiconque. Les uns parcourent le monde dans une compagnie de funambules, avec des chanteurs ou des virtuoses, d'autres voyagent avec « des gens étrangers intéressants ». Chacun peut faire ce qu'il veut. Mais, à notre avis, il ne faut pas ainsi représenter concrètement l'idée qu'il n'existe qu'une différence graduelle entre tous les êtres vivants en traitant des ÊTRES HUMAINS comme des pièces d'exposition dans les jardins zoologiques! Nous ressentons ce commerce d'expositions humaines comme quelque chose d'extrêmement répugnant. Nous ne pouvons pas nous empêcher de penser à la traite des esclaves. Certes, cela n'est peut-être pas du tout le cas. Le seul fait d'amener « ces enfants de la famille humaine », ces images de Dieu, s'il est permis de dire ainsi, en plein milieu de jardins zoologiques comme des pièces d'exposition, nous semble être absolument incompatible avec la science et nos connaissances de l'homme et de son essence.

Nous nous attendons bien entendu à ce que certains rient de notre opinion et la ridiculisent comme étant sentimentale. Néanmoins, nous avons voulu l'exprimer ici. Si ces « intéressants » spécimens humains doivent absolument être exhibés, un sentiment d'« éthique raciale » devrait nous empêcher de montrer nos semblables dans des zoos. Il devrait être facile de trouver d'autres lieux appropriés.

J. K.
Berlin, 20 octobre.

Fig. 33 Étang du zoo de Berlin
(© France Rivet, Horizons Polaires, 2013)

Fig. 34 Porte d'entrée du zoo de Berlin en 1880
(© France Rivet, Horizons Polaires, 2013)

La première lettre d'Abraham au Frère Elsner

Avant d'entreprendre la rédaction de son journal, Abraham écrit une lettre au Frère Auguste Ferdinand Elsner, missionnaire morave au Labrador de 1846 à 1878[80]. Il lui explique, entre autres choses, les raisons qui l'ont poussé à partir pour l'Europe avec sa famille[81].

> Mon cher maître[82] Elsner!
>
> Je t'écris parce que je voudrais bien te raconter ce qui suit. Nous sommes vraiment très attristés. Lorsque l'on m'a demandé de venir en Europe, j'ai d'abord tout à fait refusé; mais j'ai ensuite constamment prié le Seigneur de bien vouloir m'éclairer pour savoir si ce serait vraiment une erreur, car je crois en toutes Ses Paroles. Mais comme j'étais dans une grande misère matérielle, j'ai supplié le Seigneur de m'aider à en sortir et d'entendre mes soupirs, car je n'étais même plus en mesure de subvenir aux besoins des miens, ce qui m'avait toujours autrefois été possible, même alors que je ne croyais pas encore de tout mon cœur à mon Seigneur et Sauveur qui est mort pour moi. Nous avons donc été attirés par divers moyens, mais de tout cela je n'ai pas tenu compte. Cependant, comme je doutais

---

80 Rollmann, Hans-Josef. [s.d.].
81 Notre traduction est basée sur le texte allemand publié dans *Missionsblatt aus der Brüdergemeine*. (1880, décembre).
82 Dans le contexte des écrits d'Abraham, la signification du mot « maître » est celle d'une « personne qui possède à un degré éminent un savoir et qui est susceptible de faire école, d'être prise pour modèle ». Abraham utilise ce terme pour désigner les missionnaires moraves.

de parvenir à l'aide de mon kayak[83] à rembourser mes dettes et celles de mon défunt père, j'ai cru (à cette occasion) pouvoir rassembler l'argent qui me permettrait de les payer. J'espérais aussi pouvoir vous voir. J'ai alors pensé : C'est la voie du Seigneur! Nous avons tous beaucoup pleuré, ma femme, moi, nos proches; mais personne n'a essayé de nous retenir[84]. C'est ainsi que devant Dieu nous avons pris notre décision. Ce n'est pas que nous ayons été las de nos maîtres, c'est en raison de la gravité de mes dettes qui se montent encore à 100 schillings. Je ne voulais pas agir comme un sot, mais je me souvenais d'avoir depuis longtemps souhaité voir l'Europe et quelques-unes de nos communautés de là-bas. Ici, j'attends en vain que quelqu'un parle de Jésus. Nous n'avons vu que des gens futiles dans notre maison[85]. Nous prions, afin que le Seigneur veuille nous aider, ici et partout où nous voyagerons pour être montrés.

Je recommande aux miens de ne pas, avec tout cela, négliger Jésus. Nous ne nous étions pas attendus à cela. Une telle frivolité ne nous plaît pas. Je pensais que nous te verrions sous peu... Nous n'avons été qu'une seule fois à l'église, dans une grande communauté de Berlin[86]. Nous avons alors été heureux jusque tard dans la nuit, à tel point que nous ne voulions pas dormir. Le Seigneur nous a semblé être longtemps avec nous. Tout au long du trajet dans les rues nous avons même chanté des hymnes et étions très étonnés. Nous avons compris combien on a pris soin de nous dans notre pays, quels longs et grands bienfaits nous avons reçus, oui en vérité. La distance (entre le Labrador et l'Europe)

---

[83] Notre interprétation est qu'Abraham parle ici des revenus qu'il obtient de la chasse et de la pêche, activités qu'il pratique au moyen du kayak.
[84] Note tirée du *Missionsblatt aus der Brüdergemeine*. (1880, décembre) : En disant ici « personne » Abraham ne peut que parler de ses proches, les missionnaires lui ayant fortement déconseillé l'entreprise et ayant de leur mieux essayé de le retenir.
[85] Note tirée du *Missionsblatt aus der Brüdergemeine*. (1880, décembre) : Cette lettre a visiblement été écrite avant la visite des frères de Berlin avec les Frères Kern et von Dewitz.
[86] Note tirée du *Missionsblatt aus der Brüdergemeine*. (1880, décembre) : Cette évocation d'une visite à l'église n'est pas claire. Les frères et sœurs eskimos sont venus plus tard à deux reprises dans notre salle communautaire.

est très grande. Nous avions perdu l'espoir de revoir la terre ferme, car bien que le vent ait été favorable, nous avons passé 32 jours en mer. Le pays que nous avons vu en premier s'appelait Faul(?)[87]. Ensuite plus de terre en vue, si bien que les 32 jours ont été accomplis.

Monsieur Hagenbeck a eu beaucoup de bontés pour nous : il nous a procuré des lits et un violon et des notes pour moi. Nous allons maintenant voyager en divers endroits; priez donc pour nous, surtout quand nous serons dans des pays catholiques[88]. Nous allons avoir beaucoup le mal du pays. Nous allons à Dresde, à Paris, en Angleterre, à Herrnhut, à Saint-Pétersbourg et à Vienne, si ce qu'ils disent est vrai[89]...

Je mets ma confiance dans le Seigneur ici en Europe, afin qu'il ne nous arrive rien de mal; afin que les méchants qui nous entourent sans cesse ne puissent rien nous faire.

La femme de notre habitant du Nord est malade, très malade même. Ils ont une maison à eux et nous en sommes très reconnaissants. Leurs habitudes ne nous conviennent pas; tous les deux s'adonnent à la magie. J'ai beau leur dire souvent de se convertir, cela ne sert à rien. Ils sont continuellement pris par un mauvais rhume après l'autre. Ils refusent de prendre des médicaments et attendent leur guérison de la magie. Nous aussi nous souffrons souvent et terriblement de rhumes, sommes souvent malades à Berlin et notre pays nous manque beaucoup ainsi que les nôtres et notre église. Oui en vérité, le malheur doit nous rendre plus intelligents. Ne crains pas que je nuise (à notre retour) à nos compatriotes. Loin de là. J'ai déjà appris beaucoup, en

---

[87] Dans son journal, Johan Adrian Jacobsen a inscrit en date du 16 septembre 1880 qu'ils ont aperçu « Fareloe, le point le plus à l'ouest des îles Shetland ». S'agit-il de l'île de Foula, située à une quarantaine de kilomètres au sud-ouest des autres îles de l'archipel ou des îles Féroé, un archipel situé à mi-chemin entre l'Islande et les îles Shetland?

[88] Note tirée du *Missionsblatt aus der Brüdergemeine*. (1880, décembre) : Il est naturellement peu probable que leur séjour dans les régions catholiques soit plus dangereux que dans les protestantes.

[89] Note tirée du *Missionsblatt aus der Brüdergemeine*. (1880, décembre) : Dans le cas où il s'agit de la vérité, les lieux mentionnés ne seront pas visités dans cet ordre.

particulier que les articles du commerce font un long chemin avant de nous parvenir, ce qui les rend inévitablement plus chers[90], et que le chemin qui mènent nos maîtres jusqu'à nous est très dangereux. Oui, nous nous étonnons que des maîtres désirent nous voir; alors que nous étions déjà las au bout de cette unique traversée, ils viennent à nous, pauvres hommes[91]!

La nourriture n'est pas bonne ici. Nous ne souffrons certes pas du manque de pain dur; on nous donne aussi des poissons. Les poissons nous fortifient un peu.

Nous te remercions beaucoup de nous avoir écrit. Matériellement, nous ne manquons en ce moment vraiment de rien. Tous, nous t'envoyons nos salutations, à toi, à tes proches et aux croyants qui vous entourent. Nous vous voyons tous deux encore en esprit, et ma femme salue encore ta femme Bertha dans le Seigneur. Quoi qu'il puisse nous arriver, où que ce soit, nous tiendrons bon.

Abraham, le mari d'Ulrike

Le Frère Elsner reçoit la lettre d'Abraham le 9 novembre et s'empresse d'écrire au Frère Reichel pour l'informer qu'il compte se rendre à Berlin sans tarder[92] :

Brême, le 10 novembre 1880

Cher Frère Reichel!

Tu vas être surpris de recevoir une autre lettre de moi. Mais, comme je crois t'avoir déjà dit, j'ai écrit aux Eskimos au jardin zoologique à Berlin, leur ai adressé de sérieux avertissements, mais aussi beaucoup de mots de consolation, car j'étais sûr qu'ils auraient terriblement le mal du pays. Après tout, ils sont originaires du Labrador! Hier, la réponse d'Abraham, qui était jadis mon pupille, est arrivée. Je l'ai

---

[90] Note tirée du *Missionsblatt aus der Brüdergemeine*. (1880, décembre) : C'est probablement la première fois qu'un Eskimo reconnaît ce fait. S'il réussit à le faire accepter à ses compatriotes, le mécontentement très répandu parmi eux en sera peut-être un peu apaisé.
[91] Dans la langue d'Abraham, le mot « hommes » désigne la population inuite.
[92] Lutz, Hartmut et al. (2007). p. 79-80.

immédiatement traduite pour te l'envoyer.

Hier soir, j'ai donné un bref compte rendu oral de la situation de ces Eskimos à notre Association locale d'hommes chrétiens, d'après ce qui ressort de la lettre d'Abraham.

La situation de ces pauvres Eskimos a beaucoup ému les hommes de l'Association. Beaucoup m'ont demandé si je ne pourrais pas me rendre à Berlin avant qu'ils ne soient emmenés à Saint-Pétersbourg ou à Paris. La question est restée en suspens.

Arrivé à la maison, j'ai reçu 40 marks comme contribution aux frais du voyage à Berlin. J'ai donc dû considérer ce voyage comme venant du Seigneur.

Toutefois, étant donné que, selon le rapport publié aujourd'hui dans le journal *Börsenzeitung*[93], ce sera la dernière semaine du séjour des Eskimos à Berlin, la décision ne peut être retardée si ce voyage doit avoir lieu. J'ai donc l'intention – c'est la volonté de Dieu – de partir pour Berlin demain matin, en implorant le Seigneur de donner sa bénédiction à ce voyage. [...]

Les pasteurs d'ici voudraient bien inclure la lettre d'Abraham dans le journal local de l'Église. Jusqu'à présent, j'ai éludé la question, de sorte que si l'article est publié, nos journaux ne l'imprimeront pas plus tard que les autres, puisque de nombreux journaux religieux et politiques publient souvent les textes parus dans le *Bremer Kirchenblatt*. Après mon retour de Berlin, cependant, je ne serai pas en mesure d'éviter les demandes de renseignements plus longtemps.

Je te fais part de ma sincère considération et je te demande de transmettre mes salutations aux chers Frères de l'UAC[94]. Je reste ton serviteur...

Frère A. F. Elsner

Les retrouvailles du Frère Elsner et d'Abraham ont lieu le 12 novembre. Abraham en fait mention dans son journal :

---

[93] Journal financier.
[94] Abbréviation pour « Unitätsaeltestenkonferenz » (Conférence des anciens de l'Unité).

> 12 nov. J'ai revu Elsner venu (de Brême) pour nous voir. Il est venu avec le maître de (l'empereur) Guillaume 1er (le prédicateur à la cour Stöcker[95]) et un autre homme. Ils ont prié pour nous, que nous ne reniions pas le Seigneur et ne tombions pas dans la perdition. Quelques femmes croyantes sont venues elles aussi dans notre hutte et ont beaucoup chanté (ou prié). Oui vraiment les croyants ici en Allemagne sont nos frères; ils nous ont même appelés « frères » et « sœurs »; ils ont même pleuré devant nous, en implorant que nous ne nous perdions pas en Satan, ils se sont même souvent agenouillés devant nous avec respect et nous ont, en nous saluant souvent, bien réconfortés; et ils nous ont plusieurs fois apporté de bonnes choses à manger et pensé que de cette manière, ils fortifieraient en même temps nos âmes.

Fig. 35 Adolf Stöcker
(Wikimedia Commons)

---

[95] Adolf Stöcker (1835-1909), théologien luthérien, politicien et prédicateur à la cour de Guillaume 1er.

Les rencontres avec les frères et sœurs moraves à Berlin

Cette rencontre avec le Frère Elsner n'est pas la première occasion qu'a Abraham de côtoyer les membres de la communauté morave de Berlin. La première rencontre a lieu le 22 octobre, lorsque deux connaissances du missionnaire Gustav Adolf Hlawatscheck, en poste à Hebron[96] depuis 1869, viennent leur rendre visite au zoo.

> Le 22 oct. Nous n'avons appris l'arrivée de *The Harmony*[97] que lorsque 2 connaissances d'Hlawatscheck sont venues à nous. C'étaient 2 maîtres et ils ont été si heureux de nous voir, ils nous ont reconnus tout de suite et nous ont appelés par nos noms, ils nous ont fait chanter; et comme nous n'étions pas sans savoir diverses choses, ils étaient très contents, ils nous ont même beaucoup remerciés et nous ont demandé de venir chez eux et dans leur église. Nous voulons bien, mais nous ne pouvons pas, parce qu'il y a trop de gens. Oui, sortir le jour est impossible à cause des gens, parce qu'ils nous entourent de toutes parts, avec des visages très divers.

Cette même journée du 22 octobre, Adolf Schoepf fait parvenir une note à Jacobsen l'informant qu'il rencontre des difficultés à faire travailler les exhibés.

> Après avoir reçu votre chère lettre aujourd'hui, je serai heureux lorsque vous viendrez puisque ces messieurs Eskimos

---

[96] Rollmann, Hans-Josef. [s.d.].
[97] The Harmony est le navire que l'Église de l'Unité des Frères (Église morave) utilisait pour maintenir les communications entre l'Europe et ses missions du Labrador (Hebron, Hopedale, Nain, Okak, Ramah et Zoar).

n'agissent plus de la façon à laquelle nous nous attendions. Est-ce parce qu'ils sont déjà gâtés par les visiteurs ou parce qu'ils ne sortent pas? Bref, j'ai du mal à les faire travailler; ils essaient toujours de charger les autres de leur propre tâche et ils se mettent au travail avec une désapprobation évidente. Espérons que cela va changer lorsque vous serez ici comme vous savez mieux que moi ce que vous avez convenu avec eux[98].

Puis, le 25 octobre, c'est un groupe de huit frères et sœurs moraves qui accèdent à l'enclos des « Esquimaux ». Il y a entre autres le Frère Carl Gotthelf Kern, un missionnaire qu'Abraham avait jadis côtoyé au Labrador[99], et le Frère August von Dewitz, directeur de l'école des missions moraves à Niesky en Allemagne.

Le Frère von Dewitz rédige un compte rendu de cette rencontre dans le journal des missions de décembre 1880. Il écrit[100] :

> Ce fut un étrange et bouleversant lendemain de fête pour les missions à la salle de culte de l'Unité des Frères de Berlin, quand le lundi matin, 25 octobre, nous, frères et sœurs au nombre de huit, nous avons rendu visite à nos « frères et sœurs de Hebron » au Jardin zoologique de Berlin. Le Dr Kern, connu des lecteurs de notre bulletin comme ex-missionnaire au Labrador, et moi y sommes allés sur un ordre spécial du département de la Mission.
>
> Et nous les avons vus arriver, Abraham s'est précipité en apercevant son ancien maître, puis le jeune Tobias, et Ulrike, épouse du premier cité, avec sa petite, mignonne, Martha [Maria], âgée seulement de 11 mois et Sara, 4 ans; peu de temps après les païens se sont approchés : Terrieniak (renard) et son épouse de 50 ans Paingu (mal du pays), celle-ci et leur fille Nochavak (jeune caribou) qui fit son apparition un peu plus tard, avaient de longs pendentifs de perles aux oreilles. Nous leur avons amicalement serré la main à tous. C'est avec des yeux brillants que nos chrétiens ont salué tout particulièrement le Dr Kern, à qui Abraham avait déjà envoyé une petite lettre la veille.

---

[98] Thode-Arora, Hilke. (2002). p. 6.
[99] Le Frère Kern a été en poste au Labrador de 1850 à 1874. Voir Rollmann, Hans-Josef. [s.d.].
[100] Lutz, Hartmut *et al.* (2007). p. 84-88.

Le Dr Kern s'est adressé ainsi à Abraham dans sa langue : « Les grands maîtres nous envoient à vous. Ils sont très tristes que vous ayez été assez imprudents pour venir ici, cela ne vous fera aucun bien, mais maintenant que vous êtes ici, ils vous envoient leurs meilleures salutations en tant que nos frères et sœurs, et ils vous exhortent à marcher en chrétiens et à rester fidèles au Sauveur ! » et a poursuivi son discours dans ce sens. Après la joie initiale, il y a eu un air d'embarras sur le visage d'Abraham; peut-être s'attendait-il à entendre des reproches encore plus sévères. Mais à quoi cela aurait-il servi ? Maintenant, ce qui importait c'était de gagner leur confiance et de leur montrer que l'amour des frères et sœurs allemands les accompagnait. Bientôt l'expression à la fois enfantine qui lui est naturelle et – je crois pouvoir le dire – honnête était de retour sur son large visage. Avec émotion, il nous a assurés qu'ils reconnaissaient déjà qu'ils avaient été imprudents, et nous a chargés de dire aux grands maîtres qu'ils se détourneront des mauvaises choses qui croiseront leur chemin, et qu'ils demanderont à Jésus de leur permettre de lui rester fidèles. Nous avons également appris avec joie qu'Abraham accomplit fidèlement ses devoirs de père de famille et qu'avec les siens, il fait chaque jour la prière du matin et du soir. Les Eskimos ont un recueil de cantiques, une Bible et un livre *Paroles et textes pour chaque jour*[101] avec eux. Ce fut un moment émouvant lorsque nous, huit frères et sœurs, nous nous sommes réunis avec nos Eskimos chrétiens dans leur logement, une reconstruction des huttes de leur pays et lorsqu'ils ont chanté dans leur langue, puis avec nous dans les deux langues le verset : *Die wir nun alle hier zusammen sind* (maintenant que nous sommes tous réunis ici). Nous avons passé environ trois heures dans leur enclos et avons eu l'occasion de parler d'autres choses, tandis qu'ils devaient présenter leur spectacle plusieurs fois devant le public : tours de kayak, de traîneau, etc.

Nous devons garder le silence sur d'autres détails. (...)

Je pense qu'il est de mon devoir, afin de corriger quelques

---

[101] Le livre *Paroles et textes pour chaque jour* (« Moravian Textbook » ou « Daily Watchword » en anglais) est publié annuellement, dans 52 langues, par la communauté morave et ce, depuis plus de 284 ans. Il contient des extraits de versets bibliques et de textes littéraires laïcs servant de guide pour la méditation et la conduite.

opinions erronées, de reconnaître ici avec gratitude que le bien-être physique et mental des Eskimos est pris en charge avec beaucoup de générosité et de sollicitude. Nous avons eu la chance de rencontrer M. Hagenbeck en personne, accouru ce matin-là dans l'intérêt de ces personnes. Non seulement il tient à s'assurer d'une nourriture appropriée pour les Eskimos – sans prendre en considération d'éventuelles pertes personnelles – mais aussi de leur bien-être moral. C'est pourquoi chrétiens et païens vivent dans des huttes séparées, les boissons alcoolisées sont strictement tenues à l'écart, et dans la mesure du possible, on fait en sorte qu'ils soient continuellement occupés par la préparation de la nourriture, par toutes sortes de travaux de couture, de sculpture sur bois et autres. Un agent de M. Hagenbeck expérimenté et habile veille constamment sur les Eskimos, et a promis d'informer notre Dr Kern par écrit en cas de nécessité. À tous les égards, nous avons rencontré la bienveillance la plus aimable et la plus profonde.

Fig. 36 Heinrich Bodinus
(Wikipedia Commons)

À notre grande joie, le directeur du jardin zoologique, le Dr Bodinus[102], qui était également présent, nous a très complaisamment donné la permission de passer prendre nos frères et sœurs Eskimos pour une rencontre à la salle de culte de l'Unité des Frères le lendemain soir. Les yeux d'Abraham et des membres de sa famille sont devenus brillants lorsqu'ils en ont été informés. Je voudrais donner une description plus détaillée de cette soirée missionnaire exceptionnelle, mais comme elle ne doit pas prendre trop

---

[102] Il s'agit de Heinrich Bodinus (1814-1884), directeur du Jardin zoologique de Berlin de 1869 à 1884.

de place dans le bulletin, il y aura plus de détails à ce sujet dans le *Herrenhut*. Les Eskimos qui ne portaient pas ce soir-là leur fourrure en peau de phoque, mais leur robe de communion blanche, leur joie à l'idée du riche repas spécial qu'ils ont si poliment consommé en petit comité, leurs visages émus quand après l'allocution et les chants en allemand, le Frère Kern a tenu pour eux un prêche dans leur langue, le moment où toute la communauté s'est mise à genoux avec eux, la fervente prière finale avec un « Notre Père » en langue Eskimo s'élevant vers le Seigneur qui n'a cessé de suivre ses agneaux imprudents jusqu'ici, la joie sur leurs visages quand ils ont entendu le chant choral allemand et les sons des trompettes de la fanfare de Kirdorfer, ce sont autant d'images inoubliables pour tous ceux qui ont assisté à cette soirée. Pendant un moment, nous avons oublié – moi au moins – les soucis causés par la décision hâtive de notre Abraham et de Tobias et les conséquences qu'elle pourrait avoir sans l'aide très exceptionnelle du Seigneur; à ce moment nous avons surtout remercié le Seigneur d'avoir des âmes parmi nous qu'Il a confiées à nos frères, de faibles enfants, mais toujours des enfants du seul Seigneur qui les a rachetés de son sang.

Puisse l'impression qu'ils nous donnent rester la même lorsqu'ils nous rendront visite vers la fin mars dans la communauté de Herrnhut – c'est ce qui nous a été promis à eux et à nous – après un long voyage à Francfort-sur-le-Main, Paris, Vienne et Saint-Pétersbourg via Dresde. Nous nous sommes beaucoup attachés à eux. (...)

Frère v. Dewitz

Dans son journal, Abraham fait mention de leur visite du 26 octobre à l'église de l'Unité des Frères de Berlin[103]. Les « Esquimaux » y ont prié avec leurs sœurs et frères berlinois. Ils s'y rendront à nouveau peu de temps avant leur départ de Berlin.

> Hier, le 26, nous avons été à l'église et prié et chanté ensemble. Nous avons reçu une très grande joie (bé-

---

[103] Alors située au 136, rue Wilhelmstraβe.

> nédiction), tous nos *kablunat* eux aussi, nous en avons été très pénétrés. Nous les hommes (Esquimaux), nous avons chanté dans l'église *Jesu ging voran*[104] et ensuite dit la prière « Notre Père ». L'assemblée a été très pénétrée (édifiée) par nos voix. Et on a de nouveau intercédé pour nous recommander (au Seigneur). Et il y a eu encore un chœur *Wir stehen getrost auf Zion fest*[105]. Nous ne savions plus à quoi nous en tenir à force d'être bénis, et les *kablunat* non plus. Quand le chœur s'est arrêté, celui qui était à la table (le président de la réunion) a fait un signe vers le haut, alors les trompettes se sont mises à sonner *Kommst du nun, Jesu, vom Himmel herunter auf Erden*[106] et d'autres mélodies encore. Quand nous avons eu fini, on nous a bien salués et bien donné (serré) les mains. Nous étions assis devant la table. Après cela les maîtres sont souvent venus dans notre habitation (au zoo) et ont chanté (et prié), même des femmes sont entrées dans notre hutte et ont chanté avec eux et nous ont beaucoup parlé de Jésus.

Des comptes rendus de ces visites sont publiés dans diverses publications moraves. En langue française, on en retrouve un dans la *Feuille religieuse du canton de Vaud*[107] qui cite des extraits du *Journal de l'Unité* :

> Profitant de cette proximité, la direction des missions moraves s'est empressée d'envoyer à Berlin le Frère Kern, ancien missionnaire au Labrador, auquel s'est joint plus tard, son collègue Elsner, actuellement installé à Brême. L'entrevue a été touchante. Au milieu du bruit du jardin zoologique, nos frères ont sérieusement parlé à leurs pauvres paroissiens d'autrefois, puis ils ont fléchi les genoux avec eux pour les remettre entre les bras de Jésus-Christ. Quelques jours après, la paroisse morave de Berlin s'est réunie dans sa chapelle pour recevoir, au milieu d'elle, les frères esquimaux auxquels leur propriétaire actuel avait permis une courte absence sous escorte. L'entrée des

---

[104] Notre traduction française de ce titre est « Avance Jésus ».
[105] Notre traduction française de ce titre est « Fidèles à Sion, notre consolation ».
[106] Chant choral de Jean-Sébastien Bach. Une version française existe sous le titre « Viens à présent, Jésus, du ciel ».
[107] Les Esquimaux en Europe. (1881, 6 mars).

étrangers causa une vive émotion dans l'assemblée. Introduits par le Frère Kern, les frères esquimaux Tobias et Abraham ainsi que la femme de ce dernier, portant dans ses bras une fillette de trois ans, prirent place sur le premier banc, la tête baissée, les mains jointes, tous revêtus de leurs habits de fête. Un rayon de joie illumina leurs visages quand l'église entonna une de ces mélodies qu'ils ont tant de fois chantées eux-mêmes. On avait organisé un chœur en l'honneur des hôtes : « C'est presque aussi beau qu'à Hébron » s'est écrié Abraham. Après une prière à genoux, ils prononcèrent l'Oraison dominicale et chantèrent plusieurs cantiques. [...]

Plusieurs membres de l'Église de Berlin ayant obtenu la permission d'entrer dans l'enclos des Esquimaux, au jardin zoologique, se sont encore réunis avec eux à plusieurs reprises dans leur pauvre hutte éclairée par une petite lampe à huile. La main dans la main les uns des autres, chacun a chanté dans sa langue les mêmes versets de cantique. Un seul mot était également compris de tous, le nom de Jésus qu'Abraham répéta en levant la main, pendant qu'un rayon de joie céleste glissait sur sa figure brunâtre. On a trouvé Tobias en proie à une profonde tristesse et l'ennui de la patrie semble s'être emparé de tous. Une maladie de la petite Sara a achevé de remplir la hutte esquimaude de douleurs et d'angoisses. « Priez, priez », dit Ulrike, la pauvre mère de l'enfant, en versant des larmes amères. Et quelqu'un ajoute : « Comment encore juger ces frères égarés? Comment ne pas compatir à leur immense malheur? »

Du côté anglophone, c'est dans le journal religieux anglais *Sunday at Home* que l'on retrouve un texte relatant ces visites. On y apprend, entre autres, qu'Abraham et Tobias ont donné des pièces d'or et d'argent en offrande pour les missions de l'Église morave[108] :

Les yeux d'Abraham brillent de joie. Dans l'un de ces visiteurs, il a reconnu un ancien missionnaire du Labrador, qui était autrefois son pasteur. Maintenant, à la retraite en Europe, et apprenant l'arrivée de cette famille chrétienne d'Eskimos au jardin zoologique, il est venu discuter avec eux dans la langue de leur pays d'origine. Très vite, le visage d'Abraham s'est un peu assombri en

---

[108] The Esquimaux. (1881, 21 mai).

entendant le missionnaire lui dire dans sa langue : « Les haut placés de la mission sont très désolés d'apprendre que vous avez été assez imprudents pour venir ici, où vous ne pouvez pas faire du bien, mais ils vous saluent cordialement comme des frères, et vous exhortent à vous conduire en tant que chrétiens et à rester fidèles au Sauveur. » Abraham s'attendait à entendre d'autres remontrances, mais aucune autre ne lui a été faite. Sa conscience a parlé et c'était suffisant. [...]

Pendant les trois heures, interrompu de temps à autre par la nécessité des Eskimos d'avoir à se montrer en public, les visiteurs ont pu converser avec eux, et dans la cabane, éclairés par la flamme scintillant d'une petite lampe à huile, ces indigènes du Labrador ont pu fléchir les genoux dans la prière, chanter des cantiques et se placer sous la protection du bon Berger comme des brebis exposées à de nombreux dangers.

Ce fut un grand réconfort et un plaisir pour ces bons Eskimos de trouver dans un pays étranger des cœurs amis témoignant de différentes façons un intérêt fraternel. Plusieurs membres de l'Église de Berlin ont obtenu l'autorisation d'entrer dans l'enceinte des Eskimos et ont été en mesure de se réunir à plusieurs reprises avec eux dans leur cabane. En ne tenant compte que de l'extérieur, que peut-il y avoir de commun entre ces Européens civilisés et ces Eskimos, courts, imberbes, larges d'épaules, avec une tête large, le visage plat, les joues joufflues, la lèvre inférieure épaisse, de petits yeux, un visage brun et les cheveux raides? Et pourtant ils sont là, ces chrétiens, main dans la main en chantant chacun dans sa langue, les mêmes versets de cantiques, unis dans le même sentiment de l'amour l'un pour l'autre. Un seul mot est compris de la même manière par tous, le nom de Jésus, qu'Abraham répète en levant la main vers le ciel, et à ce nom un rayon de joie céleste illumine son visage. [...]

Lors de leur deuxième visite à l'Église morave, qui devait être la dernière, en raison de leur départ éminent de Berlin, vers la fin de la fête, Abraham, aux yeux souriants et à la mine profondément heureuse, tend au missionnaire et pose sur la table une pièce d'or, en prononçant avec beaucoup d'emphase le mot : « Missions ». Tobias suivant l'exemple à son tour, fouille dans sa poche pour quelques pièces d'argent, et les place joyeusement à côté de l'offre d'Abraham, et répète le même mot. Quel spectacle intéressant; et quel témoignage du travail d'évangélisation des missions chez les païens; mais aussi quelle leçon pour

> les chrétiens européens, pour les pauvres pas moins que pour les riches.

Le Frère Elsner est présent lorsqu'Abraham et sa famille se rendent pour la seconde fois à l'Église morave de Berlin. Hans-Josef Rollmann, professeur d'études religieuses à l'université Memorial de St. John's (Terre-Neuve-et-Labrador), qui se consacre également à l'histoire d'Abraham depuis plusieurs années, a publié un texte dévoilant que, lors de cette soirée, Abraham s'est adressé à l'assemblée[109] :

> [...] Abraham, impressionné par le prédicateur de la cour [Stöcker], a pris son violon et a joué un impromptu *Heil Dir im Siegerkranz* (Salut à toi dans la couronne de victoire), l'hymne non officiel de l'Empire allemand, louant l'Empereur.
>
> [...] le point culminant de son séjour européen a été pour lui sa seconde rencontre avec les moraves à Berlin, durant laquelle les performances musicales ont laissé une profonde impression sur lui. On lui a promis que la pièce chorale *Jauchzet dem Herrn alle Welt* de Felix Mendelssohn-Bartholdy serait envoyée au Labrador.
>
> [...] Avant de quitter leurs frères chrétiens de Berlin, Abraham a demandé à s'adresser à la congrégation. Le Frère Elsner a fait l'interprétation de l'inuktitut à l'allemand.
>
> « Je suis ici en Europe seulement comme une exposition mais j'ai reçu ici de vous tous tant d'amour que je veux dire quelques mots de remerciements. J'ai déjà vu beaucoup de choses au cours de mon voyage et je vais en voir encore plus, mais ce que j'ai vécu avec vous ici et ce que j'ai entendu dire par vous, Frère Elsner, je ne l'oublierai jamais, et ce sera la chose la plus extraordinaire que je serai en mesure de raconter lorsque je retournerai dans notre pays. Nous vous demandons de prier pour nous, nous allons aussi prier pour vous tous. »

Le professeur Rollmann ajoute que plusieurs années plus tard, tout comme Abraham et Tobias qui avaient fait une offrande à l'Église morave de Berlin, la communauté morave du Labrador a

---

[109] Rollmann, Hans-Josef. (2013, 7 novembre).

organisé une collecte au profit des Berlinois pour les aider à relever leur église des décombres de la Seconde Guerre mondiale, y compris le bâtiment détruit dans lequel Abraham et sa famille s'étaient rendus.

Fig. 37 L'emplacement du 136, rue Wilhelmstraße à Berlin
Un parc public s'y trouve aujourd'hui.
(© France Rivet, Horizons Polaires, 2013)

Les « Esquimaux » étudiés par Rudolf Virchow

Au début novembre 1880, le Dr Rudolf Virchow, pathologiste et cofondateur de la Société berlinoise d'anthropologie, d'ethnologie et de la préhistoire, obtient la permission d'étudier les « Esquimaux » du Labrador. Pour lui, leur présence en sol européen représente une occasion rêvée d'accroître les connaissances scientifiques sur ce peuple. Une session est donc organisée durant laquelle Virchow étudie les cinq adultes du groupe et prend diverses mesures anthropométriques[110].

Fig. 38 Rudolf Virchow
(Wikimedia Commons)

---

[110] Prise des mensurations des diverses parties du corps humain.

Son objectif était d'ajouter aux connaissances scientifiques sur les Eskimos du Groenland à la Sibérie, de démontrer qu'ils avaient une origine géographique commune, d'examiner leurs caractéristiques raciales, et d'établir s'ils appartenaient à une race distincte des autres peuples autochtones d'Amérique du Nord. À cet effet, il a mené une analyse détaillée de leur physique et de leur crâne, posé des questions sur leurs habitudes alimentaires, leur capacité à compter, et leur perception de la couleur dans ce qui constituait une déconstruction anthropologique de leur corps. Il a également comparé leurs outils, leurs vêtements et leurs tatouages. Ses constatations, bien que compartimentées entre l'anthropologie et l'ethnologie, avaient une portée et une étendue qui allaient bien au-delà de l'interprétation de leurs crânes[111].

Un article paru dans le journal *Charlottenberger Zeitung*[112] nous apprend que la session s'est tenue le jeudi 28 octobre 1880 et ne s'est pas déroulée en tout point comme Virchow l'avait probablement espéré :

Le sorcier Virchow

Le professeur Virchow a procédé jeudi sur les Eskimos aux mensurations anthropologiques usuelles. L'incident suivant, psychologiquement intéressant s'est produit.

La sauvage Pägnu tenue en haute estime dans sa tribu comme sorcière, avait dès le début observé les examens de Virchow avec une méfiance visible. Lorsque cela a été son tour, il est devenu évident pour elle que Virchow n'était autre qu'un sorcier du dieu des Blancs, venu pour lui dérober, avec ses manipulations incompréhensibles, son propre pouvoir surnaturel.

En plein examen, elle a soudain bondi, s'est assise comme un singe sur les tables et les chaises en émettant avec des sons gutturaux ses formules magiques destinées à conjurer le pouvoir du « cher collègue ». Effarés, le professeur Virchow et ses deux assistants ont reculé et ce n'est qu'au bout d'un long moment que l'on a réussi à calmer madame Pägnu.

---

[111] Baehre, Rainer. (2008). p. 20.
[112] *Charlottenberger Zeitung*. (1880, 2 novembre).

> Tout au long de l'incident, le comportement d'Abraham a été des plus intéressants : il a beau avoir été baptisé, dans son for intérieur, il n'a sûrement pas oublié les croyances de ses ancêtres.
>
> Quand il a vu que Virchow, qu'il trouvait certainement lui-même assez « magique », s'écartait craintivement de Pägnu, il a pâli, a regardé la scène avec des yeux pleins d'effroi et a murmuré pour lui-même dans sa langue : « Le dieu de mon pays est finalement plus puissant que le dieu des chrétiens. » Quant à Pägnu, elle est redevenue tout à fait celle qu'elle était auparavant, car elle a vu que la magie des Blancs ne pouvait rien lui faire.

Quelques jours plus tard, le 7 novembre 1880, une rencontre extraordinaire de la Société berlinoise d'anthropologie, d'ethnologie et de la préhistoire se tient au Jardin zoologique de Berlin en présence des « Esquimaux ». Rudolf Virchow y prononce une conférence durant laquelle il livre à l'auditoire les résultats de son étude.

Dès le début de son allocution, Virchow spécifie que l'auteur de cet article s'est permis de fabuler puisque aucun journaliste n'était présent lors de son examen[113] :

> J'ai personnellement eu récemment une petite scène qui n'a pas été correctement décrite dans les journaux. Un journaliste quelconque s'est permis d'y ajouter ses propres affabulations. Aucun journaliste n'a assisté à mes examens, on ne pouvait donc pas en faire un compte rendu de visu. D'une façon générale cependant, le thème du reportage était exact, et je dois dire que je n'avais jamais de ma vie vu de passions naturelles éclater d'une manière aussi violente et en même temps aussi caractéristique que lors de cet épisode.

Virchow décrit la scène comme suit[114] :

> Cela va peut-être vous intéresser d'entendre des détails sur la crise que j'ai récemment observée chez la femme

---

[113] Virchow, Rudolf. (1880). p. 253.
[114] Virchow, Rudolf. (1880). p. 271-272.

Bairngo. Vous venez de voir combien sa fille est farouche; on dirait un animal sauvage pris au piège. La mère n'a pas ce naturel sensible, mais elle aussi est terriblement méfiante; on remarque qu'au moindre pas qu'elle fait dans un lieu inconnu d'elle, le nouvel environnement provoque chez elle la plus grande inquiétude. Il a été très difficile de prendre ses mensurations, ce qui s'est passé sans difficultés avec les autres. J'ai commencé par le plus facile, en essayant peu à peu de la persuader que ce n'était rien de méchant, mais chaque opération provoquait aussitôt de l'inquiétude et dès que l'on a commencé à prendre les mesures, elle s'est mise à trembler et à montrer une très grande excitation. Alors que je voulais mesurer son envergure et écartais ses bras horizontalement, ce qui ne lui était probablement jamais arrivé, elle a eu soudain une crise : elle s'est glissée sous mon bras et a commencé à se démener dans la pièce dans un état d'excitation et d'une façon que je n'avais jamais vus, et pourtant, j'ai été témoin, dans ma longue carrière de médecin assigné aux prisons, des crises de colère et des convulsions les plus extraordinaires, simulées ou non. J'ai d'abord pensé que cela allait se terminer par une crise d'épilepsie, mais très vite, il a été clair qu'il ne s'agissait absolument pas de convulsions organiques, que cela n'avait rien de pathologiquement somatique; le tout se passait plutôt comme une convulsion psychique, comparable à celle de personnes dans une très grande crise de colère. Chez nous aussi, il existe des gens qui se retrouvent dans des crises de colère telles qu'ils se mettent à parcourir la pièce, cassent tout ce qui leur tombe sous la main et font les choses les plus étranges, dont ils ne se souviennent pas par la suite. Ce cas était absolument analogue. Elle bondissait de tous côtés dans la pièce sur ses deux jambes, le dos un peu courbé, s'emparait des chaises et des tables et les jetait dans toutes les directions; tout en s'agitant dans la pièce, elle n'a cependant pas fait la moindre tentative de s'échapper par la porte ou de s'attaquer aux personnes présentes. Elle sautait d'un coin à l'autre avec des hurlements; son laid visage était devenu rouge foncé, ses yeux brillaient, un peu d'écume s'était formée devant sa bouche, en un mot, c'était un spectacle hautement répugnant. Il était par ailleurs très surprenant de voir que le mari et la fille, assis pendant ce temps sur leur chaise, ne montraient pas la moindre agitation ni la moindre velléité de lui venir en aide.

La crise a duré de 8 à 10 minutes; puis tout d'un coup elle s'est tenue tranquille, a posé la tête sur la table, est restée quelques minutes dans cette position, s'est alors redressée et a dit dans sa langue : « Maintenant je suis bien de nouveau. » Pourtant elle tremblait encore et j'ai jugé préférable de ne faire aucune autre tentative pour la mesurer.

J'avais l'impression que cette « convulsion psychique » devait en tous points concorder avec les phénomènes que les chamans présentent lors de leurs danses. On sait que traditionnellement, c'est dans les régions du nord-est de l'Asie que l'habitude d'une excessive excitation, représentée surtout dans le chamanisme, a été surtout conservée; on en trouve cependant des traces également au Groenland où les chamans s'appellent « angakoks[115] ».

J'ai su depuis par M. Jacobsen que le père Tiggianniak (« renard » en allemand) qui est considéré comme un « angakok », a offert lors d'un précédent épisode exactement la même histoire. Alors que le bateau qui les amenait en Europe s'approchait de l'embouchure de l'Elbe et qu'une tempête s'était levée, l'Eskimo s'est mis à la conjurer. Il est allé à la proue du navire, a gesticulé violemment des mains et des bras, a hurlé plus fort que la tempête et est tombé dans la plus grande excitation. Après avoir terminé ses conjurations, il est rentré tranquillement sous le pont dans sa cabine en promettant qu'ils auraient bientôt un bon vent. Quand quelques heures plus tard la tempête s'est calmée, il a eu la satisfaction de pouvoir dire que c'était grâce à lui. La remarque que fait M. Jacobsen sur madame Bairngo dans son petit ouvrage (*Beiträge über Leben und Treiben der Eskimos in Labrador und Grönland*. Berlin 1880, p. 17) me semble particulièrement significative pour l'explication de notre cas dans le passage où il décrit la scène de conjuration : « Pendant ce temps, la femme de Tiggianniak, qui a aussi une renommée de sorcière chez ses compatriotes, est assise dans la cabine et fait elle aussi les mouvements et les signes les plus curieux avec les mains, mais sans émettre un bruit. » De toute évidence ces gens croient eux-mêmes à leur propre magie, et quand l'inspiration se fait sentir, ils se mettent, de façon semi artificielle, semi volontaire dans l'état d'extase que nous devons considérer comme le pa-

---

[115] En groenlandais, la forme du pluriel du mot *angakok* est *angákut*.

roxysme de leur excitation intérieure. Il en a été de même pour notre dame. Son excitation mentale n'ayant cessé de grandir à la suite des manipulations effectuées et de la contrainte à laquelle elle s'est vue soumise, elle s'est libérée et s'est jetée comme une forcenée dans une rage apparemment insensée et en fait intentionnelle. Et au bout d'un moment, elle était « de nouveau bien ». L'accès de rage lui avait donc été un moyen de libération intérieure. Pour cette raison, ses proches, qui connaissent sa manière d'être, l'ont tranquillement laissée faire. De ce point de vue, toute la scène s'explique. En même temps, elle éclaire un aspect de cette étrange manifestation psychologique qu'est le chamanisme.

Avant de fournir les diverses mesures prises, Virchow présente les deux familles et livre quelques informations sur leur lieu d'origine et les aspects qui les distinguent l'une de l'autre[116] :

> Bien qu'ils viennent tous de la même région du Labrador, située à la même latitude que la pointe sud du Groenland, les Eskimos qui nous occupent se divisent en deux groupes, on peut même dire en deux familles, bien que, pour parler comme dans le Nord, un « Loskärl[117] » se trouve aussi parmi eux. Il s'agit de deux catégories homogènes et distinctes qui ne diffèrent pas seulement par leur religion mais présentent également des dissemblances dans leur apparence extérieure. Les uns, c'est-à-dire la famille Abraham, composée du mari, de la femme Ulrike et de deux jeunes enfants ainsi que du célibataire Tobias, viennent de la mission de Hebron que les moraves ont fondée en 1830 et qui est située environ à 59° de latitude nord et à 60° de longitude ouest, au sud du cap Chidley. C'est l'une des 6 stations que les frères moraves entretiennent sur cette côte et dont la plus ancienne, Hopedale[118], date de 1770. D'après le rapport de M. Jacobsen qui a recruté ces gens et les a amenés à Hambourg sur son propre bateau, sur les environ 2000 Eskimos qui vivent au Labrador, 1500 auraient été

---

[116] Virchow, Rudolf. (1880). p. 253-254.
[117] Nous n'avons pas identifié ce mot régional. Virchow veut peut-être dire « célibataire », ou que l'un des membres de cette famille est un parent de ligne collatérale. Quoi qu'il en soit, il ne peut s'agir que de Tobias. (Note de la traductrice)
[118] La plus ancienne mission morave au Labrador est celle de Nain fondée en 1771. Celle de Hopedale date de 1782. Voir Rollmann, Hans-Josef. [s.d. a].

convertis au christianisme. En tout cas, les missionnaires ont réussi à éduquer ces gens au point qu'ils ont considérablement développé leur intelligence et qu'ils sont capables d'écrire avec facilité, de dessiner et de faire preuve de toutes sortes de compétences de la vie civilisée. [...]

L'autre famille par contre, qui comprend l'homme Tiggianniak (Tigganiak), sa femme Paieng et leur fille Noggasak, est encore totalement païenne et présente de fait des caractéristiques éminemment propres à nous faire connaître la nature primitive de cette population. [...]

Cette famille a été recrutée par M. Jacobsen à Nachvak, une station de la Compagnie de la Baie d'Hudson située dans un fjord au nord de Hebron. Elle fait partie d'un groupe d'Eskimos encore peu touché par les influences européennes, qui en été s'adonne principalement à la chasse. D'après les récits de M. Jacobsen, il y a encore du bois dans cette région, surtout des pins et des bouleaux, autour de Hebron seul le bouleau nain survit encore[119]. Les gens n'élèvent pas de rennes[120] domestiques, bien que ceux-ci soient nombreux à l'état sauvage. Actuellement, la chasse se fait au fusil. C'est à la pêche et à la chasse aux animaux de mer que l'on utilise les outils traditionnels. Les chrétiens se consacrent surtout à la pêche au saumon. On élève beaucoup de chiens que l'on nourrit essentiellement de poisson.

---

[119] Le long de la côte du Labrador, les arbres («arbre» est défini comme une plante ligneuse d'au moins 2 m de hauteur) les plus septentrionaux sont situés à la baie Napâttuk (ou Napaktok) (58° 01' 01" N), quelques 27 km au sud de Hebron (58° 12' 01" N). Selon un rapport de 1979, rédigé par Deborah L. Elliott et Susan K. Short, diverses études menées dans la région de Hebron n'ont révélé aucun conifère, mais plutôt une zone arbustive dense d'aulnes, de diverses espèces de saules et de bouleaux nains. Les recherches entreprises à la suite d'un rapport de 1957 avançant que la région de Nachvak abritait quelques épinettes, n'ont donné aucun résultat. La déclaration de Jacobsen voulant que des conifères se trouvent dans la région de Hebron pourrait donc être trompeuse. Le rapport Elliott et Short déclare : «... l'épinette blanche, sous forme d'un arbuste nain, peut avoir existé à un moment donné quelque part dans la région de Hebron. Cette espèce n'a pas été signalée par d'autres botanistes travaillant dans ce domaine depuis 1936. Par conséquent, ces espèces peuvent avoir été exterminées (soit par les autochtones ou par un refroidissement climatique mineur) ou peuvent avoir une étendue si restreinte qu'elles n'ont pas été localisées.» Voir Elliott, Deborah L. et Susan K. Short (1979, septembre).
[120] En Amérique du Nord, le renne est appelé caribou.

Virchow nous apprend qu'il a demandé aux cinq adultes d'écrire les noms de différentes couleurs dans leur langue maternelle. Lors de cette réunion, la possibilité est offerte aux personnes présentes d'examiner plus attentivement ces listes[121] écrites de la main de chaque individu[122] :

> Vous allez avoir l'occasion tout à l'heure de prendre connaissance de manuscrits provenant de ces gens. Moi-même je possède des listes des noms des couleurs faites par eux. Vous savez en effet que depuis longtemps nous avons l'habitude de déterminer les désignations des couleurs chez nos invités étrangers. C'est ce qui a été fait cette fois aussi, avec cette particularité qu'ils ont écrit les mots eux-mêmes, le mari et la femme notamment d'une main aisée et d'une manière très satisfaisante[123].

	Abraham	Ulrike	Tobias	Tiggianiak	Bairngo
schwarz	keinitak	kirnirtak	kirnitak	kernetak	kernetak
grau	kakortakasak	kakkuangajuk	kakuangujuk	kakoingajuk	kernangajok
weiss	kakortak	kakurtak	kakurtak	kakortak	kakortak
roth	aupaluktak	auppalaktak	aupalutak	aupaluktak	aupaloktak
orange	kursuargujok	{aupalangajuk / kuksuangajuk}	kursuangajuk	korsotak	songarpaluktak
gelb	korsutak	kuksutak	kursutak	songarpaluktak	songarpaluktak
grün	evinjak	ivinjak	ivlujak	tongujoangajuk	tongojoktak
blau	tongujoktak	tungujurtak	tungujutak	tongujoktak	tongujoktak
violett	tongujoingajok	kirnitangajuk	tungujuangajuk	kernaingajok	tongujoangajuk
braun	tongulangajok	aupalangajuk	aupalangajuk	aupalangajuk	kojoangajok

Fig. 39 Tableau des noms des couleurs
Les couleurs identifiées sont : noir, gris, blanc, rouge, orange, jaune, vert, bleu, violet et marron. (Photo offerte par JSTOR)

Les listes présentées sont authentiques, écrites pour la plupart par eux-mêmes (les chrétiens). Elles prouvent que ces gens connaissent bien les couleurs, qu'ils peuvent interpréter le tableau des couleurs non seulement en différenciant les couleurs entre elles, mais aussi en les désignant par leur nom. Ils n'ont rencontré de difficultés que pour l'orange et

---

[121] La Société berlinoise d'anthropologie, d'ethnologie et de préhistoire n'a malheureusement pu trouver la trace de ces documents manuscrits dans ses archives. Échange de courriel daté du 19 janvier 2014.
[122] Virchow, Rudolf. (1880). p. 267.
[123] Virchow, Rudolf. (1880). p. 253.

le jaune et, le violet et le marron. Là, ils ont recours à diverses désignations descriptives. M. Bessels[124] qui a rencontré chez les « Itaniens[125] » ce même genre de difficultés au sujet du marron et du bleu, suppose que ses gens n'ont pas reconnu qu'il s'agissait de couleurs différentes. Sans preuve supplémentaire, je ne saurais considérer ceci comme certain ou du moins conclure que leur sens des couleurs est en lui-même défectueux. Il est notoire, et je m'adresse ici aux puristes dans la matière, que, si nous prenons notre population ordinaire, des paysans par exemple, nous constaterons aussi que beaucoup d'entre eux ne peuvent pas nommer ces couleurs avec précision et qu'ils formeront des assemblages analogues à ceux que nous avons ici, en nuançant le bleu avec bleu-noir, bleu foncé ou bleu-rouge. Dans l'ensemble, les Eskimos qui ont été interrogés chacun séparément, ont montré une telle concordance des réponses que linguistiquement une objection d'importance est impossible. Ils sont visiblement doués dans ce domaine et ne se révèlent pas – si l'on applique la théorie autrefois en vogue que la rétine ne se développe qu'avec la culture – comme appartenant à une race inférieure, mais comme membres d'une race relativement supérieure.

Également à la disposition de l'auditoire se trouvent les artefacts que Jacobsen a recueillis dans les sépultures du Labrador. Virchow nous apprend que Jacobsen ne s'est pas limité à ramener des objets; ses bagages cachaient également des crânes. L'un de ceux-ci lui a été remis par Hagenbeck[126] :

> Je peux préciser tout de suite que M. Jacobsen a également rapporté une série d'objets de sépultures qu'il a personnellement recueillis dans les environs de Hebron. Ils se trouvent dans l'exposition ethnographique extraordinairement riche qui a lieu ici et qui est la plus propre à représenter l'ancienne culture de cette population, puisqu'il ne s'agit pas de tombes récentes, mais datant probablement de un à deux siècles. Les instruments en pierre y sont peu nombreux, les outils en os également; la majeure partie de

---

[124] Dr Emil Bessels (1846-1888), physicien, naturaliste et explorateur de l'Arctique.
[125] Traduction du nom (« Itaner ») que donne Emil Bessels (*Die Amerikanische Nordpol-Expedition*, 1879, p. 351) aux autochtones de la région d'Ita (Etah), sur la côte septentrionale du Fjord de Foulke, au nord-ouest du Groenland. (Note de la traductrice)
[126] Virchow, Rudolf. (1880). p. 254.

ce qui a été recueilli est en bois ou en fer. Une série d'objets montre clairement qu'un contact avec les Européens avait déjà eu lieu.

On a aussi rapporté des crânes provenant de ces sépultures et qui fournissent la base d'une investigation méthodique plus rigoureuse. Je n'en ai d'ailleurs eu qu'un à ma disposition, mais je peux sur cette base déclarer qu'effectivement une remarquable identité des formes se manifeste dans toute l'étendue de cette région arctique. Nous avons eu l'occasion, comme vous le savez, de voir ce genre de crânes en provenance de lieux difficilement accessibles, lorsque l'expédition allemande au Pôle Nord[127] atteignit la côte est du Groenland à un endroit depuis longtemps isolé par la glace.

Virchow présente les mensurations obtenues sur le crâne recueilli à Hebron par Jacobsen[128] :

1. Valeurs mesurées

Volume	1810 ccm[129]
Longueur maximale	201,0 mm
Largeur maximale	139,0 mm
Hauteur verticale	151,0 mm
Hauteur d'oreille	127,5 mm
Circonférence horizontale	550,0 mm
Circonférence verticale transversale	335,0 mm
Circonférence longitudinale	417,0 mm
Largeur (inférieure) du front	103,0 mm
Distance entre les os temporels (*plana temporalia*)[130]	130,0 mm
Hauteur du visage (de la racine du nez au menton)	120,0 mm
Largeur du visage (*Sut. Zyg. Maxill.*)[131]	103,0 mm
Distance entre les os jugaux[132]	141,0 mm

---

[127] Il s'agit probablement de l'expédition de 1869-1870 durant laquelle le navire *Germania*, bloqué dans sa progression par la banquise, a fait demi-tour et s'est concentré sur l'exploration des fjords de la côte nord-est du Groenland.
[128] Virchow, Rudolf. (1880). p. 263.
[129] « ccm » signifie cm³, donc ml (millilitre). (Note de la traductrice)
[130] Les os situés dans la région de la tempe, sur la partie latérale de la tête. (Note de la traductrice)
[131] Il s'agit probablement des articulations des maxillaires supérieurs. (Note de la traductrice)
[132] Les os qui forment les pommettes. (Note de la traductrice)

Largeur de la racine du nez[133]	23,0 mm
Hauteur du nez	54,0 mm
Largeur de la cavité nasale (Apertura pyriformis)	23,5 mm
Largeur de l'orbite	44,0 mm
Hauteur de l'orbite	37,0 mm
Distance des angles des mâchoires inférieures	117,0 mm

2. Indices calculés

Indice longueur-largeur	69,3
Indice longueur-hauteur	75,1
Indice largeur-hauteur	108,6
Indice du visage	85,8
Indice orbitaire	84,0
Indice nasal	43,5

Puis Virchow fait part de ses observations sur divers aspects de leur physique : la forme des yeux, la couleur de la peau, la forme du crâne, la pilosité, la forme des oreilles, celle du nez, etc.[134] :

> En ce qui concerne l'évaluation anthropologique générale, qu'il me soit permis d'insister d'abord sur le fait que les observations que j'ai faites et dont vous allez maintenant juger vous-mêmes, ont démontré de la manière la plus évidente que leur race est identique à celle des Eskimos du Groenland qui nous ont naguère été présentés (Séance du 16 mars 1878, Actes, p. 185). [...]
>
> Ainsi, l'approfondissement de notre étude est d'un grand intérêt général. Il va falloir encore entreprendre diverses recherches avant d'être en mesure d'établir la relation ethnologique de manière absolument certaine.
>
> Mais si vous observez très attentivement les gens qui sont devant vous, et ceci même sans vraiment appliquer une méthode d'investigation scientifique, l'idée, je pense, va s'imposer à vous, plus nettement que lors de la rencontre précédente, qu'ils présentent une série de particularités qui rapproche cette population de certaines populations asiatiques, plus précisément des peuples de la race mongole. Ces particularités caractéristiques sont cette fois beaucoup plus marquées chez les femmes que chez les hommes,

---

[133] La partie supérieure osseuse du nez.
[134] Virchow, Rudolf. (1880). p. 254-265.

alors qu'étrangement, c'était l'inverse la dernière fois, chez les Eskimos du Groenland. Dans mon rapport de l'époque, lors de la séance du 16 mars 1878, j'ai constaté formellement que les hommes montraient ces propriétés de façon plus manifeste que les femmes. Cette fois, ce sont les femmes et avant tout, celles de la famille sauvage (païenne); malheureusement, la mère, qui aurait présenté le plus grand intérêt, est en ce moment assez gravement malade, de sorte que vous ne pourrez sans doute pas la voir.

D'ailleurs la fille est elle aussi un spécimen de premier ordre pour l'observation. J'ai déjà souligné que toute la forme du visage était mongole. Ce qui diffère, c'est la boîte crânienne proprement dite. Si l'on se représente la tête divisée en deux éléments : celui qui entoure le cerveau, la boîte crânienne proprement dite, et celui qui compose le visage, la physionomie, on peut dire : la partie physionomique est mongole, la partie cervicale est particulière, singulière. Vous verrez notamment que l'ensemble de la formation de la zone oculaire reproduit exactement et même à un plus haut degré ce que j'ai constaté jadis. Il s'agit tout d'abord d'une forme parfaitement marquée d'yeux bridés. L'ouverture de la paupière est étroite et rectiligne, s'écarte cependant vers l'extérieur de plus en plus vers le haut, ce qui fait que surtout chez la jeune fille de la famille sauvage, les yeux ont pris une position absolument oblique et dirigée vers le haut et la région temporale. À cela s'ajoute la hauteur singulière du sourcil par rapport à la fente oculaire; ils sont beaucoup plus éloignés l'un de l'autre que d'une manière habituelle. En outre, les yeux sont très écartés et enfin, on observe dans le coin interne de l'œil, ce pli particulier, en forme de demi-lune, qui se montre chez certains individus comme une véritable bride et que nos ophtalmologistes considèrent, quand il apparaît chez des gens de notre race, comme un état pathologique : l'épicanthus[135]. Le tout indique une formation singulière de l'orbite elle-même qui est due à la position différente de la pommette, obliquement saillante. Ainsi toute la zone de l'œil semble être exactement la même que chez les Mongols. Nous avons eu récemment l'occasion, grâce à l'augmentation

---

[135] L'épicanthus est un repli vertical de la peau qui s'étend de la paupière supérieure au bord du nez. Il est à l'origine des yeux bridés.

du nombre des membres de notre délégation chinoise, de procéder à des comparaisons à ce sujet et je puis dire que d'après moi, cette relation est absolument irréfutable.

Une fois cette relation admise et si on se représente que les Eskimos ou, comme ils se nomment eux-mêmes, les Inuits (singulier Inuk) sont à l'origine une branche mongole partie pour l'Amérique et pour atteindre la côte est du Groenland, on se verrait obligé de supposer qu'ils proviennent d'une variété non encore découverte, à la tête allongée, de la souche mongole, ou que cet aspect dolichocéphale[136] de leur crâne s'est seulement développé plus tard en raison des conditions locales spécifiques dans lesquelles ces gens vivent qui sait depuis combien de temps et qui, il est vrai, devraient être suffisamment fortes pour provoquer certaines modifications dans la structure du crâne. Je dirai seulement à ce sujet que leur alimentation est certainement propre à amener des transformations fondamentales dans la structure du visage et du crâne. Comme vous le savez, dans cette vaste région, les gens n'ont pratiquement jamais l'occasion de se procurer des aliments végétaux. Quelques plantes, nous l'avons dit, poussent au Labrador, mais presque rien de ce qui pourrait être utilisé comme plante comestible. Les Groenlandais en ont encore moins, ce sont des carnivores au sens propre du terme, et comme la viande et la graisse qu'ils mangent sont consommées très souvent à l'état cru, leurs muscles masticateurs doivent produire de gros efforts pour travailler cette matière.

Ils possèdent effectivement des appareils masticateurs remarquablement forts; ces muscles sont énormément développés, la mâchoire inférieure très proéminente, les points d'insertion des muscles masticateurs sur le côté du crâne sont fortement développés et, ce qui est particulièrement caractéristique, il n'existe pratiquement aucune autre race humaine chez laquelle ces attaches, appelées *lineae semicirculares temporum* qui se trouvent normale-

---

[136] Signifie littéralement « qui a le crâne allongé ». À l'époque, le rapport entre la largeur maximale et la longueur maximale du crâne, l'indice céphalique, était un des indices utilisés pour hiérarchiser les races humaines. Un crâne était considéré dolichocéphale (crâne allongé) si son indice céphalique était de moins de 75, mésocéphale (crâne intermédiaire) si l'indice était entre 75 et 80 et brachycéphale (crâne court) si l'indice était supérieur à 80.

ment chez nous trois doigts au-dessus de l'oreille, remontent généralement si haut que, comme chez les grands singes anthropoïdes, ils se rapprochent de plus en plus du milieu du crâne. Dans de nombreux crânes d'Eskimos, il ne reste qu'un étroit intervalle non musclé au sommet du crâne. Ainsi, le crâne est latéralement recouvert de muscles beaucoup plus développés, les muscles eux-mêmes atteignent une taille colossale, leur point d'attache sont parfois deux fois plus grands que chez un Européen ordinaire qui se nourrit d'aliments variés et bien préparés et qui n'a pas besoin de mastiquer beaucoup. Je veux dire qu'il a beaucoup à manger, mais peu à mâcher!

Le grand développement de la musculature remontant sur le crâne peut certainement influencer la forme de la tête et il est permis de penser qu'à la suite d'un usage peut-être millénaire, transmis de génération en génération, une transformation de la forme crânienne s'est peu à peu produite, si bien qu'une tête arrondie est devenue une tête allongée et que ceci se trouve être une particularité typique de la race. Une telle transformation représenterait un des cas les plus intéressants de la théorie appelée transformisme, nous informerait du passage d'un type à un autre, ce dont, vous le savez, nous ne possédons aucun exemple vraiment prouvé. À la question de savoir comment un tel passage s'est produit et quelles raisons extérieures l'ont provoqué, on peut évidemment donner facilement une réponse théorique. Mais tout en posant cette question, je tiens à préciser tout de suite que je suis loin de déclarer d'ores et déjà l'hypothèse comme certainement démontrable. [...]

La principale objection est d'ordre linguistique. Selon le point de vue linguistique qui prévaut actuellement, les Eskimos formeraient un groupe linguistique avec les peuples de l'Asie septentrionale. [...]

Je me contente de mentionner que l'intelligent guide de la petite caravane, M. Jacobsen, qui s'entend fort bien avec ces gens, déclare que le dialecte des Eskimos du Labrador diffère peu de celui des Groenlandais. [...]

Je ferai remarquer ici que l'examen direct, qui n'a d'ailleurs porté que sur 5 adultes (3 hommes et 2 femmes) a montré que cette forme de tête est le mieux développée chez la femme christianisée (Ulrike). Elle a un indice de seulement 68,2. Si on considère que, d'après nos critères, le nombre 75 constitue la limite supérieure de la dolichocéphalie, vous reconnaîtrez que cela signifie une évolution inhabituelle de tête étroite. Les autres sont des dolichocéphales réguliers avec 74,1, 74,9, 75,7 et seul le célibataire christianisé Tobias passe dans le domaine mésocéphale, ayant un indice de 77,6. Madame Ulrike peut donc dans une certaine mesure servir de représentante du type le plus développé de cette espèce. [...]

Je n'entrerai pas dans tous les détails de ces particularités. Il s'y ajoute une chose qui augmente encore beaucoup plus la singularité de cette race : la couleur de la peau, de même que celle des cheveux et des yeux.

En voyant ces gens qui viennent du Grand Nord, vous constaterez que la couleur de leur peau est si sombre qu'elle peut tout à fait faire concurrence par exemple à celle de la peau des Nubiens que nous avons eus ici. Si nous avons recours au tableau chromatique parisien[137], le degré de la couleur s'affiche si foncé qu'on pourrait croire, si on y ajoutait foi, à une quelconque relation avec les Africains. C'est un brun rougeâtre profond qui atteint chez certains les chiffres 30 à 28 du tableau des couleurs parisien.

Je dois souligner le fait que cette coloration sombre de la peau ne se limite pas aux parties exposées à l'air, comme le visage et les mains, mais que le reste du corps, comme les pieds et les jambes, présente la même intense couleur foncée que les parties non couvertes. On pourrait presque affirmer que c'est l'inverse. Les mains en particulier sont chez certains, par exemple chez madame Ulrike, si pâles que l'on est surpris par la couleur des pieds. Il est absolument impossible d'expliquer cette coloration par l'effet de l'air.

J'insiste là-dessus parce que dans la discussion du transformisme, on affirme avec une régularité compréhensible que la couleur noire, ou du moins sombre n'est que le résultat de la température ou de l'effet de la lumière. Je suis naturellement prêt à reconnaître que l'on est en droit de

---

[137] Il s'agit peut-être du « Tableau chromatique de la chevelure et de la peau » présenté en 1863 par Paul Broca à la Société d'anthropologie de Paris. (Note de la traductrice)

soulever cette question et qu'apparemment, elle se justifie pour l'Afrique, mais je me permets de rappeler qu'en ce qui concerne l'Amérique tropicale ni la lumière ni la température n'ont la même forte influence. Il n'existe pas là, c'est connu, de race nègre indigène. Par contre, nous trouvons ici dans l'extrême Nord, dans une région où la chaleur fait presque totalement défaut et où la lumière manque, une race si sombre que l'on peut effectivement la mettre en parallèle avec toute une série de tribus vivant dans la zone équatoriale même. La couleur foncée de la peau, les cheveux absolument noirs, qui d'ailleurs par leur épaisseur et leur raideur rappellent la crinière des chevaux, les yeux sombres enfin, qui ne sont pas tout à fait noirs sans doute, mais régulièrement marron foncé, permettent une nouvelle série de parallèles avec les tribus de la race mongole. Vous le savez en effet, tous les membres de la race mongole sont relativement fortement colorés; les plus clairs eux-mêmes sont beaucoup plus pigmentés que dans le cas de la race blanche, et certains membres de la race mongole constituent la transition avec les membres les plus clairs de la race noire. [...]

Aucune des conditions extérieures de vie des Eskimos ne saurait à notre connaissance fournir une explication immédiate à la forte pigmentation de leur peau. C'est la raison pour laquelle nous devrons nous en tenir pour l'instant à l'hérédité et compter les Eskimos parmi une race fortement colorée. Cette position me semble en outre particulièrement justifiée par un fait sur lequel j'ai déjà attiré votre attention dans mes conférences et à propos duquel mon expérience diffère totalement de celle des observateurs qui m'ont précédé. Je trouve en effet la peau, dans les parties couvertes et ce pas seulement chez les femmes, inhabituellement tendre, douce au toucher, fine également et de la texture particulièrement lisse qui caractérise celle des Africains. Il est probable que l'on s'est contenté autrefois de prendre en considération avant tout les mains rendues rugueuses et calleuses par un rude travail, et le visage. Ce dernier offre d'ailleurs une peau relativement épaisse et grossière, et c'est curieusement la seule partie chez tous ces gens où une couche graisseuse considérable est développée. Dans tout le reste du corps, l'hypoderme est relativement maigre, ce qui est très frappant dans les mains et les pieds. Cette différence se remarque déjà chez les enfants aux grosses joues rondes et aussi d'un rouge vif.

Dans la plupart des cas, les joues des adultes sont également assez rouges; ce n'est que chez l'homme le plus âgé, le païen Tiggianiak, que cette particularité est absente. Elle se manifeste le plus chez les femmes, surtout chez la jeune fille de 15 ans. Comme ses grosses lèvres sont aussi très rouges, son visage montre une fraîcheur à laquelle nous ne sommes pas habitués chez les gens de couleur.

Dans l'ensemble, la couleur de la peau est plus uniforme que celle que j'ai observée chez les Nubiens. Sur le visage cependant, des taches plus foncées sont visibles, telles des taches de rousseur. Ces lentigines sont particulièrement fortes, de couleur marron-noir, chez la femme Bairngo. Toutefois, sur les parties couvertes, le cou, les avant-bras et les jambes, la coloration est si uniforme que même sous tension, on n'a pu faire apparaître le contraste entre couleurs supérieure et inférieure que j'avais signalé chez les Nubiens. Le brun qui est chez tous la couleur de base se nuance fréquemment, il est vrai, en brun jaunâtre et brun rougeâtre de telle sorte que le visage offre souvent une nuance tirant sur le jaune, mais dans l'ensemble, on peut parler d'un brun foncé. Je signale à ce propos que les gencives elles aussi, surtout celle de la mâchoire inférieure, sont dans la plupart des cas pigmentées; la couleur en est bleu plombé, parfois avec des taches.

De plus, les femmes païennes présentent un tatouage artificiel sur le visage et les avant-bras. Les chrétiens ont abandonné cette coutume. D'après mes recherches, cette opération est pratiquée chez les jeunes filles de 15-16 ans, et ce, par des hommes : on fait des piqûres avec une aiguille et on y fait pénétrer du charbon. La vieille païenne a des séries de points noirâtres sur le front, les joues et la lèvre inférieure qui est en moyenne plus horizontale et peu protubérante; et sur les avant-bras, elle porte des dessins un peu plus complexes disposés comme suit (Fig. 1.) :

Fig. 1.

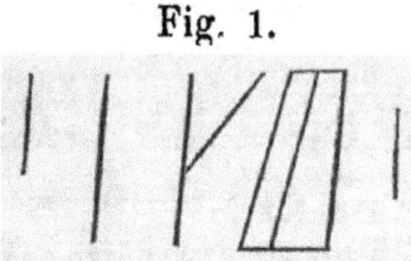

Fig. 40 Dessins sur les avant-bras de Paingu
(Photo offerte par JSTOR)

Ces signes ont une ressemblance évidente avec certains ornements (des marques de propriété?) de leurs outils. (Voir Lubbock, *Prehistoric times*. 4e édition, p. 10, Fig. 3.)

Le système pileux de nos gens du Labrador correspond en tous points à celui des Groenlandais. La couleur des cheveux est sans exception, noire. Les petits enfants ont déjà des cheveux très sombres, seuls les sourcils sont plus clairs. Les cheveux des hommes adultes sont relativement longs, si bien qu'ils couvrent le cou et chez les païens, même les épaules. Ils sont très épais, d'un noir brillant comme l'ébène, ressemblent à la crinière des chevaux, jamais bouclés ou ondulés, très raides au contraire. Ils ont la même texture chez les femmes qui les portent cependant relativement courts, ce qui donne l'impression qu'ils sont assez peu fournis. Ceux de madame Ulrike sont simplement séparés par une raie et tressés. Les femmes païennes par contre ont des chignons derrière la tête et sur les tempes; les chignons des côtés sont ornés de longs bandeaux faits avec du crin de renne et richement décorés de perles multicolores (européennes). Les sourcils sont chez la plupart fournis, moins seulement chez madame Ulrike. Pratiquement pas de barbe sur les joues des hommes, la moustache et la barbiche sont plus drues, mais cette dernière se limite au menton proprement dit. Madame Ulrike a elle aussi un peu de moustache. Le reste du corps, du moins ce que j'en ai vu, poitrine, avant-bras, jambes sont pratiquement glabres.

À propos des yeux, j'ai déjà dit que chez tous l'iris est marron. Chez Tobias et la femme Bairngo, marron plus clair, chez les autres, marron foncé. J'ai également noté chez madame Ulrike une coloration bleuâtre de la sclérotique.

En général, l'œil est enfoncé, l'ouverture des paupières courte et étroite de telle sorte que le globe oculaire semble petit, surtout en raison de la paupière inférieure, tandis que la supérieure paraît d'autant plus longue que, comme je l'ai dit, les sourcils sont haut placés. Le repli à l'angle interne de l'œil que j'ai mentionné plus haut est particulièrement marqué chez Tobias et chez madame Ulrike. En général cependant, l'angle interne de l'œil est plus déplacé latéralement et la distance entre les yeux plus grande, – un des traits les plus frappants du visage eskimo. La distance entre les angles internes des yeux est en moyenne, de 36,2 mm, la longueur de l'ouverture des paupières, de 59,7 [mm] (chez Tiggianiak, seulement 57,5 mm). La position oblique vers le haut externe de l'ouverture des paupières, particulièrement marquée chez les femmes païennes s'observe aussi esquissée chez les autres; seul Abraham a une ouverture des paupières parfaitement horizontale. L'orbite dans le crâne trouvé dans la tombe est grande mais basse, son indice est de 84.

Ajoutons immédiatement aux autres particularités du visage, les oreilles qui sont en général grandes, particulièrement dans le sens de la hauteur. La moyenne verticale est de 65,2 [mm], chez Tiggianniak, 70 [mm], chez madame Bairngo, 69 mm. Chez la plupart, le lobe est adhérent ou à peine séparé de la peau de la joue. Madame Ulrike est la seule à avoir une petite oreille de seulement 60 mm de hauteur, le lobe en est également adhérent. Nous nous trouvons donc en présence d'une particularité que l'on a souvent et probablement à tort attribuée aux Lapons. L'oreille des Eskimos est également placée relativement bas, ainsi qu'il ressort de la mesure « hauteur de l'oreille » verticale. Chez la femme païenne uniquement, la distance entre le trou de l'oreille et la raie médiane du crâne est faible.

La forme du nez est diversifiée. L'indice est en général moyen; il est en moyenne de 65,6 pour les 5 individus. Celui du crâne de la tombe n'atteint que 43,5, il est donc leptorhin[138]. Je ne peux tirer de conclusion d'une comparaison avec les crânes à nu. Il est seulement clair que des diffé-

---

[138] Ayant un long nez étroit avec un indice nasal inférieur à 47 sur le crâne ou de moins de 70 sur la personne vivante. (Dictionnaire Merriam-Webster)

rences considérables existent. Abraham a un nez droit, d'une forme tout à fait européenne. Chez Tiggianiak, il est plutôt petit et peu saillant, l'arête en est mince et les narines seulement un peu plates. Chez Tobias, il est court et très large, dès la base plus aplati, la pointe courte et les narines ouvertes vers l'avant. Chez les femmes, l'aplatissement augmente. Chez madame Ulrike, le nez dépasse peu la ligne des pommettes; dans l'ensemble, il est peu proéminent, et bien que les narines soient plus étroites, l'arête et la pointe avancent peu. En ceci, il se rapproche très nettement du nez des Golden[139] et des Giliaks[140] dont j'ai parlé lors de la séance du 12 juillet 1873 (Actes, p. 138). Bien que j'aie dû me prononcer alors contre l'identification des tribus de l'Amour[141] avec les Eskimos, j'ai pu au congrès international de Stockholm (Congrès international 1874, vol. I, p. 216) faire remarquer certaines analogies entre un crâne de l'est du Groenland et un crâne de l'Amour. Cette ressemblance repose surtout sur la forme du nez. De tous nos gens ici, c'est madame Bairngo qui la présente le plus. Son nez n'est absolument pas saillant, même pas la pointe et toute l'arête a une forme courbe, aplatie et presque simiesque. Les narines, quoique petites en elles-mêmes, sont larges. Son indice nasal est aussitôt après celui de son mari le plus élevé de tout le groupe.

J'ai déjà dit que le visage est en général très large. Cette largeur résulte principalement de la forte proéminence des pommettes. Chez les hommes d'ailleurs le front lui aussi est large et bombé, ce qui lui donne quelque chose de féminin. Chez les femmes par contre, il est plutôt étroit et en même temps bas, légèrement fuyant. La mâchoire inférieure est plutôt forte, mais en général, le visage s'amincit vers le bas et le menton est en règle générale étroit. Les lèvres par contre sont grandes et relativement épaisses, surtout la lèvre inférieure. Ceci est chez la femme Bairngo d'autant plus frappant que la lèvre supérieure est très plate. Dans l'ensemble, la forme de la bouche, surtout de

---

[139] Ancien nom allemand des « Nanai », peuple de Sibérie, en Chine « Hezhen », Voir Brockhaus-Enzyklopedie. (Note de la traductrice)
[140] Un peuple indigène de Russie, aujourd'hui appelé les Nivkhes, habitant l'estuaire du fleuve Amour et l'île de Sakhaline.
[141] Fleuve servant de frontière entre la Russie et la République populaire de Chine.

celle des femmes, rappelle beaucoup la bouche des anthropoïdes, en particulier, des chimpanzés. Elle s'avance plus que ne l'exige la position des dents et des alvéoles. Un véritable prognathisme [142] est à peine prononcé. Même chez Tobias dont la partie de la bouche est la plus proéminente, les dents [inférieures] coïncident [avec les supérieures][143]. Celles-ci d'ailleurs sont très tôt usées par le travail sur les tendons. Le palais est profondément creusé; chez Tobias, il montre au fond une protubérance médiane. La bouche reste souvent ouverte.

En ce qui concerne les autres particularités de la structure physique, je voudrais encore souligner plusieurs faits qui indiquent une certaine analogie avec les membres de la race mongole. Il s'agit de la stature et du rapport des parties du corps entre elles. Vous pouvez constater de vos propres yeux que cette race est en général petite. Ces gens sont sans exception de petite stature, 1596 mm pour les hommes, 1486 [mm] pour les femmes, une moyenne de 1552 mm. Par rapport à cette taille basse, la tête paraît relativement grande, le visage surtout très développé, en outre, le torse long et les épaules notamment remarquablement larges. Par conséquent, leur « envergure » (la longueur du doigt majeur à l'autre) est au moins chez les christianisés supérieure à leur taille, et ce le plus souvent de 30 millimètres et plus; elle n'est plus petite que chez les païens, mais je rappelle que j'ai dû interrompre l'examen de la femme Bairngo en raison de son attaque. En revanche, les membres sont relativement courts, surtout les cuisses. C'est du moins l'impression que l'on a. Voici les rapports résultant de mes mesures qui ont été prises, je dois le préciser pour les membres (sauf les mains et les pieds) à travers les vêtements de fourrure :

Mensurations	Abraham	Ulrike	Tobias	Tiggianiak	Bairngo
Longueur de la partie supérieure du bras	307	280	300	284	-
Longueur de l'avant-bras	247	217	226	217	-
Longueur de la	402	329	352	352	-

---

[142] Position fortement avancée du menton.
[143] Les mots entre crochets ont été ajoutés par la traductrice pour faciliter la compréhension. (Note de la traductrice)

Mensurations	Abraham	Ulrike	Tobias	Tiggianiak	Bairngo
cuisse (apophyse du fémur)					
Longueur de la jambe inférieure (cheville interne)	378	367	361	345	-
Longueur du pied	245	237	233	236	210
Mesures de la tête					
Hauteur maximale	199	192	188	205	189
Largeur maximale	149	131	146	152	143
Hauteur d'oreille[144]	123	121	124	121	113
Hauteur du visage (~~racine du Nez~~ bord des cheveux au menton)	194	192	198	191	177
Hauteur du visage B. (racine du nez au menton)	125	121	131	127	117
Largeur du visage A. (distance jugale)	147	137	141	152	132
Largeur du visage B. (distance des articulations des maxillaires supérieurs?)	107	94	95	106	94
Largeur du visage C. (distance des angles des maxillaires inférieurs)	116	117	123	136	116,5
Distance des yeux A. (angle	37	37	33,5	36,5	37

---

[144] Nous comprenons qu'avec « hauteur d'oreille » (Ohrhöhe), Virchow désigne la mesure verticale de l'oreille elle-même. (Note de la traductrice)

Mensurations	Abraham	Ulrike	Tobias	Tiggianiak	Bairngo
interne)					
Distance des yeux B. (angle latéral)	100	96,5	93	94	96
Nez A. Hauteur	59	53	57	60	51
Nez B. Longueur	56	48	49	49	48
Nez C. Largeur	37	32	38	42	35
Longueur de la bouche	57	51,5	50	57	55
Hauteur de l'oreille[145]	62	60	65	70	69
Mesures du corps					
Hauteur verticale	1635	1524	1550	1605	1448
Envergure	1665	1565	1586	1587	1189
Largeur des épaules	358	347	366	378	-
Hauteur des épaules	1324	1230	1270	1304	1135
Hauteur du coude	1017	950	970	1020	-
Hauteur du poignet	770	733	744	803	-
Hauteur de la pointe du doigt majeur	600	560	570	622	-
Longueur du bras tendu	694	660	679	645	-
Hauteur du nombril	990	-	900	944	-
Hauteur de l'apophyse du fémur[146]	850	755	780	775	-
Hauteur du genou	448	426	428	423	-
Hauteur de la cheville	70	59	67	78	-
Longueur du	245	237	233	236	210

---

[145] Nous comprenons qu'avec « hauteur de l'oreille » (Höhe des Ohrs), Virchow désigne la hauteur à laquelle l'oreille se trouve sur le crâne. (Note de la traductrice)

[146] Les apophyses du fémur sont les saillies qui assurent les mouvements de la cuisse.

Mensurations pied	Abraham	Ulrike	Tobias	Tiggianiak	Bairngo
Il en résulte les rapports calculés suivants :					
Corps : pied (=1)	6,6	6,4	6,6	6,7	6,8
Jambe : corps (=100)	51,9	49,5	50,3	48,2	-
Bras : jambe (=100)	81,6	87,4	87,0	83,0	-
Avant-bras : partie supérieure du bras (=100)	80,4	77,5	75,3	76,4	-
Jambe inférieure : cuisse (=100)	94,0	111,5	102,5	98,0	-
Indices calculés					
Indice Longueur-Largeur	74,9	68,2	77,6	74,1	75,7
Indice de la hauteur d'oreille	61,8	63,0	66,0	59,0	59,8
Indice du visage A. jugal (a)	131,9	140,1	140,4	125,6	134,0
Indice du visage A. malaire (b)	181,3	204,2	208,4	180,1	188,2
Indice du visage A. mandibulaire (c)	167,2	164,1	160,9	140,4	151,9
Indice du visage B. jugal (a)	85,0	88,3	92,9	83,5	88,6
Indice de visage B. malaire (b)	116,8	128,7	137,8	119,8	124,4
Indice de visage B. mandibulaire (c)	107,7	103,4	106,5	93,3	100,4
Indice nasal	62,7	60,3	66,6	70,0	68,6

Remarque : pour le calcul de l'indice du visage A, on a compté toute la hauteur du visage (lisière des cheveux au menton), pour l'indice B, la hauteur inférieure du visage (de la racine du nez au menton) (=100).

Il en résulte d'abord un rapport assez constant entre la longueur du pied et la taille, à savoir en moyenne : taille = 6,6 longueurs de pied. Chez les païens, le pied est relativement plus grand, chez les chrétiens, plus petit. Dans l'ensemble ceci correspond aux rapports habituels.

Le rapport entre l'avant-bras et la partie supérieure du bras, en moyenne 77,4:100 est considérablement plus grand que chez les Européens, de même que celui entre la jambe inférieure et la cuisse, en moyenne 101,5. Si le dernier chiffre est exact, il démontrerait que la cuisse est remarquablement courte; même si on suppose une erreur chez Tobias et Ulrike, il n'en reste pas moins vrai que la longueur de la jambe inférieure est considérable.

Les rapports entre bras et jambe et jambe et hauteur du corps sont relativement beaucoup plus constants. Le premier compte en moyenne 84,7:100, l'autre 49,9:100.

Ces rapports trouvent leurs parallèles dans la race mongole. Si vous comparez par exemple les Japonais, vous trouverez de nombreux individus chez lesquels ces mêmes particularités se retrouvent : grande tête, torse relativement long, membres courts. Il est très intéressant de voir la petitesse des pieds et des mains des Eskimos, alors qu'ils sont obligés de tant travailler, et si durement, manuellement, que dès l'enfance un énorme travail physique leur incombe à terre et sur l'eau. J'ai pris les contours des mains et des pieds de ces gens et vous en présente quelques exemples (Fig. 2 à 5). Ils donnent naturellement des rapports un peu plus grands que les réels. Ils paraissent cependant très petits, bien que non disproportionnés par rapports aux mesures du corps en général. Nous savons qu'il en est de même avec les pays de l'Asie orientale. Les épées, qui viennent de ces régions se caractérisent par la petitesse de leur poignée, exactement comme les anciennes épées de bronze dont on a si souvent parlé. Même chose pour les pieds, parfois d'une extraordinaire étroitesse et finesse. Le rapport entre largeur et longueur, cette dernière = 100, est noté.

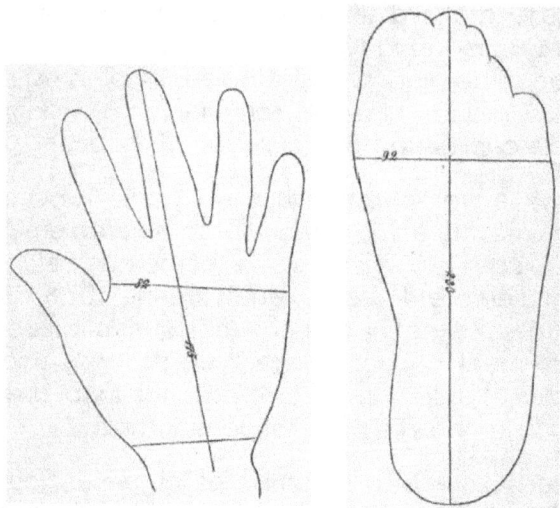

Fig. 41 Contour de la main droite et du pied droit de Tobias
(Fig. 2 et 3)
(Photo offerte par JSTOR)

Abraham	40,8
Ulrike	37,1
Tobias	39,4
Tiggianiak	40,2
Bairngo	40,9
Moyenne	39,6

L'effet des chaussures dures et étroites du bout se fait sentir, comme chez les Européens dans la compression des orteils; chez Bairngo, tous les orteils sont gryphotiques[147]. Dans l'ensemble, le deuxième orteil est le plus long; uniquement chez Tiggianiak, c'est le premier. Le cou-de-pied [cheville] est haut en général.

---

[147] Ongles anormalement épais ou incurvés.

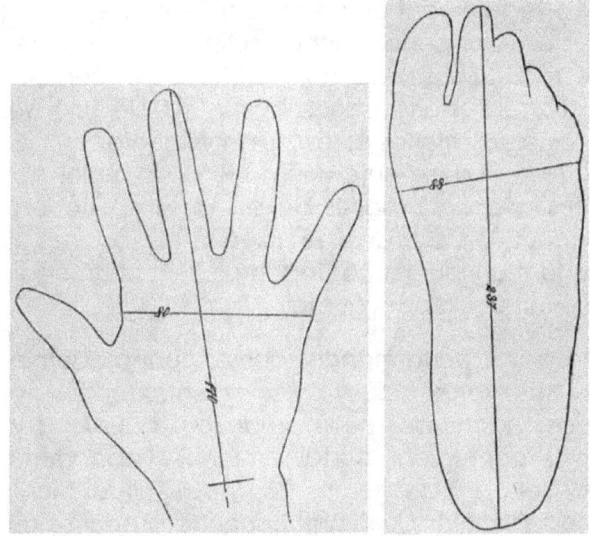

Fig. 42 Contour de la main droite et du pied droit d'Ulrike
(Fig. 4 et 5)
(Photo offerte par JSTOR)

La suite de l'allocution de Virchow traite de l'intelligence et des divers aspects de la culture des « Esquimaux »[148] :

> Le même jugement, je crois, doit être porté en général sur leur intelligence. Ce qui a toujours renforcé le plus l'impression que les Eskimos représentent une race inférieure, ce sont leur lenteur avec les nombres. On en trouve des exemples chez Sir John Lubbock (*Prehistoric times*, 4e édition, p. 525). Bien plus caractéristique pourtant est le fait observé par M. Jacobsen que les Eskimos christianisés du Labrador utilisent dans leur langue les noms de nombres allemands. Ceci est évidemment un phénomène étrange, mais je manque de documents pour l'analyser. On peut naturellement imaginer que le besoin de se servir des nombres est minime pour un peuple dont les membres sont si dispersés, qui a peu de possessions et qui à part les chiens n'élève pas d'animaux, mais le grand nombre de chiens que les traîneaux rendent nécessaires porte à croire qu'ils doivent avoir un quelconque moyen pour remplacer les chiffres. En tout cas, les chrétiens montrent que leur cerveau est absolument capable de se développer, ainsi que

---

[148] Virchow, Rudolf. (1880). p. 267-269.

le prouve (également en ce qui concerne les sauvages) le niveau de leurs performances artistiques dans de nombreuses réalisations. Abraham surtout, qui semble avoir profité d'une parfaite éducation, se révèle une des personnes les plus instruites et les plus intelligentes qu'on puisse voir. Outre qu'il a exécuté une carte de la région en question, nous avons ici maints de ses dessins. D'abord celui dans lequel il s'est dessiné lui-même. Tous les grands peintres font un jour leur autoportrait. Un dessin également de la mission de Hebron[149], etc.

À côté de ces performances absolument modernes, il est du plus haut intérêt de voir comment, dans les œuvres techniques habituelles qu'ils produisent pour leurs besoins locaux, ils conservent certaines formes appartenant de toute évidence à des temps très reculés. Il faut ici avoir à l'esprit les difficultés qu'ils ont rencontrées pour se procurer les outils les plus ordinaires dans un pays où presque rien ne pousse, où par conséquent, les moyens offerts par la végétation font défaut. Le bois qu'ils ont utilisé était en grande partie du bois flotté, rejeté par la mer; les plantes à fibres employées pour les vêtements n'existaient pas, on n'avait que les fourrures, les peaux avec le plumage des oiseaux et les intestins de phoque; pour les coudre, rien ne se trouvait que les tendons d'animaux à partir desquels on fabriquait du fil par effilochage. Rien de ceci n'a dans une certaine mesure changé. Les costumes que les gens produisent eux-mêmes proviennent essentiellement de ces matériaux. Les plus remarquables sont ceux des femmes : une sorte de frac avec une basque[150] qui descend jusqu'aux mollets et dans lequel s'intercalent avec art des pans d'autre couleur. Tout cela est cousu par les femmes à l'aide de fil provenant des tendons qu'elles mâchent avec les dents jusqu'à ce qu'ils soient suffisamment souples et réguliers et dont elles mangent les restes, puisqu'il s'agit de chair animale. Toute la technique repose donc sur les matériaux offerts par la nature. Dans ce domaine, il est absolument

---

[149] Note de Virchow : Je ferai remarquer en passant que M. Jacobsen a aussi rapporté comme objet d'exposition une carte d'échantillons de papier-monnaie. Étant donné le tournant que le papier-monnaie international semble devoir bientôt prendre, on pourrait peut-être la prendre comme base pour une unification future.
[150] Partie d'un vêtement cintré qui, à partir de la taille, descend plus ou moins bas sur les hanches. (Dictionnaire de l'Académie française, 9e édition)

remarquable de voir jusqu'à quelle perfection ils ont réussi à travailler les os des animaux nordiques, des phoques, des morses et des baleines et à en tirer des objets non seulement pour les besoins ménagers, mais aussi des parures. Si vous voulez bien considérer dans l'exposition de M. Hagenbeck les cordons auxquels sont accrochés des os polis, vous serez convaincus par ces pièces tout à fait délicates, mais vous verrez aussi qu'ils montrent une ressemblance vraiment surprenante avec la culture européenne de l'âge de pierre, en particulier celle des habitants des cavernes du sud de l'Europe, représentée par les vestiges troglodytiques de la France méridionale et du nord de l'Espagne. Vous constaterez également que presque tous les instruments utilisés pour la pêche et la chasse leur ressemblent tellement que l'on a l'impression d'être dans un musée de la préhistoire. De même pour les étranges instruments en pierre qu'ils fabriquent. Il s'agit d'ailleurs d'une pierre très commode, une magnésite, facile à fendre et à travailler; les anciens hommes des cavernes eux non plus n'ont pas toujours pris les pierres les plus dures, mais, pour certaines utilisations, ils ont aussi choisi des matériaux plus commodes.

Tandis que d'un côté, nous trouvons ce parallélisme de la plus grande importance pour l'histoire de la culture, une série de particularités d'un autre côté rangent les Eskimos parmi les races les plus inférieures d'autres continents. Je voudrais ici vous faire remarquer l'aspect extrêmement particulier de leurs propulseurs[151]. J'avais déjà attiré votre attention sur les propulseurs des Eskimos du Groenland lors de la séance du 16 mars 1878. Dans la collection actuelle d'instruments eskimos, se trouvent deux sortes de propulseurs : les uns sont utilisés pour toucher les animaux aquatiques, les autres sont lancés sur les oiseaux. On n'a pas besoin pour les oiseaux de javelots aussi grands que pour les animaux aquatiques qui sont plus forts. Le lancer lui-même est différent.

Si on veut prendre un oiseau aquatique au vol bas qui se déplace assez haut au-dessus de l'eau, le lancer doit être autre que celui qui veut atteindre un animal dans l'eau à

---

[151] Un dispositif permettant d'accroître la vitesse initiale et donc la portée ou la force de pénétration d'un projectile.

une respectable distance. Dans le premier cas on pratique un lancer horizontal ou du moins rectiligne, plus ou moins parallèle à la surface de la mer; dans l'autre cas, il faut effectuer un lancer plongeant pour que la lance pénètre par le haut dans l'animal. Pour ces deux objectifs, ils n'ont pas seulement des lances et des harpons divers, mais aussi divers propulseurs. Un tel propulseur, appelé *nörsak*[152], sert à mettre en place la lance sur le plan précis dans lequel on veut la projeter. Et le fait le plus remarquable c'est que pour un de ces dispositifs, le harpon à oiseaux du Labrador, on utilise exactement la même forme de bâton que celle que les Australiens possèdent encore aujourd'hui dans tout leur continent et dont on ne trouve que très rarement de comparables dans le reste du monde : le propulseur, en général plat, creusé au milieu dans la longueur et muni des deux côtés d'une encoche latérale pour le maintien avec les doigts, porte dans sa partie arrière une dent de phoque qui se fixe dans une fente au bout postérieur de la lance.

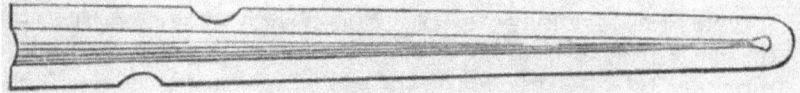

Fig. 6.

Fig. 43 Propulseur du Labrador
(Photo offerte par JSTOR)

Le propulseur groenlandais par contre est ainsi construit que l'on ne comprend pas au premier abord comment on peut s'en servir. La lance a en deux endroits différents des chevilles en os dirigées verticalement ou obliquement vers le bas qui se fixent dans les trous du propulseur. Celui-ci, plat également et un peu creusé dans la longueur présente au milieu deux trous assez éloignés l'un de l'autre dans lesquels on introduit les chevilles de la lance.

---

[152] Terme groenlandais, aussi épelé *norsaq*. Ce type de propulseur est constitué d'une planchette de bois qui avait pour effet de prolonger le bras du lanceur. Voir Guigon, Gwénaële, (2006). p. 182.

Fig. 7.

Fig. 44 Propulseur groenlandais
(Photo offerte par JSTOR)

La lance dépasse dans ce cas le propulseur à l'avant et à l'arrière. On pourrait penser que dans ce dispositif le maintien de la lance est limité; et pourtant, ils lancent avec grande aisance et sûreté en projetant la lance par une secousse vers le haut. On produit un tir plongeant. Les deux instruments sont ici en bois; avec la différence que dans la partie arrière du propulseur groenlandais, une plaque en os est ajoutée qui se termine par un prolongement triangulaire (Fig. 7). Elle sert de renforcement au bois.

À mon avis, c'est la plus intéressante de leurs réalisations, car on voit là très nettement avec quelle intelligence ils ont, en vue de l'objet principal de leur existence, la chasse, et avec les moyens les plus simples, inventé un instrument qui leur permet de capturer leurs proies avec une extrême précision et à une distance considérable.

Il n'est pas nécessaire que je parle des bateaux des Eskimos. Ils ont déjà été suffisamment décrits et vous les voyez ici en action sur le petit lac. Je vous ferai simplement remarquer que les embarcations de bois des gens du Labrador qui disposent d'une certaine quantité de bois, sont plus grandes et spacieuses que les kayaks des Groenlandais faits en grande partie de peaux animales. Par contre, il manque aux embarcations du Labrador le joint parfaitement étanche qui unit le corps du Groenlandais à son kayak, lui donne une grande sûreté de mouvements sur la mer et rend le retournement moins dangereux.

Virchow termine son allocution en demandant la permission de donner son opinion sur l'article du journal *Magdeburger Zeitung* dans lequel l'auteur s'indignait que des êtres humains soient exhibés dans des zoos[153] :

Je vais me limiter à ces observations. Je vous demanderai

---

[153] Virchow, Rudolf. (1880). p. 270.

seulement de me permettre encore de répondre en quelques mots à une violente attaque publiée récemment dans la *Magdeburger Zeitung* (n° 493 du 21 octobre). Elle vise d'une part, toute forme de présentation de races étrangères et d'autre part, le fait que l'on utilise les jardins zoologiques pour montrer des êtres humains. Comme le journal qui a permis cette attaque est très lu et que nous vivons en des temps où visiblement tout arrive, même ce que l'on tient pour impossible, il convient, me semble-t-il, de réagir fermement à cette première attaque d'un chroniqueur qui est retourné à l'état sauvage.

Dans son article intitulé *Les Eskimos au Jardin zoologique de Berlin*, l'auteur ne se contente pas de se déclarer opposé en général aux exhibitions humaines, mais déclare formellement à la fin qu'on est en droit d'attendre que l'on renoncera, à la réflexion, à exposer des humains dans les jardins zoologiques. Je vous lis brièvement sa conclusion :

Nous nous attendons à ce que diverses personnes se moquent de notre opinion et la ridiculisent. Et pourtant, nous nous réjouissons de l'avoir exprimée ici. Si ces « intéressants » spécimens humains doivent absolument être exhibés, un sentiment « d'éthique raciale » devrait au moins nous empêcher de montrer nos semblables dans des zoos.

L'argumentation qui soutient cette déclaration repose essentiellement sur l'idée – que je désire particulièrement aborder – qu'un intérêt scientifique n'existe absolument pas ici et que pour la grande masse, il ne s'agit en réalité que d'un intérêt de curiosité tout à fait barbare. Le chroniqueur se plaît à répéter de temps en temps : « voilà qui est très intéressant », comme si c'était un reproche. Ce monsieur semble ne pas s'être rendu compte que « l'intérêt » en soi peut prendre des aspects divers, qu'il y a des choses simplement intéressantes en tant que propres à satisfaire la curiosité, mais qu'il y en a aussi d'autres, que nous étudions dans un but scientifique et pour le progrès des connaissances sur la nature et sur l'homme, qui viennent à nous parce qu'elles sont intéressantes. Oui en vérité, ces expositions humaines sont très intéressantes pour celui qui veut un peu connaître la position que l'homme occupe dans la nature et le trajet que l'espèce humaine a parcouru dans son développement.

Quiconque ne comprend pas cela et, par manque de

connaissances, ne comprend pas que là se trouvent les questions les plus grandes et les plus importantes que l'espèce humaine peut poser, et qui croit que l'on peut passer à l'ordre du jour sans tenir compte de ces choses – n'a absolument pas sa place dans une rubrique culturelle. Du moins, une rédaction de journal devrait réfléchir à deux fois avant d'accepter un tel verbiage dans ses colonnes.

Voilà ce que je tenais à mettre au point. En même temps, je témoigne qu'un intérêt scientifique positif d'importance primordiale se rattache à cette présentation. C'est pourquoi je profite de l'occasion pour particulièrement remercier de façon officielle M. Hagenbeck et le prier de poursuivre, sans se laisser influencer par ce genre d'attaques, dans la voie qui a été la sienne jusqu'à présent, au plus grand bénéfice de l'anthropologie.

La seule réaction à la conférence donnée par Rudolf Virchow qui a été trouvée jusqu'à présent est celle publiée dans le journal religieux *Sunday at Home*[154] :

Un célèbre professeur de Berlin, M. Virchow, a donné une conférence publique à laquelle il a demandé aux Eskimos de venir, et en présentant Abraham et son groupe, il s'est écrié : « Voyez, messieurs, ce que la civilisation peut faire du peuple le plus abruti. » Ce savant n'a pas dit le bon mot. Ce qui a civilisé les Eskimos c'est l'Évangile de Jésus-Christ, qui leur a été annoncée par les missionnaires moraves, et qu'ils ont reçue dans leurs cœurs par la foi. Abraham et ses gens sont devenus chrétiens après avoir été païens, l'autre père et sa femme sont toujours païens. C'est de là, et de là seulement que provient toute la différence entre eux.

Ah! Ceux qui pensent que les missions d'évangélisation parmi les païens ne sont d'aucune utilité, ont, par ce fait palpable, une preuve que l'Évangile, qui est la puissance de Dieu pour le salut de tout homme croyant, est également l'agent le plus puissant de la civilisation.

---

[154] The Esquimaux. (1881, 21 mai). p. 328.

140 Les « Esquimaux » étudiés par Rudolf Virchow

Fig. 45 Illustrations des huit « Esquimaux », 1880
Voir Virchow, Rudolf (1880), p. 275.
Illustrations de W. A. Meyer basées sur les photographies de Jacob
Martin Jacobsen. (Photo offerte par JSTOR)

Le séjour à Prague

Le départ du groupe de Berlin se fait le 15 novembre à 8 h. Le même jour, une annonce paraît dans le journal *Bohemia* de Prague informant la population que les « Esquimaux » du Labrador viennent d'arriver et qu'ils sont installés dans la ménagerie Kaufmann. On invite la population à venir rencontrer les « Esquimaux » du 17 au 28 novembre.

Fig. 46 Annonce du journal *Bohemia*, 15 novembre 1880
Voir la transcription du texte à la page suivante.
(Bibliothèque nationale de la République tchèque)

> **Familles d'Eskimos du Labrador de Carl Hagenbeck**
>
> Une première en Europe
> Sont arrivées de Berlin aujourd'hui et demeurent
> À la ménagerie de C. Kaufmann
>
> À cause des réaménagements intérieurs
> Aujourd'hui et demain
> Fermé
>
> Mercredi, 17 novembre à 11 heures du matin
> Première présentation des Eskimos
> avec leurs « chiens de glace », leurs cabanes d'été et d'hiver,
> leurs ustensiles de ménage, leurs instruments de chasse et de
> pêche et une intéressante collection ethnographique
>
> Du mercredi 17 au dimanche 28 du mois courant
> Quatre représentations quotidiennes :
> Matin à 11 heures, après-midi à 4 et 6 heures et
> le soir à 8 heures
>
> À 4 heures de l'après-midi et 8 heures du soir :
> Avec la présence de tous les dresseurs d'animaux
> À 11 heures du matin et 6 heures de l'après-midi :
> Avec représentation des éléphants
>
> Les Eskimos sont à Prague pour 12 jours
> puis ils partiront pour Paris.

Les détails recueillis jusqu'à présent sur le séjour à Prague proviennent du journal d'Abraham :

> 26 nov. J'écris ici au loin, à Prague, en Autriche, au pays des Catholiques, dans une grande ville. Nous sommes ici pour deux semaines, à l'intérieur d'une grande et longue maison. Impossible de sortir, nous serions pris par les catholiques. Oui vraiment on a beaucoup de respect pour nous et nous avons une maison dans la grande maison. Il y a aussi un phoque venu de Hollande pour notre nourriture, mais il doit être abattu avec le harpon à phoques. Mais jusqu'à présent, je n'ai

> vu que peu de croyants, de ceux-là qui ne sont pas des nôtres. Ils ont chanté avec une petite voix par peur des catholiques.
>
> Nous aussi seuls avec une petite voix nous pouvons chanter et prier ici pour que le Seigneur nous aide afin qu'il ne nous arrive rien par les catholiques, parce que l'on nous demande constamment si nous sommes croyants; nous ne pouvons pas le nier et l'affirmons constamment tout en nous demandant ce que l'on va nous faire; oui, c'est ainsi, parce qu'ici tout est à craindre; nous sentons que l'aide que nous recevrons sera une grande chose.
>
> Un jour à 4 heures de l'après-midi, des soldats sont venus, innombrables, les grands chemins (les rues) étaient tout pleins. Ils portaient du feu[155] ainsi que des lanternes avec un manche (une poignée), les chevaux aussi portaient du feu. Mais ils ont fait entendre des voix (de la musique) tout à fait ravissantes avec des trompettes.
>
> Le 27 nov. J'ai attrapé un phoque (netsek) à Prague dans un étang, alors qu'il y avait une quantité effrayante de gens, oui vraiment innombrable. Quand je l'ai harponné avec la lance, tous ont beaucoup applaudi, comme des eiders[156]. Quand j'en ai eu terminé avec lui (quand je l'ai tué) les faiseurs de voix ont chanté magnifiquement avec des violons, des tambours, des trompettes et des flûtes, oui vraiment, on ne pouvait plus se parler avec toutes ces voix.

Le 29 novembre, tous plient bagage et la caravane se met en route pour Francfort.

> La ménagerie Kaufmann est également partie pour Munich. Nous avons voyagé ensemble jusqu'à Schwandorf où nous nous sommes séparés et où nous avons continué

---

[155] La traduction française du journal d'Abraham publiée en 1883 précise qu'il s'agit de flambeaux. Voir Notes de voyages d'Abraham, l'Esquimau. (1883).
[156] Nous comprenons que le bruit et les gestes que font les spectateurs en applaudissant évoquent à Abraham ces oiseaux en train de battre des ailes en criant. (Note de la traductrice)

notre route jusqu'à **Francfort** où nous étions rendus le 30. Le 31, nous avons installé notre collection et tout préparé. (Journal de J. A. Jacobsen, 29 novembre 1880)

Fig. 47 Annonce du journal *Bohemia*, 19 novembre 1880
(Bibliothèque nationale de la République Tchèque)

Le séjour à Francfort

À Francfort, le groupe est exhibé au jardin zoologique. Les huttes de chaque famille sont installées aux abords de l'étang de part et d'autre du pavillon de musique.

Fig. 48 Zoo de Francfort, 1878
Le pavillon de musique est à gauche surplombant le bassin. La tour abritait l'aquarium. (Archives du Zoo de Francfort)

Le journal de Jacobsen est silencieux sur le séjour à Francfort. Il se contente de noter que le temps est continuellement très défavorable, avec une pluie permanente et du brouillard, ce qui influence les visiteurs. Abraham, quant à lui, semble trouver qu'ici aussi il y a beaucoup de gens :

> Nous sommes repartis de Prague pour Francfort où il y a beaucoup de gens. Là, nous avions deux maisons dehors dans un enclos. Tout le temps que nous sommes restés là, nous avons été gardés nuit et jour par des soldats qui se relayaient. Il y a là beaucoup de juifs, les catholiques sont très méprisés. Mais nous y avons fait beaucoup de kayak, même sur l'étang.

Fig. 49 Carte du Zoo de Francfort, 1875
(Archives du Zoo de Francfort)

Ce sont les journaux locaux qui nous donnent de plus amples informations sur le séjour du groupe à Francfort.

Wöchentliche Anzeigen, 3 décembre 1880

Malgré la température de plus en plus froide, deux familles esquimaudes du Labrador se sont aventurées avec leurs huttes, chiens, bateaux et tout leur attirail depuis Berlin vers Francfort-sur-le-Main; pour deux semaines, elles se sont installées en plein air au jardin zoologique. Elles trouvent le climat du centre de l'Allemagne assez agréable et doivent même se soumettre au recensement général de la population le premier décembre, bien que, à titre d'étrangers avec un permis de séjour temporaire, ils ne puissent être comptés comme membres du peuple allemand.

Frankfurter Nachrichten, 3 décembre 1880

Dans la nuit du 30 novembre au 1er décembre, notre ville a connu une rare et intéressante augmentation de population, à savoir deux familles esquimaudes, huit têtes en tout. Ces dames et messieurs qui viennent du Grand Nord sont arrivés juste à temps pour être inclus dans le recensement. M. Carl Hagenbeck de Hambourg, celui-là même qui autrefois nous avait présenté aux enfants du sud, les Nubiens, nous a également amenés ces visiteurs des zones peuplées les plus septentrionales. Et ce sont des enfants, tout autant qu'ils sont, parce que même si ce que l'on appelle la culture les a déjà beaucoup influencés, il nous reste encore à leur sujet assez de choses intéressantes et naturelles à observer et peut-être aussi à admirer.

Comme on le sait, nous distinguons deux tribus parmi ces habitants des pays polaires du nord, qui sont très différentes dans leurs particularités : à savoir, les gens du Groenland, et les tribus qui vivent sur les côtes du Labrador, c'est-à-dire du continent américain. Nos visiteurs appartiennent à cette dernière catégorie : à proprement parler, ils relèvent de la souveraineté de l'Angleterre. Mais l'Angleterre ne semble guère se soucier de ces « sujets de Sa Majesté », du moins, il n'y aucun fonctionnaire anglais dans cette région, de sorte que ces enfants de la nature, encore très naïfs en dépit des efforts de civilisation, sont complètement livrés aux mains de la Compagnie de la Baie d'Hudson, ou, plus précisément, à celles de la colonie de Herrnhut. En regardant les messages personnels de M. J. A. Jacobsen, on pourrait presque douter que ce soit à leur avantage. Cet homme, chargé par Hagenbeck d'aller chez les Eskimos dans leur pays d'origine pour les inciter à un « voyage » sur le continent européen, est intarissable sur la façon dont ils vivent dans la dépendance de ceux que nous venons de mentionner. Non seulement les Eskimos ne peuvent obtenir les choses dont ils ont besoin que par leur médiation, ils sont aussi si personnellement dépendants d'eux qu'aucun d'entre eux, par exemple n'essaierait de quitter le pays, même temporairement, sans leur permission. Mais le gouvernement danois au Groenland ainsi que les frères moraves au Labrador ont leurs propres raisons assez importantes pour maintenir leurs sujets coupés, si possible, de l'ensemble du monde extérieur. Ils s'opposent en particulier fermement à leur visite en Europe, car ils craignent que ceux-ci ne puissent, à cette occasion, apprendre des choses désagréables sur la valeur réelle des produits de la chasse qu'ils troquent, ainsi que sur le prix réel des matières qu'ils reçoivent en échange.

Après de longues pérégrinations entre la côte ouest du Groenland, du Cumberland et du Labrador, M. Jacobsen a finalement réussi au Labrador à trouver deux familles esquimaudes qui, en dépit de tout, se sentaient suffisamment indépendantes pour prendre part à un voyage aussi tentant vers l'Europe. Car ce voyage était vraiment tentant, et si cela avait été possible, l'ensemble des Eskimos vivants au Labrador, qui ne sont qu'environ 2000 têtes, auraient voulu déménager tous ensemble en Europe. Des histoires leur avaient été en effet racontées par trois compatriotes inuits (du Groenland), les premiers à venir en Europe il y a trois ans. Ces derniers avaient relaté leurs expériences de voyage et la façon dont ils avaient gagné une quantité assez considérable d'argent. Ces histoires ont suscité le désir dans toute la population de devenir riche de la même manière facile et agréable. Ainsi, M. Jacobsen peut s'estimer heureux d'avoir recruté ces deux familles pour son entreprise, et après avoir été montrés à Berlin et à Prague, ils sont arrivés, comme nous l'avons dit, ici, tard dans la soirée du dernier jour de novembre.

Au jardin zoologique, on avait déjà mis en place deux huttes de terre pour eux à droite et à gauche du pavillon de musique. Ces cabanes sont, même si elles n'ont pas été construites par les Eskimos eux-mêmes, créées conformément à un modèle d'habitation de leur pays d'origine. Les Eskimos dits sauvages, c'est-à-dire ceux qui ont pu dans une certaine mesure préserver leur liberté vis-à-vis des missionnaires, vivent dans des tentes pendant l'été, mais dans des huttes de terre en hiver, qui sont similaires à celles que nous pouvons voir au jardin zoologique.

Elles sont creusées dans la terre comme abri contre le froid et se composent d'un hangar en bois recouvert à l'extérieur de terre empilée, ici d'herbe. Les véritables cabanes de glace ne sont construites que par ceux qui vivent si loin au nord qu'ils ne peuvent pas trouver de terre ou de bois flottant. Un tunnel, de plusieurs mètres de long, lui aussi recouvert de terre, conduit à la porte, toujours orientée vers le sud, de ces cabanes. L'intérieur, comme nous pouvons le voir ici au jardin zoologique, est de tous côtés soigneusement lambrissé de planches, mais, comme M. Jacobsen l'affirme, les cabanes du Labrador bénéficient également de ce luxe. Il y a même des pentures et des serrures sur les petites huttes d'environ 15 à 20 pieds de large, grâce aux magasins des frères moraves qui ont rendu ces objets et beaucoup d'autres articles de luxe indispensables pour les habitants à l'origine peu exigeants. La seule chose qui ne semble pas être influencée par la culture européenne est la fenêtre semi-transparente fabriquée avec des intestins de phoque, installée sur le toit de chaque hutte. L'espace commun qui sert de dortoir est situé en face de l'entrée, environ à un demi-mètre au-dessus du sol. Il est richement pourvu de fourrures; mais, là encore, des matelas d'apparence très civilisée nous rappellent la culture européenne.

La famille chrétienne Eskimo habite dans la hutte de gauche, à l'ouest du pavillon de musique. Ils viennent de la colonie de Nakkwak [sic], qui est assez loin vers le nord, et se compose d'un chef de famille, Abraham, sa femme Ulrike, et leurs deux filles Sara et Marie, ainsi que l'ami de la maison, Tobias. Abraham est âgé de 35 ans, il est le plus intelligent de tous, même s'il n'est pas du tout le plus beau ou, pour être plus précis, le moins laid du groupe. Il fait fonction d'interprète, est capable de lire et d'écrire, a des dons musicaux et s'essaie à dessiner, mais à cause du déménagement dans sa nouvelle demeure et du déballage de tous ses biens, le prodige du Nord n'a pas encore eu le temps et le loisir de montrer tous ses talents. Sa femme Ulrike, même si elle n'est pas vraiment une Vénus, a une apparence passable, est âgée de 24 ans et mère des deux enfants joufflus nommés plus haut; la plus âgée a 3 ans ½ et la plus jeune n'a pas encore 1 an. Tobias, le compagnon, est à l'âge heureux de 21 ans, et n'étant inquiété ni par le service militaire, ni, probablement par quelque autre désagrément lié à une culture totalement inconnue de lui, son visage donne l'impression d'une pleine lune perpétuellement souriante et brillante d'huile de poisson. Nous n'avons probablement pas besoin de décrire plus en détail l'aspect de tous ces messieurs-dames, parce qu'il nous est déjà familier grâce à des images et des textes, et que les Eskimos présentés ici correspondent en général à l'idée que nous avons d'eux. Tous ont un physique court et trapu et même s'ils ne sont pas nains comme leurs homonymes du Groenland, ils atteignent encore rarement la taille moyenne. À cause de leurs vêtements fabriqués en peau de phoque, ils semblent être encore plus trapus et plus dodus qu'ils ne le sont vraiment. En outre, quand on se représente les cheveux noirs épais, longs et en mèches, le teint jaune comme du cuir, les yeux bridés, enfoncés et la grande bouche, on obtient une image réunissant agréablement laideur, bonté et comique. L'aspect comique surtout s'impose chez les femmes en raison de leurs vêtements particuliers. Outre les obligatoires bottes et pantalons en peau de phoque, elles portent une sorte de frac avec un prolongement qui pend derrière elles comme une queue de castor. Un grand capuchon complète cette robe de promenade peu parisienne, et, madame Ulrike, épouse Abraham, utilise simplement le capuchon, maintenant de nouveau à la mode chez nos dames, pour y mettre son enfant Marie. Les fracs de phoque de ces femmes semblent encore plus drôles lorsqu'il fait froid et qu'un deuxième, troisième, voire un quatrième s'ajoute aux autres. On se trompe lourdement quand on croit que les Eskimos sont endurcis et très insensibles au froid. En fait, c'est tout le contraire, et ils ne peuvent se protéger contre les effets agressifs du froid qu'avec l'aide de leurs vêtements extrêmement chauds, et l'expérience montre que nous, Européens, pouvons supporter la rudesse du climat nordique beaucoup plus facilement que les peuples autochtones. Ainsi, hier matin, par une température nettement au-dessus de zéro, nous avons pu voir les femmes se promener avec deux fracs, l'un par-dessus l'autre. Par ailleurs, ce « costume national », au moins dans la famille convertie au christianisme, semble être en train de disparaître très rapidement, les femmes de la mission en ont même déjà honte et préfèrent suivre la mode européenne et porter des jupes de laine. C'est avec beaucoup de réticences que les membres de la famille d'Abraham ont accepté de revenir à la coutume de leurs ancêtres pendant leur séjour en Europe. Pas tout à fait cependant, puisque nous pouvons apercevoir des gilets et chemises européennes apparaître furtivement sous les fourrures de phoques que les hommes portent, tandis que la fillette de 4 ans, Sara, protège sa petite tête avec un bonnet de laine crocheté, et ce, bien qu'elle possède déjà une queue de castor avec capuchon. Les robes faites de peau de phoque, en dépit de leur forme maladroite, ne manquent pas d'une certaine élégance, parce qu'on a su obtenir de belles variations en combinant différents types de fourrure.

La deuxième hutte, à l'est du pavillon de musique, accueille la deuxième famille, qui n'est pas encore convertie au christianisme. Elle se compose de Tigganick, âgé de 40 ans, sa femme Paeing, qui a probablement 10 ans de plus, et leur fille de

15 ans, Noggasack. La famille est plus intéressante que la précédente, dans la mesure où la culture n'a pas trop effacé son naturel. Dans leur pays d'origine, ils sont heureux de vivre ensemble avec trois autres familles, coupés du monde entier, sans aucune connaissance des « autorités » et de tout ce qui en découle. L'instinct de survie règle toute leur vie; ils ne connaissent pas d'autre tâche que de remplir leur estomac avec de la graisse et leur lampe avec de l'huile de poisson, une tâche qui, vu leurs conditions de vie, semble bien assez grande pour remplir toute une vie humaine. Tigganick exerce aussi la fonction de magicien, rôle dans lequel il est parfois soutenu par sa moitié. Madame Paeing est un modèle parfait de laideur féminine, cependant, il paraît que c'est une dame d'un grand esprit naturel, qui contraste avec Mlle Noggasack, sa fille, que l'on dit d'une grande stupidité. D'ailleurs, ces Eskimos prétendument sauvages, ont aussi très vite pris l'habitude des bénédictions de la culture, du moins en ce qui concerne la nourriture, parce que même si dans les premiers jours de leur séjour en Europe, ils ont demandé et reçu leur boisson nationale, l'huile de foie de poissons, ils n'en ont plus envie et se contentent de poisson et de viande.

Les Eskimos ont, bien entendu, leurs ustensiles de ménage et leur équipement de pêche avec eux; de plus, ils ont également amené une meute des célèbres chiens demi-sauvages, qu'ils utilisent pour tirer leurs traîneaux. Ce sont des animaux remarquablement forts, comparables à des loups, qui, selon les déclarations de leurs chefs, sont stupides, désobéissants et voraces, de sorte que leurs maîtres ne peuvent faire régner la discipline qu'à l'aide d'un fouet colossal. Les animaux gris appartiennent à la race du Groenland, tandis que les noirs vivent au Labrador. Dans la matinée d'avant-hier, lorsque nous avons eu la possibilité d'observer nos étrangers, ils n'ont pas encore pu nous montrer leur habileté à conduire le traîneau à chiens, ni leur bateau, le célèbre kayak, mais ils sauront bien se rattraper au cours des jours à venir. Par ailleurs, M. Hagenbeck a également apporté une importante collection d'antiquités du Groenland et d'outils d'autochtones, une exposition qui a été mise en place hier.

Dix jours plus tard, une version quelque peu raccourcie de ce texte a été publiée dans un second journal :

Wöchentliche Anzeigen, 14 décembre 1880

À Francfort, les Eskimos ont été pendant douze jours l'attraction principale du jardin zoologique pour tous les amis des sciences de la nature et de l'ethnologie ainsi que pour beaucoup d'enseignants et d'étudiants d'ici et d'ailleurs. Ce sont deux familles d'origine esquimaude, qui sont considérablement différentes de caractère et de religion, et vivent sur les côtes du Labrador dans l'extrême nord du continent américain, sous tutelle britannique, mais indépendamment des fonctionnaires anglais, sous la seule autorité de la Compagnie de la Baie d'Hudson et de la colonie morave. C'est par l'entremise de leurs agents qu'ils obtiennent, à fort prix, la plupart des matériaux (fer, serrures de porte, armes à feu) nécessaires à la chasse au phoque quotidienne qui est essentielle à leur survie. En été, c'est dans d'humbles tentes qu'ils vivent; l'hiver, ils habitent des huttes de tourbe, comme celles qu'ils ont construites au jardin zoologique. Pour qu'elles protègent du froid, ces huttes sont creusées sous terre et consistent en une construction de bois de 15 ou 20 pieds de longueur recouverte de terre ou de tourbe. Une seule fenêtre, fabriquée à partir d'intestins de phoque, laisse passer, à partir du toit, une faible lumière éclairant une chambre à coucher commune d'un demi-mètre de haut bien pourvue de peaux et où l'on peut apercevoir à côté une marmite pour cuisiner sur des pierres.

La famille chrétienne occupait la hutte au premier plan, à gauche du pavillon de musique. La hutte qui hébergeait la famille esquimaude non chrétienne était installée à l'arrière-plan. La famille chrétienne de la colonie Nachvak [sic], est composée du père, Abraham, âgé de 35 ans, chasseur de phoques par profession, de sa femme Ulrike, âgée de 24 ans, de deux fillettes joufflues Sara et Marie, âgées respectivement de 3 ans ½ et 1 an, et de Tobias, un ami de la famille qui, n'étant pas troublé par le service militaire, le choix d'une profession ou par une famille, arbore toujours un visage souriant rond et reluisant de graisse de phoque. Leur silhouette plus trapue est néanmoins plus grande que celle de leurs cousins du Groenland et ils apparaissent plus ronds qu'ils ne le sont vraiment dans leurs habits de peau de phoque. Leur chevelure est longue, épaisse et forte avec des mèches noires qui couvrent leur visage jaune semblable à du cuir, des yeux en amande, une grande bouche;

malgré la laideur des traits de leur visage, il en ressort une impression de bonhomie et d'humour. Les femmes, quant à elles, portent des pantalons et des bottes en peau de phoque; elles portent également un manteau semblable à un habit à queue (2 ou 3 quand il fait très froid) avec, pendant à l'arrière, un ajout de forme ovale blanchâtre fait de peau de phoque avec une bordure rouge ressemblant à une queue de castor. La petite fille âgée de 4 ans se promène avec une petite queue de castor et recueille toutes sortes de pièces de monnaie pour les parents. Totalement séparée des chrétiens, la famille non chrétienne esquimaude vit avec huit chiens-loups, des traîneaux à chiens et des bateaux. Elle se compose du père Tigganick âgé de 40 ans, sa femme plus âgée de 50 ans, madame Paceng et sa fille de 15 ans, Roggasack. Cette dernière est la parfaite incarnation de la stupidité et de la laideur; sa mère, intelligente et drôle, pratique avec son grand et sérieux mari, ce qui ressemble à de la magie. Ils s'empiffrent de bacon, remplissent leur lampe d'huile et nourrissent leurs chiens avec de la viande de phoque. Ils fument à tour de rôle la même courte pipe en terre et prennent soin de leurs très simples instruments de pêche et autres ustensiles. Leur culture est beaucoup moins évoluée que celle des Nubiens qui, sous l'influence du soleil plus chaud démontrent de l'agilité, des habiletés artistiques et de l'intelligence. En recevant une poupée, madame Paceng, la mère esquimaude âgée de 50 ans, paraissait étonnée outre mesure et démontrait un enchantement naïf et enfantin. Le 13 décembre, les visiteurs nordiques, qui avaient déjà séjourné à Prague et à Berlin, ont pris le chemin du sud.

Le 12 décembre, le jour de leur départ de Francfort, la jeune Nuggasak tombe malade. Les Eskimos partent pour Darmstadt[157] avec madame Jacobsen. « De là, nous sommes tous partis de nuit à Darmstadt sur un traîneau avec des roues et des chevaux », écrit Abraham.

Pendant ce temps, Jacobsen et Schoepf préparent les bagages et expédient la collection d'artefacts directement à Crefeld[158].

---

[157] Situé à environ 25 km de Francfort.
[158] Jusqu'en 1929, Crefeld s'écrivait avec un « C »; depuis, il s'écrit avec un « K ».

Fig. 50 Étang du Zoo de Francfort
(© France Rivet, Horizons Polaires, 2013)

Le séjour à Darmstadt et le décès de Nuggasak

Fig. 51 Vue intérieure et extérieure de l'Orpheum, ca 1905
(Photo offerte par les Archives municipales de Darmstadt, ST 53 Foto-sammlung)

À Darmstadt, le groupe est exhibé à l'Orpheum, une rotonde abritant une patinoire intérieure et construite pour la princesse Alice, fille cadette de la reine Victoria et épouse du grand-duc de Hesse, Louis IV. Situé au Washington Square, à l'intersection des rues Spessartring et Alfred Messel-We[159], l'Orpheum est dit être le haut lieu du divertissement pour la population locale. Vers 1895, l'édifice est transformé en salle de spectacles et de vaudeville.

Abraham décrit sa demeure temporaire comme suit :

---

[159] L'édifice a été détruit lors d'un raid aérien survenu dans la nuit du 25 au 26 août 1944.

> À Darmstadt, nous avons eu une belle maison dans une belle maison ronde qui est un terrain de jeux pour patiner sur des roues. Là, à l'intérieur de la maison, nous avons souvent, tous assis dans le traîneau, tourné en rond. C'est là que l'une d'entre nous, la fille de Terrianiak, Nochasak a cessé de vivre (est morte) très vite et en souffrant affreusement.

Fig. 52 Nuggasak, 1880
Photo de Jacob Martin Jacobsen. (Archives moraves, Herrnhut)

En effet, c'est à Darmstadt que le groupe est frappé par le premier décès de l'un des leurs. Dans l'après-midi du 13 décembre, l'état de la jeune Nuggasak s'aggrave et elle refuse de prendre des médicaments.

Puis, le matin du 14 décembre 1880, c'est la stupeur! Jacobsen écrit :

> À 8 heures du matin nous avons été réveillés par le cri « Noggasak est morte ». On peut facilement se représenter notre effroi. Le médecin a diagnostiqué un ulcère d'estomac galopant comme cause du décès. Les pauvres parents n'ont pas cessé de pleurer du matin au soir. Naturellement, cela a beaucoup déprimé les autres et nous aussi. (Journal de J. A. Jacobsen, 14 décembre 1880)

Les journaux locaux ne sont pas encore au courant du décès de la jeune fille lorsqu'ils publient, le 15 décembre, un court texte sur la présence des « Esquimaux » dans leur ville[160] :

> En raison de l'image du nord plutôt sauvage qu'il offre, le spectacle des deux familles esquimaudes à la patinoire suscite un vif intérêt parmi les visiteurs et il est regrettable que la température si maussade ne permettra pas à maintes personnes d'en tirer une impression extraordinaire. Les figurants, quoique très petits, paraissent en bonne santé, heureux et soignés, et tentent, par leurs déplacements en traîneau (tiré énergiquement par six forts chiens esquimaux) et en avançant à pas de loup vers des phoques, de donner un petit aperçu de leur vie dans l'Arctique. Les spectacles prennent fin aujourd'hui, mercredi.

Mais dès le lendemain, les deux quotidiens locaux annoncent le décès. L'un d'eux prétend que la douceur du climat local lui aurait été fatale. C'est fort probablement dans ce texte que les centaines de curieux qui assistent à l'enterrement ont pris note de l'heure de la cérémonie[161] :

> *Darmstädter Tagblatt.* Une des deux familles esquimaudes, celle qui n'est pas chrétienne, qui s'est produite lors du spectacle offert à la patinoire locale pendant quelques jours, déplore malheureusement une perte terrible, celle de la mort subite de leur fille de 15 ans. Le fait est qu'il apparaît que la douceur du

---

[160] *Darmstädter Tagblatt.* (1880, 15 décembre).
[161] *Darmstädter Tagblatt.* (1880, 16 décembre) et *Darmstädter Zeitung.* (1880, 16 décembre).

climat du présent hiver a eu une influence funeste sur la jeune Esquimaude. Après avoir ressenti auparavant de terribles crampes d'estomac, elle est morte avant-hier. Selon nos informations, les funérailles auront lieu cet après-midi au cimetière local à 3 heures; nous ignorons si la cérémonie respectera le rituel de leur pays.

Darmstädter Zeitung. Darmstadt. 15 décembre. Parmi les Eskimos qui ont été récemment exhibés ici à la patinoire, la jeune fille eskimo de 15 ans, Nagasak, est décédée hier. La défunte est la fille du chef eskimo Teggianiack (appelé « le renard pourchassé ») et sa femme Beango (appelée « le cerf en fuite »). La ville natale de la famille est Nachvak au Labrador, ils sont païens.

Jacobsen a décrit l'enterrement comme suit :

> Schoepf a été chargé entre-temps de partir pour Crefeld et M. Walter a été envoyé par Hagenbeck pour assister à l'enterrement. Il a eu lieu l'après-midi à 4 heures, le bureau de l'état civil avait publié la nouvelle et c'est ainsi que nous avons trouvé en arrivant devant l'église des milliers de curieux venus voir l'enterrement. J'avais amené les parents et Abraham dans une calèche que je fis conduire jusqu'à la tombe pour éviter l'encombrement dans la foule. J'ai amené les parents à la tombe, mais comme la mère s'est mise à pleurer bruyamment je la fis remonter dans la voiture et conduire à la maison.
> (Journal de J. A. Jacobsen, 16 décembre 1880)

Le décès de Nuggasak est enregistré à l'état civil de Darmstadt le 14 décembre par le propriétaire de l'Orpheum, M. Kranich.

L'adolescente est enterrée dans la section II-J, rangée 3, tombe 16, du vieux cimetière[162].

---

[162] Le cimetière et les archives de Darmstadt ayant été lourdement endommagés lors de la Seconde Guerre mondiale, la tombe de Nuggasak n'a pu être trouvée et est considérée par les autorités locales comme étant disparue.

Le séjour à Bockum et les décès de Paingu et de Maria

Le 17 décembre au matin, le groupe part pour le Jardin zoologique de Bockum, dans la banlieue de Crefeld où il doit se produire jusqu'au 30 décembre.

> Départ pour Crefeld à 8 heures du matin. Les parents semblaient plutôt calmes et se sont même mis à causer pendant le joli trajet de Mayence à Crefeld. Je leur ai montré les vignobles et le Rhin. J'étais très inquiet, car le fleuve était en crue et avait même fait des dégâts par endroits (en les inondant). Sommes arrivés à Crefeld à 7 heures du soir et avons été accueillis par M. Schoepf et le directeur du zoo, M. Stickmann[163]. (Journal de J. A. Jacobsen, 17 décembre 1880)

Le Zoo de Bockum est un oasis de verdure situé dans le quadrilatère formé par les rues Uerdinger (nommée Crefelderstraße à l'époque), Schönwasserstraße, Grenzstraße et Glockenspitzstraße (appelée Oppumerstraße à l'époque) et traversé d'est en ouest par la rue Tiergartenstraße[164]. Le parc, développé par le banquier Gustav Molenaar dans les années 1860, était couvert de sentiers sinueux agrémentés de châtaigniers, de hêtres, d'érables et de massifs luxuriants de roses. La partie nord de ce parc fut achetée en 1879 par Carl Müller-Kuchler qui en fit un centre de loisirs avec un restaurant et des enclos pour animaux. Il y offrait, entre autres, des promenades en bateau sur

---

[163] Jacobsen fait référence à Hermann Stechmann, le directeur du Zoo de Bockum.
[164] Le site du Zoo de Bockum de 1880 est aujourd'hui devenu un quartier résidentiel. Les édifices ont été détruits, l'étang a été comblé. Le zoo actuel, le Zoo de Krefeld, a ouvert ses portes en 1938 à quelques rues à l'est de l'emplacement original.

l'étang, des concerts de musiciens de renom, des balades en poney et du patinage sur glace[165].

Fig. 53 Étang du Zoo de Bockum, 1906
(Collection Horizons Polaires)

C'est ici que Noël 1880 est célébré, mais, quelques jours avant les célébrations, les trois hommes du groupe se rendent en ville pour rencontrer la population[166] :

> Récemment, en soirée, habillés en vêtements européens et en compagnie de leur guide, les trois membres masculins des familles esquimaudes, ont visité deux restaurants de la ville. Pendant que le plus vieux, le non-chrétien Terrianjack au flegme stoïque, tout en les appréciant discrètement, consommait les délices qui lui étaient offerts, Abraham et Tobias, âgé de 21 ans, étaient d'une humeur très exubérante; ce dernier a même montré un don prometteur pour la galanterie délicate. Leur gaité simple, leurs efforts pour participer à la conversation en y mêlant quelques mots d'allemand et d'anglais, l'application avec laquelle ils ont donné des exemples de leur écriture et de leurs dessins et la satisfaction de voir leur art reconnu, manifestent clairement à quel point ils se sentent à l'aise. La veille de

---

[165] Kremers, Elisabeth. (2002). p. 91-92.
[166] *Krefelder Zeitung*. (1880, 24 décembre).

Noël que jeunes et vieux voient venir avec joie, les Eskimos, qui seront familiers par la famille chrétienne dans leur colonie missionnaire, fêteront aussi dans l'intimité familiale avec un arbre de Noël et une distribution de cadeaux. Immédiatement après la fête de Noël, ils quitteront Crefeld et se rendront directement à Paris.

J'avais été chargé par M. Hagenbeck d'acheter divers cadeaux de Noël pour les Eskimos. On nous a prêté la salle de restaurant et nous y avons préparé un bel arbre de Noël et quand tout a été prêt, nous avons fait entrer les Eskimos. L'arbre et les cadeaux leur ont fait bien plaisir. (C'étaient des sous-vêtements, un violon pour Abraham et une guitare pour Tobias, chaque famille a reçu également une grande photo de groupe prise à Prague). Nous avons commandé du vin et sommes restés ensemble jusqu'à 11 heures – sans nous douter des cruels coups du sort qui nous attendaient. (Journal de J. A. Jacobsen, 24 décembre 1880)

Fig. 54 Salle de concert où Noël a été célébré, Zoo de Bockum Le « Kaiseraal », la salle de l'Empereur, a été inauguré en 1879. (Collection Horizons Polaires)

Le 25 décembre au soir, Paingu tombe soudainement malade. Elle présente les mêmes symptômes que Nuggasak.

Les médecins sont appelés sur les lieux et assurent qu'il s'agit seulement de rhumatisme et qu'il n'y a pas lieu de s'inquiéter. Leur visite du lendemain se solde avec le même constat : rhumatismes. Au même moment, la jeune Sara montre les premiers signes de maladie. Elle se plaint d'avoir froid et vomit.

Puis, le 27 décembre, la tragédie frappe à nouveau. Jacobsen écrit :

> La femme est gravement malade – pourvu qu'il ne lui arrive pas la même chose qu'à sa fille. Sara aussi est malade. Comment tout cela va-t-il finir? Nous devions partir aujourd'hui, mais nous ne pouvons pas voyager dans ces conditions.
>
> Aujourd'hui à 7 heures, la vieille Paingo est morte. Nous étions tous là, 10 minutes auparavant le médecin l'avait examinée et assuré que ce n'était pas dangereux. Je suis descendu avec lui jusqu'à sa voiture et nous parlions de la malade quand madame Jacobsen est venue et nous dit de venir vite, car la femme était à l'agonie. Elle est morte une minute après notre retour. Qu'elle repose en paix, c'était une brave vieille femme. Son mari était naturellement très affligé et a exprimé le vœu de pouvoir bientôt accompagner sa femme et sa fille. (Journal de J. A. Jacobsen, 27 décembre 1880)

Plus tard, Jacobsen ajoutera :

> En marge : Pour moi, c'est aujourd'hui encore un mystère qu'aucun des nombreux médecins n'ait été capable de reconnaître une aussi terrible maladie que la variole. Je ne comprends pas non plus pourquoi nous les Européens qui étions sans cesse en contact avec ces gens ne l'avons pas attrapée. (Journal de J. A. Jacobsen, 27 décembre 1880)

Fig. 55 Paingu, 1880
Photo de Jacob Martin Jacobsen. (Archives moraves, Herrnhut)

Une autopsie est pratiquée le 28 décembre et Paingu est enterrée le soir même :

> Aujourd'hui la femme a été autopsiée par trois médecins, le Dr Jacobi, le Dr Zimmermann (assistant à l'hôpital) et un vieux et sage médecin dont j'ai malheureusement oublié le nom. Rien cependant n'a été trouvé qui permette de conclure à une maladie précise. On l'a enterrée au soir à Bockum[167], beaucoup de gens sont venus. Son mari et Tobias y étaient. Ce sont pour nous des moments terribles. Je me sens directement responsable de ces gens. (Journal de J. A. Jacobsen, 28 décembre 1880)

Jacobsen assiste à l'autopsie, procédure durant laquelle les médecins retirent la calotte crânienne de Paingu afin de mettre le cerveau à nu. Jacobsen prend la calotte et, durant les

---

[167] Bockum est aujourd'hui un district de Krefeld (dans la section nord-est).

semaines qui suivent, la transporte dans sa valise bien enveloppée dans du papier au milieu de ses vêtements.

Le décès de Paingu est déclaré à l'état civil de Bockum le 28 décembre par le directeur du zoo, Hermann Stechmann et se lit comme suit[168] :

> Par-devant, le soussigné registraire a comparu aujourd'hui, la personne de Hermann Stechmann, directeur du parc animalier, demeurant à Bockum n° 270, qui a indiqué que Baengnu, sans emploi, la femme du vieux Teggianniak, 50 ans, de religion païenne, lieu de résidence Nachvak (Labrador), née à Nachvak, (fille de parents inconnus), est décédée à Bockum dans le parc animalier le 27 décembre de l'année 1880 à 7 heures du soir.

Les registres de décès de la ville de Krefeld comportent un avis indiquant que Paingu serait décédée à la suite d'un œdème pulmonaire[169].

Selon la carte de 1894, le cimetière de Bockum était alors situé rue Verbergerstraße juste au nord de la rue Uerdinger, côté droit. Le site a depuis été converti en parc et héberge une garderie. Près de terrains de jeux pour enfants, seul un monument à la mémoire des soldats morts durant la guerre franco-allemande de 1870-1871 rappelle que le site était jadis un cimetière.

Fig. 56 Lieu d'inhumation de Paingu à Bockum, 2013
(© France Rivet, Horizons Polaires)

Le journal *Crefelder Zeitung*[170] rapporte le décès de la doyenne du groupe et attribue son décès à son âge avancé.

---

[168] Archives de Krefeld, 27 décembre 1880 (Standesamt Bockum C n° 148/1880).
[169] Archives de Krefeld, 27 décembre 1880 (StadtA KR 6/290, Bl. 7).

> Hier, après seulement 2.5 jours de maladie, est décédé un membre de la troupe esquimaude qui séjourne présentement au jardin zoologique local, du nom de « Bängu », la femme du leader eskimo non chrétien, « Täggianjak », a été précédée il y a 14 jours, durant la tournée de la troupe à Darmstadt, par sa fille de 15 ans, « Nogosak ». Dame Bängu a été traitée par deux médecins locaux et, après son décès, autopsiée par trois. Le résultat de l'autopsie a été négatif et la cause de la mort est sans doute la vieillesse. La dame était âgée de 50 à 55 ans, ce qui doit être considéré comme un âge respectable puisque l'âge des Eskimos ne dépasse généralement pas 60 ans dans leur pays nordique. « Täggianjak », le mari de Bängu, qui aimait beaucoup sa femme, était très calme.

Le 29 décembre, les médecins constatent que la jeune Sara montre les symptômes de la variole. Son transport à l'hôpital est des plus urgents. Sara est donc admise à l'hôpital le soir même malgré le désarroi de ses parents, Abraham et Ulrike.

Fig. 57 Hôpital Alexianer de Crefeld où Sara a été admise, 1883
(Photo offerte par l'Hôpital Alexianer, Krefeld)

---

[170] *Crefelder Zeitung*, (1880, 29 décembre).

> On a empaqueté la collection et le soir on l'a chargée (à la gare). Les médecins ont constaté aujourd'hui que la petite Sara avait la variole et que son transport à l'hôpital était des plus urgents, ce qui a été fait le soir même. J'ai eu auparavant une lutte difficile avec les parents qui ne voulaient pas se séparer de leur enfant; j'ai dû appeler Schoepf à l'aide; finalement, nous sommes arrivés à persuader Abraham de confier l'enfant à l'hôpital. Il l'a accompagnée lui-même, a prié avec l'enfant et était en larmes en la quittant. Madame Jacobsen reste avec l'enfant comme garde-malade. (Journal de J. A. Jacobsen, 29 décembre 1880)

Le médecin généraliste Jacobi informe le jour même le bureau du bourgmestre de Crefeld de la situation. Il écrit : « l'enfant Sara Paulus, fille d'Abraham Paulus, Eskimo du Labrador qui séjourne dans le zoo de Crefeld est malade de la variole[171]. »

Cette maladie à l'issue fatale a pour conséquence que le zoo est officiellement fermé pour quelques jours[172].

Le 30 décembre au matin, le groupe se rend à la gare de Crefeld à 8 heures. Soixante minutes plus tard, le train se met route.

> J'étais presque étonné de voir le calme des Eskimos. Nous sommes passés par Aix-la-Chapelle, Erquelinnes, Namur et Saint-Quentin. À la frontière française, les voitures étaient bondées de soldats en permission. Nous étions assis aussi serrés que des harengs dans un tonneau. (Journal de J. A. Jacobsen, 30 décembre 1880)
>
> Arrivé enfin à Paris à 5 heures du matin. Je dois avouer que cela a été le voyage en train le plus fatiguant que j'aie jamais fait. [...] À 11 heures M. Schoepf a reçu une dépêche de Hagenbeck annonçant la mort de la petite Sara. Je dois avouer que la nouvelle nous a tous démoralisés. J'ai tout d'abord été absolument désemparé, car maintenant une chose était sûre : la variole sévissait chez nos malheureux Eskimos, oui c'est à ce moment que j'ai

---

[171] Archives municipales de Krefeld, StadtA KR 6/290, feuillet 7.
[172] Archives municipales de Krefeld, StadtA KR 6/290, section « Événements ».

> compris que les deux autres étaient mortes elles aussi de la variole – bien que celle-ci ne se soit pas manifestée par des éruptions et qu'elle n'en ait été que plus dangereuse. La dernière heure de l'année devait finir avec une nouvelle fatale. Cette année a été une année triste pour moi. Puisse la nouvelle être meilleure, bien que les perspectives ne soient pas particulièrement bonnes. La première chose que nous allons faire demain matin, c'est de faire vacciner nos gens. Aucun d'entre eux en effet n'a été vacciné dans son pays, faute de médecins. C'est ainsi que l'année a pris fin.
>
> En marge : Personne parmi nous à notre arrivée à Hambourg n'a pensé à faire vacciner les Eskimos. En 1877, j'avais fait vacciner les Groenlandais au Groenland même et cette fois, nous avons oublié. Cela s'explique très certainement par le fait que j'ai été maladif tout l'été et que j'ai dû moi-même être hospitalisé à notre arrivée à Hambourg. (Journal de J. A. Jacobsen, 31 décembre 1880)

Dans son journal, Abraham relate le décès de Paingu et de Sara comme suit :

> [...] dans un autre pays, à Crefeld, sa mère est morte à son tour, elle aussi avec beaucoup de souffrances. Après elle, c'est la petite Sara qui a cessé de vivre, paisiblement, d'une grande éruption de boutons avec des abcès, elle était boursouflée de partout. Elle a été malade deux jours et elle est morte à Crefeld.
>
> Alors qu'elle vivait encore, on l'a amenée à l'hôpital où je l'ai accompagnée. Elle comprenait tout encore, pendant que j'étais là. Elle a encore joliment prié avec le chant *Ich bin ein kleines Kindelein*[173]. Quand j'ai été sur le point de partir, elle a encore salué sa mère et sa petite sœur. Quand je l'ai quittée, elle dormait et ne s'est plus réveillée; pour cela, nous sommes tous les deux reconnaissants. Tandis qu'elle vivait encore, nous sommes partis pour Paris et tout le jour et toute la nuit nous avons voyagé.

---

[173] Notre traduction française de ce titre est « Je suis un enfant tout petit ».

C'est sur cette phrase que se termine le journal d'Abraham.

Le décès de Sara est déclaré à l'état civil par un employé de l'hôpital et se lit comme suit[174] :

> Par-devant le soussigné registraire a comparu aujourd'hui, la personne de Philippe Hoffmann (employé de bureau de l'hôpital), demeurant à Crefeld, qui a déclaré que Sara Paulus (3 ans et 6 mois?), de religion catholique, résidante au Labrador, née au Labrador, fille des parents Eskimos qui résident maintenant à Paris et dont les noms sont inconnus des soussignés, est décédée à Crefeld à l'hôpital municipal le 31 décembre de l'année 1880 à 10 heures de l'avant-midi.

Quel choc Abraham aurait eu de voir qu'on a identifié sa fillette comme étant de religion catholique!

Sara est enterrée le 1er janvier 1881 dans la section D, rangée 30, tombe 19 du « vieux cimetière », rue Martinstraße. Ce n'est que quatre jours plus tard que le journal *Crefelder Zeitung* annonce son décès[175] :

> Sarah Paulus, l'enfant esquimaude de 3 ans ½, qui souffrait de la variole est décédée au bout de deux jours dans la section épidémiologique de l'hôpital, plus précisément ce vendredi, le 31 décembre à 10 h 30 du matin; elle a été enterrée dès le samedi après-midi dans le cimetière municipal de Crefeld [l'ancien cimetière, Crefeld]. Après que ses vêtements et ses effets ont été soigneusement désinfectés et en partie brûlés, l'infirmière de l'enfant, madame Jacobsen, est partie pour Paris vendredi soir.

---

[174] Archives de Krefeld, 31 décembre 1880 (Standesamt Krefeld C n°. 2037/1880).
[175] *Crefelder Zeitung*, (1881, 4 janvier).

L'ARRIVÉE AU JARDIN D'ACCLIMATATION

Le départ de Crefeld a lieu à 9 h le 30 décembre. Le trajet jusqu'à Paris dure plus de 20 heures avec de multiples arrêts :

Aix-la-Chapelle (Allemagne)	12 h 30
Verviers (Belgique)	14 h 25
Pépinster	14 h 39
Liège	15 h 15
Namur	17 h 38
Maubeuge (France)	20 h 45
Aulnoye	21 h 23
Busigny	22 h 40
Saint-Quentin	23 h 40
Ternier	12 h 45
Noyon	1 h 36
Compiègne	2 h 23
Creil	3 h 30
Paris (gare du Nord)	4 h 45

Extrait de l'horaire du Chemin de fer du Nord, septembre 1880.
(Archives historiques de la SCNF)

Quelques heures avant le départ du groupe, soit à 6 h 10 le matin du 30 décembre, le bourgmestre de Crefeld, M. Schuiler, envoie la dépêche suivante à la Préfecture de police de la Seine[176] :

> Cinq Esquimaux avec suite arriveront à Paris le 31 décembre à 4 heures 45 minutes du matin, venant de Liège. Après leur départ, la petite vérole a été constatée par les médecins chez un enfant malade resté ici et faisant partie de la suite.

Le Préfet de la Seine transmet immédiatement la dépêche à la Préfecture de police de la Seine qui contacte Albert Geoffroy

---

[176] Colin, Léon. (1881a). p. 7.

Saint-Hilaire [177], directeur du Jardin d'acclimatation [178], lieu d'hébergement du groupe pendant son séjour à Paris. Ce dernier les assure que le groupe sera vacciné à leur arrivée. Ceci dit, s'agit-il d'une décision volontaire ou plutôt « imposée par la Préfecture », tel que le rapporte un certain M. Girard lors de la séance du 26 janvier 1881 de la Société de médecine publique et d'hygiène professionnelle ? On ne le sait toujours pas.

Un article paru dans la *Revue d'hygiène et de police sanitaire*[179] nous informe d'un incident qui serait survenu à la frontière franco-belge et qui aurait occasionné une seconde dépêche envoyée à la Préfecture de police de la Seine, cette fois-ci par la Préfecture du Nord :

> [...] Plusieurs membres de la caravane furent atteints des formes les plus graves de la variole et furent enlevés en quelques jours[180]. Mais d'autres, offrant les signes encore douteux de l'éruption, se présentèrent à la frontière pour passer de Belgique en France et continuer leur route sur Paris. Le Préfet du département du Nord pensa très sagement qu'il y avait danger à laisser circuler sur la voie ferrée et dans les wagons des personnes atteintes peut-être de variole ; dans l'incertitude sur la conduite à tenir, il demanda des instructions à l'administration supérieure à Paris. Celle-ci décida que les malades seraient retenus au point d'arrêt, qu'ils seraient isolés et entourés des soins nécessaires, qu'on vaccinerait immédiatement toutes les personnes encore valides et faisant partie de la petite tribu.

Il est donc possible que le groupe fut accueilli par les autorités sanitaires à son arrivée à la gare du Nord, mais ni Jacobsen ni Abraham n'en font mention dans leurs journaux respectifs. Aucune trace de l'incident n'a pu être trouvée jusqu'à présent dans les Archives départementales du Nord.

---

[177] Albert Geoffroy Saint-Hilaire (1835-1919) fut directeur du Jardin d'acclimatation de 1865 à 1893.
[178] Situé au bois de Boulogne à Neuilly-sur-Seine.
[179] Vallin, E. (1881a).
[180] Il est question ici des décès de Nuggasak, Paingu et Sara.

Fig. 58 Gare du Nord, ca 1921
(Collection Horizons Polaires)

Toujours est-il que le lendemain de leur arrivée à Paris, le 1er janvier 1881, à 14 h, les cinq survivants sont vaccinés par le docteur Panneval, médecin du Jardin d'acclimatation, « avec du vaccin animal conservé en tubes. La même opération était renouvelée cinq jours plus tard, vu l'insuccès de la première inoculation[181] ».

Du 1er au 6 janvier, le groupe présente son spectacle au Jardin d'acclimatation et, selon Jacobsen, tout semble bien aller.

La petite brochure *Les Esquimaux du Jardin d'acclimatation*[182], préparée par l'administration du Jardin à l'intention des visiteurs, nous apprend que le groupe est logé aux abords de l'étang sur la grande pelouse[183] juste en face des grandes écuries.

Cette brochure a visiblement été conçue vers la mi-décembre 1880 puisqu'elle annonce l'arrivée de sept personnes. Les auteurs tiennent donc compte du décès de Nuggasak, sans toutefois en faire mention, alors que Paingu et Sara sont identifiées comme étant des membres de la troupe attendue à Paris. On y lit :

---

[181] Colin, Léon. (1881a). p. 11.
[182] *Les Esquimaux du Jardin d'acclimatation*. (1881).
[183] À l'époque, la grande pelouse était utilisée pour faire paître les grands ruminants. Aujourd'hui, un terrain de jeux pour enfants l'occupe.

L'arrivée au Jardin d'acclimatation

BOIS DE BOULOGNE. — Le Jardin d'acclimatation.

Fig. 59 Jardin d'acclimatation, grande pelouse et grandes écuries
Impression typographique. 1861.
(Bibliothèque historique de la ville de Paris / Roger-Viollet).

Sur les sept Esquimaux ramenés en Europe par l'*Eisbär* frété spécialement pour cette expédition par le célèbre importateur de Hambourg, Hagenbeck, cinq : – un homme, célibataire Tobias (vingt et un ans); un homme, marié, Abraham (vingt-huit ans); une femme, Ulrika (vingt-trois ans); une petite fille, Sara (trois ans et demi); une petite fille, Marie (10 mois); – sont chrétiens.

Les deux autres : Tiggianiak (le Renard de glace), quarante ans; sa femme, Paieng (la Loutre qui plonge), cinquante-cinq ans; n'ont pas reçu le baptême.

Les deux familles seront logées sur la grande pelouse du Jardin d'acclimatation, dans des huttes faites de mottes de gazon et construites avec la plus scrupuleuse exactitude sur le modèle des habitations propres à chaque peuplade. Celle des chrétiens sera en tout semblable à celle qui fut élevée en 1877 pour le premier convoi, mais la hutte destinée aux idolâtres, n'a pas tout à fait le même aspect.

Ces Esquimaux amènent avec eux les chiens servant à la traction des traîneaux, les kayaks (pirogues) servant à la chasse aux phoques, avec tout leur arsenal de harpons, de lances, de vessies flottantes, en un mot l'outillage sans lequel la vie serait impossible dans les régions polaires. En vue de leur arrivée, des phoques ont été lâchés dans le grand lac du Jardin d'acclimatation et la chasse de ces animaux, pratiquée selon toutes les règles de l'art, ne sera point un des épisodes les moins intéressants du séjour des Esquimaux au bois de Boulogne. Il faut noter aussi une importante collection d'antiquités trouvées dans des fouilles faites récemment par les marins de l'*Eisbär* sous la direction de leur courageux capitaine et interprète Jacobsen. Les objets préhistoriques recueillis dans ces fouilles et tous les ustensiles de ménage des Esquimaux, ainsi que les produits de leurs industries primitives, exciteront, sans nul doute, un vif intérêt chez les visiteurs du Jardin d'acclimatation.

Les autorités du Jardin d'acclimatation qui tenaient tant à l'authenticité dans la reproduction des huttes utilisées par les « Esquimaux » au Labrador ont opté pour un modèle groenlandais qui n'était pas en usage au Labrador.

174 L'arrivée au Jardin d'acclimatation

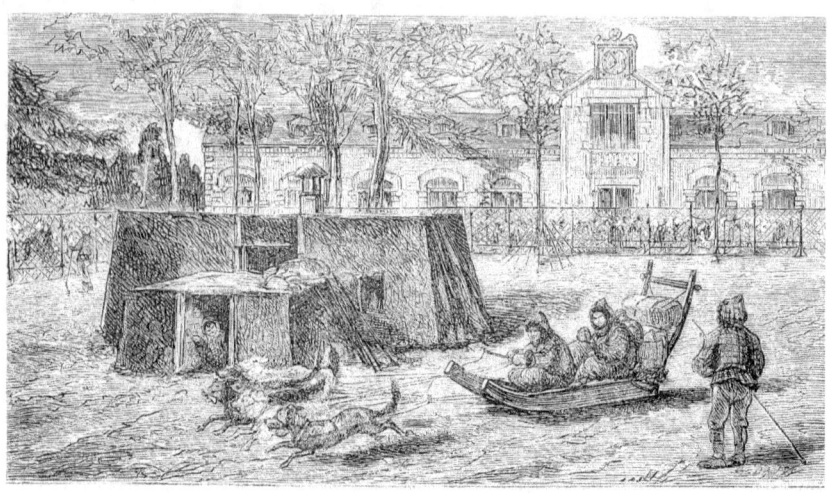

Fig. 60 Hutte des Groenlandais au Jardin d'acclimatation
La hutte de la famille d'Abraham a été construite de manière identique. (Bibliothèque historique de la ville de Paris / Roger-Viollet)

Fig. 61 Maison de tourbe devant la mission morave, Hebron
(Archives moraves, Herrnhut – collection « Les Inuits du Labrador vus par les moraves »)

Un article paru dans les journaux parisiens *La Presse*[184] et *Le XIXe siècle*[185] prétend que les visiteurs du Labrador sont très heureux au Jardin d'acclimatation :

> Si la neige qui a fait son apparition, a été pour la plupart des Parisiens une surprise désagréable, il n'en a pas été de même pour les Esquimaux campés au Jardin zoologique d'acclimatation.
>
> C'est la première fois, en effet, que depuis leur départ du Labrador, ces braves gens se retrouvent dans leur élément.
>
> Qu'elle n'a pas été leur joie! Ils allaient enfin pouvoir lancer à fond de train leurs rapides traîneaux.
>
> Les Esquimaux semblent, du reste, très heureux au Jardin d'acclimatation. Déjà il leur a été donné de manger du phoque, et ils auront certainement la satisfaction de pêcher encore plusieurs de ces amphibies, car les chasseurs de phoques du Crotoy[186] ont été invités à envoyer au bois de Boulogne tous les animaux capturés.
>
> Ces phoques sont, à leur arrivée, déposés dans le lac du Jardin d'acclimatation, qui devient pour quelques semaines un vivier d'un nouveau genre, dans lequel le harpon des Esquimaux vient chercher la victime.

Dix jours plus tard, un texte paraît dans au moins deux journaux du Royaume-Uni prétendant que les « Esquimaux » étaient à Paris pour le souper de Noël (alors qu'ils étaient à Crefeld) et qu'ils se sont vu offrir du phoque comme mets principal[187] :

> **Les Esquimaux à Paris.** Les Esquimaux ou Esquimo qui sont au jardin zoologique du Bois de Boulogne ont été éblouis à la vue de la première neige. Ils se sentaient très à l'aise, et ont sorti leurs

---

[184] *La Presse*. (1881, 8 janvier).
[185] Faits divers. *Le XIXe siècle*. (1881, 10 janvier).
[186] Une ville située aux abords de la Baie de Somme en Picardie.
[187] The Esquimaux in Paris. (1881, 17 janvier) et The Esquimaux in Paris. (1881, 18 janvier).

> traîneaux, mais le sol n'était pas suffisamment recouvert pour les besoins de leur exercice. Les administrateurs les ont régalés avec un bon phoque pour leur dîner de Noël dont ils semblent en avoir grandement savouré la graisse. Le phoque est l'un des rares animaux que nous n'avons pas eu la possibilité de déguster pendant le siège[188], mais même le fort enthousiasme des Esquimaux pour cette viande ne nous inspire aucune envie. – Correspondant à Paris.

De toute évidence, les affiches placardées dans tout Paris annonçant la présence des « Esquimaux » semblent porter leurs fruits. Elles attirent bel et bien les visiteurs puisque dans son rapport annuel de 1881, le Jardin d'acclimatation indique que les dépenses engagées pour les « Esquimaux » se sont élevées à 7 680,20 francs et que, pendant leur séjour, la moyenne des recettes a donné 1 028 francs par jour; un résultat sans précédent[189]!

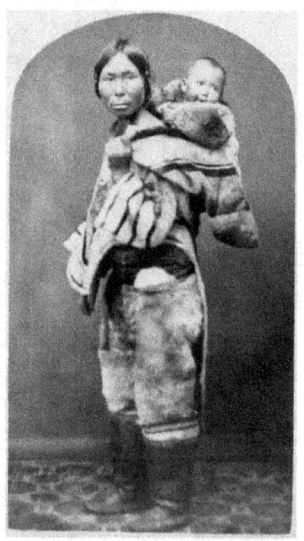

Fig. 62 Ulrike et Maria, 1880
Photo de Jacob Martin Jacobsen. (Archives moraves, Herrnhut)

---

[188] En 1870-1871, lors de la guerre franco-allemande, alors que Paris était assiégée, les animaux du Jardin d'acclimatation ont été sacrifiés afin de nourrir la population. Loup, antilope, ours, kangourou, girafe, chameau, python, paon, ... figuraient alors au menu de certains restaurants de la ville. Voir *Menus extravagants et bizarreries culinaires*. [s.d.].
[189] *Situation financière du Jardin [d'acclimatation]*. (1882).

LA DERNIÈRE LETTRE D'ABRAHAM AU FRÈRE ELSNER

Le 8 janvier 1881, Abraham rédige ce qui devait être sa toute dernière lettre. Elle est adressée au Frère Elsner à Brême en Allemagne[190].

> Paris, le 8 janvier 1881
>
> Mon cher Maître Elsner!
>
> C'est très accablé que je t'écris, me voilà même très affligé devant toi, à cause des miens, car notre enfant que j'aimais tant, elle non plus n'est plus en vie; elle est morte de la mauvaise variole quatre jours seulement après être tombée malade, elle s'est éteinte. La mort de l'enfant nous rappelle beaucoup à ma femme et à moi que nous aussi nous devons mourir. Elle est morte à Crefeld, bien qu'elle ait eu beaucoup de médecins. Ceux-ci ne peuvent vraiment rien faire; comme médecin, [nous] voulons plus que tous les autres avoir Jésus qui est mort pour nous. Mon cher Maître Elsner! Nous nous agenouillons tous les jours devant lui, prosternés à cause de notre présence ici, et le supplions de nous pardonner notre égarement; et nous ne doutons pas que le Seigneur nous entendra. Tous les jours, nous pleurons ensemble, afin que nos péchés soient effacés par notre Seigneur Jésus Christ. Même Terrianiak, qui est seul maintenant, quand je lui dis qu'il doit se convertir, aspire à devenir la propriété de Jésus, sincèrement semble-t-il. Il prend part assidûment jusqu'ici à nos prières, ainsi que mon enfant Maria. Mais sa vie à elle

---

[190] Notre traduction est basée sur le texte allemand publié dans le *Missionsblatt aus der Brüdergemeine*. (1881).

aussi est menacée, son visage est en effet très enflé; Tobias aussi est malade; bien que beaucoup de médecins viennent, ils ne peuvent rien faire. Je me rappelle beaucoup que Lui seul peut nous secourir quand l'heure de mourir est venue, oui en vérité! Car il est partout où nous sommes. Je souhaite vraiment pouvoir encore dire aux miens qui sont là-bas combien le Seigneur est bienveillant; oui ma femme aussi verse facilement des larmes à cause de nos péchés. Notre supérieur achète véritablement beaucoup de médicaments, mais tout cela ne sert à rien; mais mon espoir est dans le Seigneur, qu'il entende mes prières et qu'il recueille toutes les larmes, tous les jours. Je n'aspire pas aux biens matériels, ce à quoi j'aspire, c'est à revoir les miens qui sont là-bas et à leur parler du nom du Seigneur, tant que je vivrai. Cela je ne l'avais pas compris auparavant, maintenant je le sais. Les larmes me viennent vite, mais les mots que Lui-même a prononcés nous consolent beaucoup encore et toujours. Mon cher Maître Elsner, priez pour nous le Seigneur que la maladie mauvaise cesse chez nous, si c'est Sa Volonté; mais que la Volonté du Seigneur soit faite! Je suis un pauvre homme qui n'est que poussière.

À Paris aussi il fait froid, même très froid; mais notre supérieur est maintenant très obligeant pour nous tous. J'écrirai une nouvelle lettre bientôt. Je vous salue, et ma femme vous salue aussi, vous de la communauté de Brême!

Je suis Abraham le mari d'Ulrike

Si tu écris aux grands maîtres, transmets-leur toutes nos salutations.

Que le Seigneur soit avec vous tous! Amen.

La mort des « Esquimaux » à Paris

En ce début janvier, tout semble aller bien et Jacobsen ose même espérer que les malheurs sont choses du passé. Mais, comme l'indique Abraham dans sa lettre du 8 janvier, la dure réalité les frappe à nouveau lorsque les signes de la variole apparaissent chez la petite Maria puis chez Tobias.

> Aujourd'hui la petite Marie est tombée malade de la variole. Le médecin est venu trois fois et tous ont été de nouveau vaccinés, avec un vaccin frais, car le précédent (au 1er janvier) n'avait eu d'effet sur aucun d'eux. Quelles bonnes perspectives d'avenir. (Journal de J. A. Jacobsen, 7 janvier 1881)
>
> Aujourd'hui Tobias et Terrianiak sont tombés malades, très certainement de la variole. On a organisé leur transport à l'hôpital, car moi-même je ne me sens pas bien, probablement une nouvelle attaque de fièvre parce que j'ai terriblement froid. (Journal de J. A. Jacobsen, 8 janvier 1881)

Le 9 janvier, en matinée, les « Esquimaux » ainsi que Johan Adrian Jacobsen sont admis à l'hôpital Saint-Louis.

> Aujourd'hui Abraham est lui aussi tombé malade. Tous les Eskimos ont été transportés à l'hôpital Saint-Louis – on m'y a donné à moi aussi une chambre dans le baraquement où l'on met tous les contagieux – j'étais moi aussi assez malade et en plus affreusement agité, car à mon avis aucun d'entre nous ne sortira de l'hôpital. Les médecins ont fait leur visite à 10 heures, ont diagnostiqué chez tous les quatre la variole, mais chez moi jusqu'à présent la fièvre froide. La femme d'Abraham a été épargnée jusqu'à maintenant, mais il est impossible de l'éloigner de son enfant. Elle semble éprouver une douleur terrible. Il y a aussi ici beaucoup de Français malades de la variole – Dans l'après-midi avons eu la visite de M. Schoepf.

> En marge : Malgré mon misérable état, je suis allé auprès de chacun de mes pauvres gens et j'ai essayé de les réconforter. La maladie se manifestait clairement. Leur visage était très rouge, les paupières enflées, les lèvres également. Ils souffraient beaucoup. En un mot, c'était affreux. (Journal de J. A. Jacobsen, 9 janvier 1881)

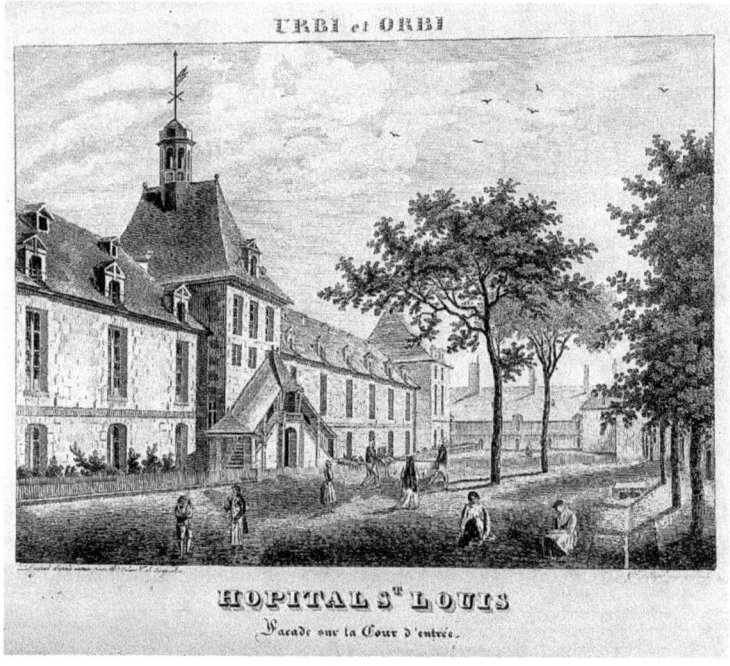

Fig. 63 Hôpital Saint-Louis, façade de la cour d'entrée
(Photo offerte par BIU Santé)

Dans le but d'informer la population qu'il n'y a plus lieu qu'elle se déplace au Jardin d'acclimatation pour voir les « Esquimaux », et ce, sans risquer de l'inquiéter, une petite annonce est publiée dans divers journaux parisiens alléguant que les visiteurs du Nord ont décidé de rentrer chez eux au Labrador[191] :

---

[191] Départ des Esquimaux. (1881, 9 janvier). Départ des Esquimaux. (1881, 10 janvier).

DÉPART DES ESQUIMAUX

Les Esquimaux du Jardin d'acclimatation ont quitté Paris, hier soir samedi. Pris du mal du pays, ces habitants des régions hyperboréennes regagnent le Labrador.

Fig. 64 Annonce « Départ des Esquimaux » (Gallica, Bibliothèque nationale de France)

DÉPART DES ESQUIMAUX

Les Esquimaux du Jardin d'acclimatation ont quitté Paris, hier soir samedi. Pris du mal du pays, ces habitants des régions hyperboréennes regagnent le Labrador.

Les « Esquimaux » ne sont nullement en route pour le Labrador! Ils sont installés dans le « Pavillon de la variole », une baraque en bois située à l'extérieur de l'enceinte principale de l'hôpital Saint-Louis. La baraque renferme une soixantaine de lits : deux grandes salles de 24 lits chacune (une pour les hommes, une pour les femmes), deux chambres à un lit et une salle de 12 lits qui est réservée aux malades de sexe masculin ou féminin, selon lequel des deux sexes est le plus éprouvé[192].

La liste de matériel rédigée en 1879 en prévision de l'installation du service de varioleux fournit des détails intéressants[193] : la soixantaine de patients bénéficie, entre autre, du support de 10 « serviteurs », d'une salle de bain de 4 baignoires, de 6 bassines de lit, de 30 crachoirs, de 100 pots à tisane, de 3 bassins à saignées, de 8 carafes, de 40 flacons pour le vin destiné aux hommes et de 20 flacons pour les femmes. Chaque matelas est d'une largeur de 18 pouces.

C'est le Dr Émile Landrieux, qui est chargé du service des varioleux, qui procède à l'examen d'admission du groupe. Dans le registre des entrées, il indique la nature de la maladie comme étant « variole hémorragique [194] confluente » pour Abraham,

---

[192] Archives de l'AP-HP, Cote 9L 141 – Service des varioleux, 1887.
[193] Archives de l'AP-HP, Cote 9L 141 – Service des varioleux, 1879.
[194] La variole hémorragique, ou variole noire, est une forme sévère de variole caractérisée par la présence de lésions hémorragiques dans la peau et les muqueuses. (Trésor de la langue française informatisé)

Ulrike et Tobias, « variole confluente [195] » pour Maria et « variole » pour Tigianniak. Quant à Jacobsen, il est dit atteint de fièvre intermittente.

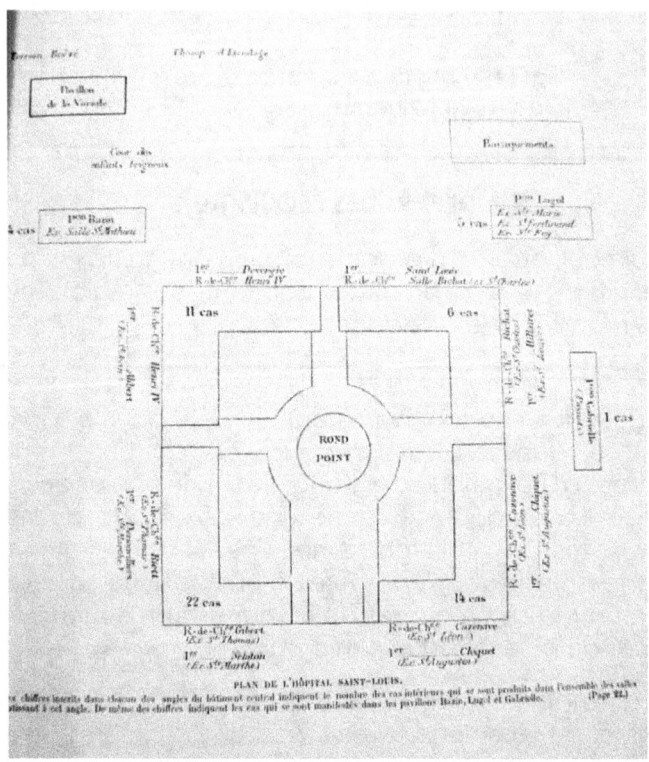

Fig. 65 Plan de l'hôpital Saint-Louis
Le Pavillon de la variole apparaît dans le coin supérieur gauche.
(Service des Archives de l'Assistance publique – Hôpitaux de Paris,
9L 12)

Ulrike et sa fillette Maria sont installées dans le lit n° 1. Tigianniak, Abraham et Tobias occupent respectivement les lits 34, 35 et 36. Jacobsen est assigné au lit 50. Leur profession est « voyageurs », le Jardin d'acclimatation au bois de boulogne est inscrit comme leur lieu de résidence et Hebron (Amérique) ou Nakvak (Amérique) comme leur lieu de naissance.

---

[195] « Dans les varioles confluentes, dès le début de l'éruption, tout intervalle de peau saine a disparu ; les papules sont petites, serrées, se touchent, *se confondent*. Elles sont parfois tellement rapprochées et tellement fines qu'à l'œil nu et à un examen superficiel, la peau ne paraît même pas rugueuse. » Voir Barthélemy, Toussaint. (1880). p. 178-179.

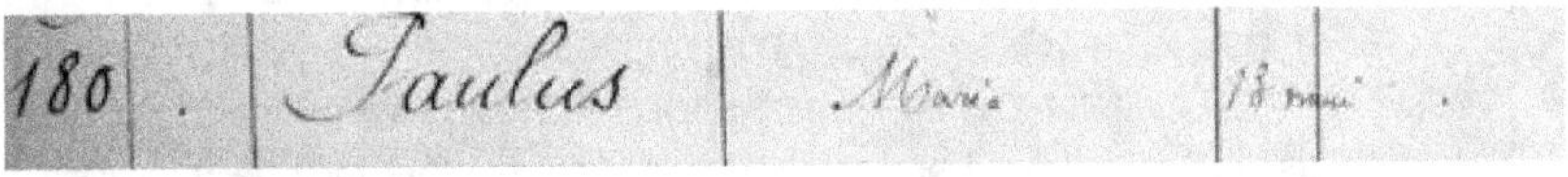

180	.	Paulus	Maria	13 mois

Fig. 66 Registre des entrées, Hôpital Saint-Louis, Maria
(Service des Archives de l'Assistance publique – Hôpitaux de Paris, IQ2/169)

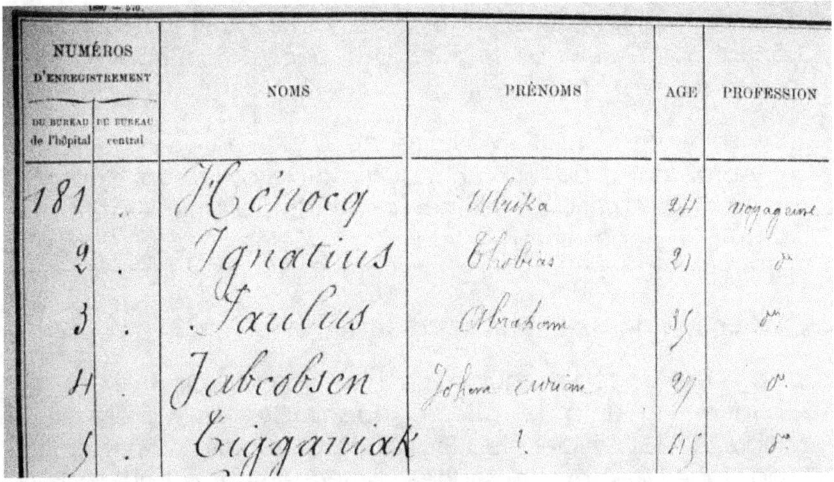

NUMÉROS D'ENREGISTREMENT DU BUREAU de l'hôpital	DU BUREAU central	NOMS	PRÉNOMS	AGE	PROFESSION
181	.	Hénocq	Ulrika	24	voyageuse
2	.	Ignatius	Tobias	21	d°
3	.	Paulus	Abraham	35	d°
4	.	Jacobsen	Johan Adrian	27	d°
5	.	Tiggianiak	?	45	d°

Fig. 67 Registre des entrées, Hôpital Saint-Louis, 5 adultes
(Service des Archives de l'Assistance publique – Hôpitaux de Paris, IQ2/169)

La première à succomber est Maria dès le lendemain de leur admission.

> Ce matin à 11 heures la petite Marie est morte. C'était notre petite chérie à tous. Ici c'est horrible. Nous sommes entourés de malades et de mourants. Dans la chambre voisine de la mienne, un homme d'environ 40 ans est mort. Comme ici toutes les parois sont en planches minces, on peut tout entendre jusqu'au moindre soupir. Je suis malade, mais pas au point de ne pas essayer autant que je le peux de soutenir les pauvres Eskimos (qui endurent d'insupportables souffrances). Je dois cependant admi-

> rer les infirmières[196] et les soignantes qui se dévouent à aider tous ces malheureux, mais c'est plus difficile avec les Eskimos parce qu'ils ne comprennent pas un mot de français. Le pauvre Terrianiak demande une corde pour s'étrangler tellement il souffre. Cette maladie entraîne une mort vraiment pénible. (Journal de J. A. Jacobsen, 10 janvier 1881)

Le décès de Maria est le 13ᵉ de l'année 1881 à survenir à l'hôpital Saint-Louis. Le registre des décès de l'hôpital se lit comme suit :

> La nommée Paulus, Maria, âgée d'environ 13 mois, fille d'Abraham et de Ulrika Hénocq, native d'Hébron, département d'Amérique, demeurant habituellement à Boulogne, département de la Seine, au Jardin d'acclimatation.
>
> Est entrée dans cet établissement le 9 janvier 1881,
>
> Et y est décédée aujourd'hui dix janvier mil huit cent quatre-vingt-un à deux heures du soir. Ce décès a été déclaré à M. l'Officier de l'État Civil du 10ᵉ arrondissement, par moi, Directeur soussigné, conformément à l'article 80 du Code Napoléon, et dans le délai prescrit.

En marge on peut lire : « Isolement 1 bis – variole confluente ».

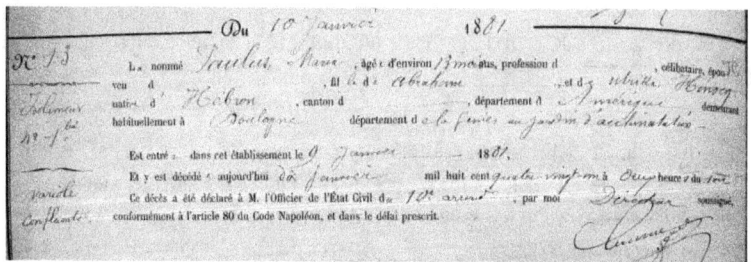

Fig. 68 Registre des décès, Hôpital Saint-Louis, Maria
(Service des Archives de l'Assistance publique – Hôpitaux de Paris, 3Q2/39)

---

[196] Le mot allemand « Schwester » peut désigner aussi bien une infirmière qu'une religieuse. En France, jusqu'à la fin du XIXᵉ siècle, le soin des malades dans les hôpitaux était réservé aux « femmes consacrées », c'est-à-dire aux religieuses. (Note de la traductrice)

Le lendemain, 11 janvier, le décès de Maria est inscrit dans les registres de l'état civil du 10e arrondissement[197] sous le numéro 164. On y lit :

> L'an mil huit cent quatre-vingt-un, le onze janvier à midi : Acte de décès de : Maria Paulus, âgée de treize mois, née à Hébron (Amérique du Nord) décédée rue Bichat 40, hier soir à deux heures, domiciliée à Neuilly (Seine) Jardin d'acclimatation, fille de Abraham Paulus et de Ulrika Henocq, son épouse, sans autre renseignement. Dressé par nous Julien Lyon, adjoint au Maire, officier de l'État civil du dixième arrondissement de Paris, sur la déclaration de Eugène Gay, âgé de cinquante-huit ans et René Lubineau, âgé de soixante-trois ans, employés rue Bichat 40, qui ont signé avec nous après lecture.

Fig. 69 Tigianniak, 1880
Photo de Jacob Martin Jacobsen, (Archives moraves, Herrnhut)

---

[197] Conservés aux Archives de Paris.

Tigianniak est le second du groupe à être délivré de ses souffrances. Il décède le 11 janvier à 6 heures du soir dans le lit n° 34 de la section d'isolation. Son décès est le 14e de l'année 1881 à survenir à l'hôpital Saint-Louis et il est inscrit à 1 heure du matin dans les registres de l'état civil.

> Aujourd'hui, le vieux Terrianiak a été délivré de ses souffrances. Le corps a été aussitôt emporté par les fossoyeurs à la morgue pour être enterré dès demain. Les malades sont tous dans une salle et les lits très proches les uns des autres. Naturellement, hommes et femmes sont séparés, les femmes sont dans une autre salle. Le lit de Tobias se trouvait tout à côté de celui de Terrianiak et aussitôt après la mort de ce dernier, il s'est levé et a couvert le corps avec le drap, bien qu'il ait été si malade et à chaque instant près de mourir.
>
> En marge : Et moi j'étais là, incapable d'aider en quoi que ce soit, si ce n'est pour tendre un dernier verre d'eau aux mourants. La mort est terrible surtout quand les êtres humains meurent en masse comme ici autour de moi.
> (Journal de J. A. Jacobsen, 11 janvier 1881)

Le 13 janvier, c'est au tour de Tobias et d'Abraham de trépasser. Le registre des décès de l'hôpital Saint-Louis montre que Tobias décède à 2 heures du matin dans le lit n° 35 de la section d'isolation. Son décès est le 17e de l'année 1881 et il est inscrit à midi dans les registres de l'état civil.

Quant à Abraham, le registre indique qu'il décède à 6 heures du soir dans le lit n° 36 de la section d'isolation. Son décès est le 20e de l'année 1881 et il est inscrit le lendemain à 14 heures dans les registres de l'état civil.

> Ce matin à 2 heures, Tobias est mort dans d'atroces souffrances. On l'avait mis hier dans la chambre voisine de la mienne. Le pauvre venait à tout instant dans ma chambre. À la fin, il ne pouvait plus parler tellement sa langue était enflée. Son visage était affreusement déformé, sa chemise complètement souillée de sang (ils crachent tous du sang d'une manière effroyable). Comme il était beaucoup plus solide que les autres, ce qu'il avait eu à endurer était encore pire.

> En marge : C'était comme si Tobias n'avait pas cessé de chercher de l'aide auprès de moi. Quand vint l'agonie, il se jeta sur moi qui étais couché et malade, bien que ce n'ait pas été de la variole. Les sœurs m'aidèrent à mettre le corps dans son lit.
>
> Aussitôt après son décès, on a amené un Français dans la même chambre. Le pauvre homme a lui aussi eu une dure agonie. Il a déchiré ses draps, on pouvait à peine le tenir, son cou était si bouché si enflé qu'il ne pouvait plus respirer. Ils s'étouffent littéralement. On est vraiment désagréablement impressionné quand on voit la mort face à face et surtout quand elle s'accompagne de tortures comme chez ces malheureux.
>
> En marge : Quand l'agonie du Français commença, il se tendit si violemment que le cadre du lit se disloqua et que le cadavre avec le matelas tomba par terre.
>
> Ulrike est tombée malade, mais ne veut pas se séparer de son mari. C'est à moitié par la force que nous l'avons mise au lit dans une petite chambre.
>
> En marge : Tout cela, j'ai été obligé de le voir et de l'entendre. C'était suffisant pour rendre malade un homme en bonne santé. Seules les sœurs sont toujours restées égales à elles-mêmes. [...]
>
> Ce soir à 9 heures, notre cher Abraham est mort. Je peux à peine dire ce que je ressens. Lui et Tobias m'ont chargé de faire parvenir ce qu'on leur doit à leurs parents au Labrador. Hagenbeck a fidèlement accompli ce testament et a <ajouté diverses choses.> (Journal de J. A. Jacobsen, 13 janvier 1881)

Enfin, le registre des décès de l'hôpital Saint-Louis montre que la dernière survivante, Ulrike, décède le 16 janvier à 3 heures du matin dans le lit 2bis de la section d'isolation. Son décès est le 25e de l'année 1881 et il est inscrit à 13 heures dans les registres de l'état civil.

> Ce matin à 2 heures, Ulrike est morte. La dernière des huit, c'est affreux. Serais-je indirectement responsable de leur mort? Fallait-il que j'emmène ces pauvres braves gens loin de leur pays pour qu'ils soient enterrés dans une terre étrangère? Oh! Comme tout est arrivé autrement

> que je l'avais imaginé! Au début tout allait si bien. Nous venions juste de faire connaissance et de nous aimer bien. [...]
>
> En marge : Lorsque j'allai voir Ulrike peu après minuit, je vis que son combat touchait à sa fin. J'essayai de la réconforter, mais elle me fit signe que non de la main comme si elle ne voulait plus me voir; ce qui d'ailleurs n'était pas étonnant, car elle savait que tous les autres l'avaient précédée. Et je me sentis dans une certaine mesure coupable. (Journal de J. A. Jacobsen, 16 janvier 1881)
>
> En marge : Malheureux êtres humains. Leur mort, je ne l'ai pas voulue, et pourtant, si je n'étais pas allé au Labrador, comme tous leurs parents, ils vivraient encore. (Journal de J. A. Jacobsen, 17 janvier 1881)

Les décès sont inscrits au registre de l'état civil du 10ᵉ arrondissement de Paris. Comme Maria, tous sont déclarés comme étant décédés au 40 de la rue Bichat, adresse de l'entrée principale de l'hôpital Saint-Louis et les entrées du registre sont toutes signées par Julien Lyon, Eugène Gay et René Lubineau.

L'acte de décès de Tigianniak au registre de l'état civil porte le n° 183, Tobias, le n° 194, Abraham, le n° 212 et Ulrike, le n° 214.

Il est à noter que lors de l'enregistrement du décès de Tigianniak à l'état civil, une erreur est commise : il est identifié comme étant de sexe féminin. Cette erreur a été reproduite dans tous les documents et registres qui ont suivi. L'acte de décès de Tigianniak est ainsi rédigé :

> L'an mil huit cent quatre-vingt-un, le douze janvier à une heure du soir : Acte de décès de Tigganiak [Tigianniak] âgée de quarante-cinq ans, née à Nakvak (Amérique) décédée hier soir à six heures, rue Bichat 40, domiciliée à Neuilly (Seine) Jardin d'acclimatation; fille de ..., veuve de Pengu, sans autre renseignements. [...]

Leurs corps sont inhumés en « tranchées gratuites »[198] dans la section 17 du cimetière parisien de Saint-Ouen[199]. Chacun des cadavres porte une plaque arborant son numéro de décès au

---

[198] Un type d'inhumation réservé aux indigents aussi appelé « fosse commune ».
[199] Saint-Ouen est une commune limitrophe au nord de l'actuel XVIIème arrondissement de Paris.

registre de l'état civil. Ils sont inhumés le lendemain ou deux jours après leur décès[200] :

- Maria est inhumée le 12 janvier 1881.
- Tigianniak est inhumé le 13 janvier 1881.
- Tobias est inhumé le 14 janvier 1881.
- Abraham est inhumé le 15 janvier 1881.
- Ulrike est inhumée le 17 janvier 1881.

Le 16 janvier, lorsqu'il apprend la nouvelle du décès de tous les « Esquimaux », Carl Hagenbeck envoie un message à Jacobsen[201] :

> Cher Jacobsen. J'ai reçu votre triste lettre. Vous pouvez bien vous imaginez comment je me sens... Il vous suffit de veiller à ce que toutes les choses des Eskimos soient brûlées, et en ce qui a trait à la collection, je ne veux pas qu'elle soit ramenée à Hambourg, car je ne veux plus rien voir qui soit eskimo. Peu importe le prix qui sera payé pour ces objets, débarrassez-vous-en, et je dis bien de tout, sans exception.

Jacobsen reçoit son congé de l'hôpital Saint-Louis le 17 janvier. En partant, il verse les 65,75 francs dus pour les soins que lui et les « Esquimaux » ont reçus[202]. En compagnie d'Adolf Schoepf et de madame Jacobsen, il s'installe dans un hôtel situé dans le quartier de l'hôpital. Ensemble ils se rendent au Jardin d'acclimatation pour s'occuper des chiens.

Le 20 janvier, les trois accompagnateurs sont amenés à la gare de train par un dénommé Martinet. Ils quittent Paris pour l'Allemagne. Madame Jacobsen retourne à Hambourg. Schoepf se dirige probablement vers Dresde[203]. Quant à Jacobsen, il s'arrête quelque temps à Aix-la-Chapelle pour soigner sa fièvre intermittente, avant de rentrer à Hambourg.

---

[200] Les dates sont extraites d'une correspondance avec le conservateur du cimetière de Saint-Ouen.
[201] Thode-Arora, Hilke. (2002). p. 11.
[202] Registre des entrées de l'hôpital Saint-Louis. Archives de l'AP-HP. Cote 1Q 2/169.
[203] En 1881, Adolf Schoepf succède à son père, Albin Schoepf, comme directeur du zoo et occupe ce poste jusqu'en 1909.

Fig. 70 Paingu, Tigianniak et Nuggasak, 1880
(*Museum für Völkerkunde Hamburg*)

Les résultats des autopsies

Le vendredi 14 janvier 1881, lors de la séance de la Société médicale des hôpitaux de Paris, le Dr Émile Landrieux communique le résultat des diagnostics posés au moment de l'admission à l'hôpital ainsi que celui des autopsies qui ont été pratiquées.

Fig. 71 Dr Emile Landrieux
(Photo offerte par BIU Santé)

À cette date, seule Ulrike vit toujours. Le Dr Landrieux lui rend visite le matin et, en soirée, affirme à l'audience qu'elle est au plus mal et est probablement décédée au courant de la journée[204]. Voici le texte de l'allocution du Dr Landrieux[205] :

Le 2 janvier 1881, arrivaient au Jardin d'acclimatation, plu-

---

[204] Petit, André. (1881, 21 janvier). p. 41.
[205] Landrieux, Dr. (1881, 14 janvier).

sieurs Esquimaux : débarqués à Hambourg, le 27 septembre 1880, ils venaient du Labrador; ils avaient successivement parcouru diverses villes d'Allemagne, Berlin, Prague, Francfort, Darmstadt et Crefeld. De cette dernière ville, ils étaient venus directement à Paris. Mais ils avaient déjà perdu en route trois de leurs compagnons; le premier était mort à Darmstadt, douze jours après leur départ de Prague; il s'agissait d'une jeune fille de 16 ans, qui mourut sans présenter aucune éruption; puis, à Crefeld, succombèrent une femme de 40 ans, sans aucune éruption, et un jeune enfant, qui mourut le deuxième jour d'une éruption variolique.

Quatre ou cinq jours après leur arrivée au Jardin d'acclimatation, ils furent vaccinés le 5 [sic], puis le 7 janvier. Tous ces malheureux étant très souffrants, et le jeune enfant de 14 mois présentant déjà une éruption, ils furent au nombre de cinq, envoyés à l'hôpital Saint-Louis, où existe un pavillon d'isolement destiné spécialement aux varioleux.

Ils entrèrent à l'hôpital le 9 janvier, et je pus, ce jour même, les examiner attentivement : l'enfant, âgé de 14 mois, avait une variole confluente, à laquelle il succomba le troisième jour de l'éruption.

Un autre malade, âgé de 22 ans, qui était au deuxième jour de la période d'éruption, mourut également, mais le sixième jour de l'éruption, c'est-à-dire, le 13 janvier.

Un troisième malade, âgé de 44 ans, présentant comme phénomène prédominant de la rachialgie [douleurs dans la colonne vertébrale], de la céphalée [mal de tête], des bronchorrhagies [hémorragies pulmonaires], succombait le 11 janvier, le quatrième jour de la période d'invasion.

Enfin, les deux derniers malades, le mari et la femme, moururent l'un le 13 janvier, le quatrième jour de l'éruption, l'autre le 16 janvier[206], le cinquième jour de la même période.

Tous ces malheureux, non vaccinés, furent donc victimes

---

[206] Comment le Dr Landrieux aurait-il pu affirmer le 14 janvier que la mort d'Ulrike est survenue le 16 janvier? Nous présumons que la Société médicale des hôpitaux de Paris (SMHP) a modifié le texte de l'allocution du Dr Landrieux avant de le publier.

de la variole. La marche, la forme, l'aspect de cette maladie, présentèrent quelques particularités que je crois devoir signaler.

Sur huit malades, trois succombèrent à la période d'invasion (variole sans variole) ayant surtout présenté deux symptômes principaux, la rachialgie et un mal de tête des plus intenses.

Pour les quatre autres, qui moururent à la période d'éruption, le spectacle donné par ces malheureux fut des plus navrants : tous étaient atteints d'une bronchorrhagie continuelle, les urines étaient constituées par du sang presque pur. L'évolution de l'éruption s'opérait avec une grande lenteur, les pustules étaient distendues par du sang, quelques-unes même ayant l'apparence de bulles de pemphigus[207].

Les caractères du pouls n'offraient rien de particulier; la température auxiliaire oscillait entre 39 et 40° 5; tous avaient une énorme proportion d'albumine dans leurs urines. Chez aucun de ces malades, je n'observai de rash; la mort survenait sans délire, par septicémie[208] ou par asphyxie.

Ne trouvant pas chez ces Esquimaux, qui étaient jeunes, vigoureux, robustes, non adonnés à l'alcoolisme, l'explication d'une fin si terrible et si constamment fatale, j'en cherchai la cause dans les désordres anatomo-pathologiques.

Je pus faire l'autopsie de quatre[209] Esquimaux, et je viens en donner la relation succincte. Je passerai sous silence les hémorragies multiples et profuses remplissant, par exemple,

---

[207] Une maladie dermatologique rare caractérisée par une éruption de bulles remplies d'un liquide séreux (Centre national de ressources textuelles et lexicales).

[208] « Une septicémie est une infection généralisée grave de l'organisme due à des émissions massives et répétées dans le sang de bactéries pathogènes qui sont issues d'un foyer septique.». (Voir La septicémie. [s.d.]) Ce terme est aujourd'hui généralement remplacé par « sepsis ».

[209] Certaines publications rapportent que lors de son allocution, le Dr Landrieux a affirmé avoir effectué trois autopsies et non pas quatre. Comme pour la date du décès d'Ulrike, nous présumons que la SMHP a modifié le texte de l'allocution avant de le publier : les trois autopsies pratiquées au 14 janvier sont donc devenues quatre suite au décès d'Ulrike.

les calices, les bassinets, infiltrant la capsule adipeuse des reins, après rupture de l'enveloppe fibreuse de ces organes, les hématorachis[210], les altérations microscopiques du sang dont les hématites crénelées ne s'empilaient plus et étaient séparées par suite de la présence de nombreux leucocytes [globules blancs], pour arriver à des altérations plus importantes.

Le foie, chez ces quatre Esquimaux, était énormément développé, pesant de 2 à 3 kilo, jaunâtre, décoloré, se déprimant facilement, offrant, en un mot, tous les caractères macroscopiques du foie graisseux. Il y avait, en un mot, une stéatose qu'on pourrait simultanément désigner sous le nom de physiologique, puisqu'elle n'altère en rien la santé, et de pathologique, puisqu'elle annihile toute résistance vitale, quand l'organisme doit lutter contre une toxémie telle que la variole.

Les ganglions mésentériques étaient eux-mêmes très volumineux, et cependant il n'y avait aucune altération concomitante de la muqueuse intestinale.

La rate avait, par contre, son volume normal, mais les reins étaient extrêmement volumineux; le cœur présentait, à la surface, une surcharge graisseuse, et le myocarde était décoloré, offrant la couleur feuille morte.

Voici, du reste, le résumé de l'examen microscopique que je dois à l'obligeance de M. A. Siderey, interne des hôpitaux.

Le foie présente une congestion très remarquable, caractérisée par la dilatation des vaisseaux, qui sont remplis de globules sanguins. On voit, en outre, sur toutes les préparations, un grand nombre de gouttelettes graisseuses fortement colorées en noir par l'acide osmique et irrégulièrement distribuées dans le lobule. [...]

Dans les reins, on constate une congestion très intense généralisée, des hémorragies intra-capsulaires et intra-tubulaires. Certains tubes du rein sont envahis par une dégénérescence granulo-graisseuses.

---

[210] Hémorragie dans le canal vertébral. (Dictionnaire des sciences animales)

Au cœur, les fibres musculaires sont absolument nettes; on ne trouve pas d'autre altération qu'une infiltration graisseuse considérable, dans les espaces inter-musculaires.

Les efforts de la thérapeutique ont été impuissants, pour lutter contre une telle forme de maladie : malgré le jaborandi, l'éruption ne faisait aucun progrès; malgré les injections sous-cutanées d'ergotinine, les hémorragies persistaient; les toniques eux-mêmes restaient sans aucun résultat.

Tous ces Esquimaux, arrivés en Europe au mois de septembre 1880, disparurent, emportés par une variole confluente hémorragique.

Je pense que l'extrême gravité de cette épidémie doit être surtout attribuée à la stéatose du foie, conséquence du genre d'alimentation de ces peuplades, qui se nourrissent exclusivement d'huiles, de graisses, de poissons.

Du reste, la variole, qui est quelque fois apportée dans ces climats par des vaisseaux venant d'Europe ou d'Amérique, exerce chez eux des ravages analogues, la pratique de la vaccine y étant presque totalement inconnue.

Ces malheureux, qui n'étaient ni surmenés, ni alcooliques (ils ne font jamais usage d'alcool), ont donc succombé par suite de leur défaut de résistance aux maladies toxiques, conséquences de la stéatose de quelques-uns de leurs organes.

Dans le procès-verbal de la séance du 18 novembre 1881 de la Société anatomique de Paris, on découvre quelques détails supplémentaires sur l'autopsie d'Ulrike. En effet, bien qu'il ne la nomme pas, l'interne M. A. Siderey, qui a effectué les études microscopiques sur les cadavres, cite le cas d'Ulrike comme étant l'un de ceux qui viennent contredire une théorie acceptée impliquant des femmes qui allaitent[211] :

> [...] Les savantes recherches de M. de Sinéty ont établi depuis longtemps que les régions centrales du lobule hépatique subissaient la transformation graisseuse chez les femelles en lactation. Et les auteurs classiques admettent aujourd'hui que la dégénérescence d'origine alcoolique

---

[211] Siderey, M.A. (1881). p. 637.

ou cachectique débute dans la périphérie du lobule, laissant à l'état de lactation le monopole de la dégénérescence centrale.

Or, en analysant mes observations, je trouve 6 cas qui sont en contradiction avec cette théorie; 3 se rapportent à des femmes, mortes en pleine lactation, et dont le foie ne présentait pas la moindre trace de graisse autour de la veine centrale. [...] Chez l'une d'elles, morte de variole hémorragique, la graisse était presque exclusivement localisée dans les cellules endothéliales des capillaires intralobulaires. Et, dans ce cas, la rareté de la graisse était d'autant plus étrange qu'il s'agissait d'une femme Esquimau, accoutumée à une alimentation où la graisse tenait une grande place. Il est vrai que ces 3 femmes avaient cessé d'allaiter 24, 36 et même 48 heures avant la mort. Ce temps est-il suffisant à la modification complète des éléments primitivement dégénérés?

Divers textes parus dans les journaux et autres publications fournissent des faits et statistiques intéressants sur l'épidémie de variole qui régnait alors à Paris et, en particulier, au pavillon des varioleux de l'hôpital Saint-Louis.

Du 3 au 9 janvier 1881, 36 personnes souffrant de variole ont été admises dans les hôpitaux de Paris et qu'il y a eu 18 décès par la variole du 7 au 13 janvier[212]. La semaine suivante, on rapporte que le nombre de décès par la variole est passé à 25 à cause des « Esquimaux »[213] :

> La variole s'est terminée par la mort 25 fois au lieu de 18. D'après M. le docteur Landrieux, chef d'un dépôt de varioleux à Saint-Louis, cet excédent serait dû en majorité aux Esquimaux qui ont apporté au Jardin d'acclimatation la variole contractée par eux en Allemagne où plusieurs d'entre eux ont succombé. Déjà, dit-il, cinq de ceux qui sont arrivés en France ont été mourir à Saint-Louis de variole hémorragique, forme qui est fatalement mortelle. Pauvres Esquimaux!

---

[212] Bulletin hebdomadaire de statistiques. (1881, 16 janvier).
[213] La santé publique. (1881, 26 janvier).

Le court texte suivant du bulletin épidémiologique publié dans la *Revue d'hygiène et de police sanitaire*[214] fait aussi mention des « Esquimaux » et nous apprend que la variole sévissait aussi à Londres et Vienne :

> Variole – Paris, 120 décès. Augmentation de 20 sur le mois précédent et de 18 sur la moyenne. L'épidémie ne cesse pas. Il faut noter dans ce nombre les cinq décès d'Esquimaux, dont il est questions dans le cours de ce numéro. La garnison de Paris, tout entière revaccinée, continue à être indemne de cette affection. À Londres et à Vienne, la variole sévit avec assez de vigueur depuis deux mois, sans discontinuer.

Puis, dans le rapport de la séance du 13 mai 1881 de la *Société médicale des hôpitaux de Paris*[215], Ernest Besnier compare les statistiques de décès des trois premiers mois de 1881 avec celles de la même période de l'année précédente. On y apprend, entre autres, que les « Esquimaux » ne sont pas les seuls étrangers à être décédés à Paris en janvier 1881 bien qu'ils soient les seuls non-européens :

> Tout en subissant son élévation saisonnière, et son paroxysme normal de mortalité, la variole a notablement fléchi dans sa courbe multi-annuelle; au lieu de 798 décès donnés par elle pendant le premier trimestre de 1880, elle n'en a plus causé que 356 pour le premier trimestre de 1881 (moins de la moitié)[216]. [...]
>
> Sur 18 sujets, certainement non vaccinés, traités par M. Landrieux, à l'hôpital Saint-Louis, pendant le premier trimestre de cette année, il y a 9 étrangers : les 5 Esquimaux, 2 Belges, 1 Italien, 1 Autrichien. [...]

Le rapport de Ernest Besnier inclut également un compte rendu rédigé par le Dr Landrieux et un interne de service M. Bourdel,

---

[214] Bulletin épidémiologique. (1881).
[215] Besnier, Ernest. (1881). p. 160-161.
[216] Pour le mois de janvier seulement, son rapport montre que le nombre de décès par la variole est passé de 286 en 1880 à 110 en 1881.

198   Les résultats des autopsies

donnant de plus amples détails sur les malades traités au pavillon des varioleux de l'hôpital Saint-Louis[217] :

> Le premier trimestre de l'année 1881 a été marqué par une recrudescence de l'épidémie. Au lieu des 167 malades reçus dans le dernier trimestre de l'année 1880, nous comptons 237 cas de variole (152 hommes, 85 femme) qui se répartissent ainsi : varioles hémorragiques, 16; v. confluentes, 57; v. cohérentes, 48; v. discrètes, 38; varioloïdes, 78.
>
> Nous constatons toujours ce fait important, c'est que ce sont les *nouveaux arrivants* à Paris et les *étrangers* qui fournissent le plus grand nombre de nos malades.
>
> Habitaient Paris depuis moins d'un an, 63; depuis un an, 15; [...]. Dans ce nombre se trouvent beaucoup d'*étrangers*; plusieurs d'entre eux, surmenés par des travaux excessifs, se nourrissant mal, ont été atteints des formes graves, et ont succombé. [...]
>
> Les varioles confluentes comprennent 57 cas, dont 40 suivis de mort.
>
> Âge :
> Au-dessous de 1 an, hommes, 2, décès 2; femmes, 1, décès 1. —
> Au-dessous de 10 ans, h. 0, d. 0; f. 1, d. 1. —
> De 15 à 20 ans, h. 2, d. 1; f. 2, d. 0. —
> De 20 à 25 ans, h. 7, d. 6; f. 5, d. 4. —
> De 25 à 30 ans, h. 8, d. 4; f. 1, d. 1. —
> De 30 à 35 ans, h. 8, d. 5; f. 2, d. 1. —
> De 35 à 40 ans, h. 7, d. 3; f. 4, d. 3. —
> De 40 à 45 ans, h. 6, d. 6; f. 0, d. 0. —
> De 45 à 50 ans, h. 2, d. 2; f. 1, d. 1. —
> Total : h. 40, d. 28; f. 17, d. 12
>
> Sur ces 40 décès, la mort est survenue 23 fois par toxémie; dans un cas, avant l'apparition de l'éruption (il s'agissait d'un des Esquimaux[218]); [...]

---

[217] Besnier, Ernest. (1881). p. 167-169.
[218] Selon l'allocution du 14 janvier du Dr Landrieux, il s'agirait ici de Tigianniak, puisque celui-ci est le seul à être décédé durant la période d'invasion et non pas durant la période d'éruption.

> Tandis que dans le dernier trimestre de l'année 1880, sur 167 malades, il y a eu 21 décès, c'est-à-dire un huitième de mortalité, nous trouvons dans le trimestre actuel, sur 237 malades, 58 décès, c'est-à-dire près du quart de mortalité.

On remarque donc dans le tableau ci-dessus que Maria a été la seule enfant de 1 à 10 ans admise à l'hôpital Saint-Louis et décédée de variole confluente durant le premier trimestre de 1881. Pour le groupe d'âge de Tobias et d'Ulrike (20 à 25 ans), six des sept hommes et quatre des cinq femmes admis sont décédés. Pour le groupe d'âge de Tigianniak (40 à 45 ans), les six hommes admis sont tous décédés.

Fig. 72 Tobias, Abraham , Ulrike, Sara et Maria, 1880
(Archives moraves, Herrnhut)

Le décès des « Esquimaux » dans les journaux

À ce jour, il semblerait que le premier journal à avoir rapporté le décès du groupe est le *Nikolsburger Wochenschrift* de Prague dans son édition du 29 janvier[219] :

> Aucun des huit membres du groupe Eskimo qui s'est présenté il y a quelque temps à Vienne [sic] et qui a récemment voyagé en Allemagne n'a survécu. En Allemagne, deux femmes et un enfant y sont rapidement décédés, la dernière de la variole, alors que la cause de la mort des deux dames n'a pu être clairement déterminée; l'autorité policière de Paris où les personnes avaient été conduites a insisté pour qu'elles soient vaccinées.
>
> La vaccination fut donnée deux fois sans succès. Malgré tout, les personnes sont tombées malades et sont décédées quelques heures plus tard. Finalement, il y a quelques jours déjà, chez la femme d'Abraham et de fait chez tous, les médecins parisiens ont diagnostiqués une forme de la variole sans éclosion externe. La maladie de ceux qui sont morts en dernier et leur disparition rapide sont survenues avec les mêmes symptômes que ceux des femmes non-chrétiennes décédées en Allemagne. Il est donc raisonnable de penser que celles-ci sont aussi décédées de la variole.
>
> Ce triste exemple nous laisse voir comment les peuples primitifs peuvent être rapidement décimés dès qu'ils contractent une de nos maladies. À Hambourg, M. Hagenbeck, lui qui au cours des dernières années avec une sollicitude toute paternelle nous a rapprochés des peuples du nord, du sud, de l'est et de l'ouest, a

---

[219] *Nikolsburger Wochenschrift*. (1881, 29 janvier).

tellement été ébranlé par cette triste affaire que, comme il l'a communiqué, il s'est engagé à mettre fin à la présentation des spectacles ethnologiques de cette sorte.

À Paris, il semble qu'il faut attendre le 8 février pour que la nouvelle paraisse dans un journal grand public, le *Gil Blas*. Ce journal humoristique veut-il faire une plaisanterie de bien mauvais goût lorsqu'il prétend que les « Esquimaux » ont communiqué la variole aux employés du Jardin d'acclimatation et que tous sont décédés ? Et quelle est la source de leur affirmation voulant que les « Esquimaux » aient amené des ours avec eux ?[220] :

Il vient de se passer, chez nous, un drame extra-médical dont la chronique n'a pas assez parlé. Au commencement de janvier, des affiches à images nous annonçaient l'arrivée très prochaine d'une famille d'Esquimaux. Naturellement, ces enfants du Nord étaient à destination du Jardin d'acclimatation, cette promenade si aimée des Parisiens.

Très peu de temps après le jour de l'an, les Esquimaux arrivaient, en effet, et furent remis entre les mains de M. Geoffroy Saint-Hilaire, l'honorable directeur de l'établissement zoologique du bois de Boulogne. En tout, ils étaient huit d'âges divers : six hommes et deux femmes. Il y avait aussi des ours.

Mais, dès les premières heures de leur arrivée, on comprit qu'il n'y avait pas moyen de faire servir les voyageurs à une exhibition publique. En abordant l'Europe, les Esquimaux apportaient avec eux les germes d'une épidémie terrible : la variole noire. Ce mal, presque invincible, fut communiqué à leurs gardiens et à d'autres employés subalternes du Jardin. Tous succombèrent.

Neuilly, qui est dans le voisinage, se plaignant, M. Geoffroy Saint-Hilaire envoya les huit Esquimaux malades à l'hôpital Saint-Louis, l'endroit de Paris où l'on soigne le mieux les maladies de peau. Ce fut peine perdue. Tous les huit sont morts à leur tour, et ils sont morts en regrettant, paraît-il, d'avoir quitté le pays des neiges. Quant aux ours qu'ils ont amenés, ils se portent bien.

---

[220] Nouvelles & Échos. (1881, 8 février).

Le lendemain, 9 février, une toute petite dépêche est publiée dans *Le Rappel* disant que les « Esquimaux » n'ont simplement pu s'acclimater[221] :

Une famille d'Esquimaux, qui avait quitté les glaces du Nord pour venir se montrer aux yeux avides des Parisiens avides de nouveautés, n'a pu s'acclimater, même à notre hiver.

Les huit personnes, hommes, femmes et enfants, qui composaient cette famille, arrivées en janvier, ont été successivement atteints [sic] de la variole noire, qui les a emportés [sic].

Venir de si loin pour mourir!

Le même jour, le 9 février, la nouvelle traverse la Manche. Au cours des quatre jours suivants, elle se retrouve dans divers journaux du Royaume-Uni sous le titre *Sad Faith of Esquimaux* (*Le triste sort des Esquimaux*)[222].

Le triste sort des Esquimaux

La troupe de malheureux Esquimaux que M. Hagenbeck mène à travers l'Europe centrale depuis quelque temps, pour le divertissement des curieux des grandes villes de l'Allemagne, de l'Autriche et de la Suisse, est maintenant entièrement éteinte. Après leur spectacle très couru à Berlin, où le professeur Virchow et d'autres scientifiques ont fait d'eux un sujet d'études et d'articles, ils ont été emmenés à Darmstadt, la capitale du duché de Hesse. Ici une belle jeune fille appartenant à la troupe est morte. Ils ont été déplacés du côté de la région industrielle de la Westphalie où ils ont perdu une femme et un petit enfant, ce dernier est mort de la variole. À Crefeld, ils ont mis fin à leur séjour en Allemagne, et leur « propriétaire » a décidé de les amener en France. Les survivants – maintenant seulement au nombre de cinq – sont arrivés à Paris. M. Hagenbeck y a été accueilli par les autorités sanitaires, qui l'ont informé qu'il ne

---

[221] *Les On-Dit.* (1881, 9 février).
[222] Sad faith of Esquimaux (1881, 9 février); Sad faith of Esquimaux (1881, 10 février); Sad faith of Esquimaux (1881, 11 février); Sad faith of Esquimaux (1881, 12 février); Vaccinated to death. (1881, janvier).

pouvait pas être autorisé à ouvrir son spectacle tant que tous les membres de ce groupe n'auraient pas été dûment vaccinés. Les Esquimaux, stupéfaits et terrifiés, ont dû se soumettre deux fois à cette douloureuse épreuve. En dépit de la double précaution, l'expérience a complètement échoué. Les cinq Esquimaux ont été atteints de la variole malgré cette vaccination plus que scrupuleuse et prudente – les opposants à la vaccination diront peut-être à cause de celle-ci. Ils sont morts après quelques heures de souffrance, de sorte que pas un seul membre de ce pauvre groupe d'étrangers ne sera de retour dans son pays pour rendre compte des merveilles du sud civilisé à sa parenté.

Le 6 mars 1881, du côté de la Suisse, un journal religieux, la *Feuille religieuse du Canton de Vaud*, annonce la mort des « Esquimaux » à ses lecteurs[223] :

Au nord du Canada, baignée par les eaux de la baie d'Hudson et celles de l'Atlantique, se prolonge vers le nord la grande presqu'île du Labrador, habitée par de pauvres tribus d'Esquimaux. L'élévation de ses montagnes et ses continuels brouillards en font un pays glacial. Le rhum y gèle en plein air, l'esprit de vin se condense comme de l'huile. Ce triste pays, qui ne présente guère qu'un amas de rochers entrecoupés de lacs et de rivières, produit pourtant quelques arbres et un peu de gazon pour les animaux. C'est le long de sa côte septentrionale que les frères moraves fondèrent, à partir de 1769[224], les postes missionnaires de Hoffenthal [Hopedale], Zoar, Nain, Okak et Hébron, parmi les misérables habitants de ces contrées désertes. Le Seigneur a fait reposer sa bénédiction sur cette œuvre de dévouement; aujourd'hui bon nombre d'Esquimaux professent la foi chrétienne et forment des églises plus ou moins importantes et vivantes, qui ont leurs pasteurs.

Il y a quelques mois que quelques Esquimaux de ce pays, parmi lesquels plusieurs membres de l'église d'Hébron, se laissèrent tenter par les offres d'un exhibiteur de curiosités de visiter l'Europe. Malgré les conseils des missionnaires, ils persistèrent

---

[223] Les Esquimaux en Europe. (1881, 6 mars). p. 104.
[224] Tel que mentionné précédemment, la première mission morave au Labrador a été établie en 1771.

dans leur intention; s'embarquèrent et ne revirent jamais leurs foyers. Les journaux nous ont appris dernièrement qu'ils avaient tous succombé au mal du pays ou à des maladies causées par un changement de vie. Les cinq derniers sont morts à Paris.

L'édition du 30 avril 1881 du journal *The Evening News* de Portsmouth au Royaume-Uni rapporte la mort non pas de 8, mais de 12 personnes[225] :

La propagation de la variole

[...] pas un seul des douze Esquimaux qui ont contracté la maladie n'a réussi à s'échapper. Tous sont décédés l'un après l'autre dans un hôpital de Paris. La valeur de la vaccination est maintenant encore plus évidente ainsi que les dangers qu'encourent ceux qui négligent de se soumettre à cette simple opération. [...]

Au mois de mai 1881, le journal religieux *Sunday at Home* signale que les huttes et les biens des « Esquimaux » sont toujours visibles au Jardin d'acclimatation[226] :

Nous sommes désolés d'apprendre par le plus récent *Periodical Accounts* des missions moraves, que tous les pauvres Eskimos sont morts, le dernier étant décédé au Jardin d'acclimatation à Paris, où l'on peut encore voir leurs huttes et leurs biens; un mémorial mélancolique.

Finalement, en septembre 1881, le journal *Vaccination Inquirer* reproduit le texte paru au mois de mars dans une revue allemande[227] :

---

[225] The Spread of Small-pox. (1881, 30 avril).
[226] The Esquimaux. (1881, 21 mai). p. 330.
[227] The Vaccination Inquirer and Health Review. (1881, septembre).

Le *Vereins-Blatt* du mois de mars contient un compte rendu de la mort d'Abraham Paulus, un natif du Groenland [sic], qui se consacrait à l'établissement d'une carte de la côte du Labrador. Ce rapport indique qu'il y a quelque temps Paulus, avec sa famille, huit personnes au total, est arrivé en Allemagne, où trois d'entre eux sont décédés, les cinq autres se rendant à Paris pour y vivre. Il semblerait qu'ils n'aient pas été vaccinés en Allemagne, mais qu'à leur arrivée à Paris, les autorités auraient insisté pour qu'ils soient soumis à cette opération, qui s'est montrée négative. Ils ont été revaccinés, et cette fois avec le résultat que les cinq sont tous décédés en quelques heures. – *Dulce est pro scientiâ mori.* (Qu'il est doux de mourir pour la science)

La commission d'enquête sur le décès des « Esquimaux »

À peine cinq jours après le décès de tous les membres du groupe, soit le 21 janvier 1881, le Conseil d'hygiène publique et de salubrité du département de la Seine mandate le Dr Léon Jean Colin pour étudier les causes du décès des « Esquimaux ». Le Dr Colin est médecin-major et épidémiologiste aux Armées. Il a, parmi d'autres charges, été médecin en chef de l'hôpital des varioleux à l'hôpital Bicêtre durant la guerre franco-allemande de 1870-1871; a publié en 1873 le livre *La variole au point de vue épidémiologique et prophylactique*, et a été élu membre à l'Académie de médecine en 1879-80 en médecine légale et d'hygiène.

Fig. 73 Dr Léon Colin
(Photo offerte par la Bibliothèque Académie nationale de médecine, Paris)

Le mandat du Dr Colin est triple :

1. identifier la nature de l'affection;
2. déterminer le lieu où l'infection a eu lieu;
3. exposer les mesures qui auraient pu être prises pour éviter la mort des victimes, et celles qui ont été prises ou qui doivent l'être, pour empêcher la propagation des germes qui les ont atteints et qu'ils ont multipliés à leur tour.

Le Dr Colin dépose son rapport[228] devant le Conseil d'hygiène publique et de salubrité du département de la Seine lors de la séance du 4 février 1881. En voici les extraits principaux pour chacun des trois volets :

1° Nature de l'affection

> On a pensé que l'affection à laquelle ont succombé ces malades différait de la variole des climats tempérés, sinon par sa nature, au moins par quelques-uns de ses caractères cliniques, comme l'absence d'éruption en deux cas; par son insigne gravité; par la stéatose des viscères; on a cité à l'appui les témoignages de voyageurs affirmant que c'était bien là le genre spécial de variole observé au Labrador; et, dans une lettre qu'il a bien voulu nous adresser, M. le Directeur du Jardin d'acclimatation nous fournit une preuve de la croyance banale à une malignité plus grande des germes virulents dont en ce pays procéderait l'affection : « Un missionnaire allemand, qui a séjourné trente ans au Labrador, fut invité à venir à Paris recevoir les dernières volontés de nos Esquimaux. Il aurait répondu qu'il connaissait la variole des Esquimaux comme très redoutable, et qu'il ne voulait pas, à son âge, s'exposer à la contagion[229]. »

---

[228] Colin, Léon. (1881a).

[229] Fait intéressant à noter : dans une lettre du 13 janvier 1881, le Frère Elsner écrit qu'il a mis fin à son projet de se rendre à Paris parce que la probabilité est qu'il ne sera pas autorisé à voir les Inuits à cause de l'infection et que, s'il devait obtenir la permission, il serait tenu à l'écart tant et aussi longtemps qu'on n'aurait pu prouver qu'aucune infection n'avait eu lieu. De toute évidence, l'invitation faite par Albert Geoffroy Saint-Hilaire ne semble pas lui être parvenue ou un intermédiaire l'a mal informé. De même, un de ces intermédiaires se serait également permis d'inventer une fausse réponse de la part du Frère Elsner. Dans

Si les personnes, qui ont accepté cette opinion de la gravité spéciale de la variole au Labrador, avaient étendu le champ de leurs recherches, elles en seraient arrivées, nous en sommes persuadé, à la conviction que cette forme de la maladie est, d'une manière générale, celle de tous les pays où n'existent ni l'une ni l'autre des deux principales conditions de son atténuation en nos climats : 1° pratique de la vaccination; 2° chance d'atteinte variolique antérieure. En effet, les épidémies de variole sont d'une gravité tout aussi exceptionnelle chez les peuplades sauvages des régions intertropicales que parmi les peuples du Nord; en pénétrant au Mexique, avec Christophe Colomb, la variole a détruit, en une seule période épidémique, la moitié de la population; et, pour ne citer que des faits modernes, je puis rappeler ces guerres des Anglais contre les Ashantees de la côte de Guinée, où les germes varioliques, transmis par les troupes européennes, suffisaient à l'anéantissement de l'armée ennemie! C'est qu'ici comme au Labrador le vaccin est inconnu; en outre, la rareté des communications, le peu de densité des populations laissent s'éteindre définitivement les germes contagieux renouvelés sans cesse en nos climats par l'agglomération des habitants et la facilité des relations; en sorte que toute importation nouvelle trouve, en général, en ces pays lointains, une population vierge, n'ayant d'immunité ni par vaccination, ni par le fait d'épidémie antérieure.

Et cependant il n'est pas besoin d'aller si loin pour trouver des formes de variole comparable à celles des Esquimaux; on les constate également chez nous, moins fréquemment certes qu'avant la découverte de Jenner, mais trop communément encore, surtout depuis quelques années, et notamment depuis la grande recrudescence variolique de 1869.

Non seulement on observe sur notre population la variole hémorragique secondaire, c'est-à-dire celle où le corps est recouvert déjà de pustules varioliques, mais encore cette

---

quel intérêt? Autre fait intéressant à noter : le 12 janvier 1881, les registres de Hagenbeck montrent un paiement de 100 marks au frère Elsner. Était-ce pour défrayer le coût du voyage à Paris? Elsner lui retourne la somme un mois plus tard, soit le 23 février 1881.

autre forme bien plus effrayante, s'il est possible, où l'hémorragie n'attend pas l'éruption, mais la devance, et dans laquelle, comme chez plusieurs de ces Esquimaux, le mal tue avant d'avoir revêtu sa physionomie caractéristique. [...]

Ce qu'il importe surtout de noter, c'est que le même germe variolique, qu'il procède d'un cas très grave, comme les précédents, ou d'un cas bénin, pourra donner lieu, suivant les conditions de réceptivité du sujet, soit à une variole noire confluente; soit aux modes atténués de l'affection, à ses formes légères : varioles discrètes, ou même abortives; varioloïdes.

Il demeure donc établi que l'épidémie des Esquimaux n'est en rien une maladie étrange, exotique; elle ne représente qu'une des manifestations habituelles d'une affection commune en Europe; elle ne relève point d'un virus spécialement malin; pas plus que, de son côté, elle n'est en puissance d'engendrer des germes plus dangereux que ceux qui surgissent si fréquemment autour de nous par le fait des atteintes quotidiennes de la population autochtone.

Ajoutons seulement qu'à côté de leur prédisposition plus marquée aux formes graves en qualité de nouveaux venus, les Esquimaux offraient peut-être une condition anatomique s'associant à cette prédisposition; la stéatose hypertrophique des principaux viscères, qui était en grande partie la conséquence de leur régime alimentaire dont l'huile et la graisse constituent la part principale, a pu contribuer à les placer plus facilement dans la voie des altérations anatomiques de la variole grave, où l'on observe également la transformation graisseuse de ces organes, notamment celle du foie.

2° Détermination du foyer morbifique

Le premier fait qui ressort de notre enquête, c'est que la maladie des Esquimaux n'est d'origine ni parisienne, ni française; les renseignements qu'ont bien voulu nous fournir d'une part M. le Dr Panneval, médecin du Jardin d'acclimatation, qui a soigné les malades jusqu'à leur entrée à l'hôpital Saint-Louis, d'autre part M. le Dr Landrieux, démontrent que les premiers accidents morbides observés chez les Esquimaux arrivés à Paris, ont débuté le 5 et 6 janvier; le 5, un enfant (Maria Paulus) et son père (Abraham

Paulus) offrent les symptômes d'invasion : fièvre, courbature, vomissements; le 6, mêmes symptômes chez deux hommes (Tobias Ignatius et Tigganiak); la femme, qui devait succomber la dernière (Ulrike Paulus), est prise seulement le 8, veille de l'entrée commune de tous les malades à l'hôpital.

De ces faits, on pouvait déjà conclure que, d'une part, l'imprégnation morbide avait dû être à peu près simultanée; d'autre part, d'après la moyenne habituelle de l'incubation de la variole, qui est de huit à douze jours, on pouvait en rapporter le début, surtout pour quatre des malades, à une date comprise entre le 25 et le 28 décembre 1880, antérieure, par conséquent, à l'entrée de la caravane sur le territoire français.

Sur ces entrefaites était arrivée de Crefeld, la dépêche ci-jointe adressée, le 30 décembre 1880, à M. le Préfet de la Seine, et par lui transmise à M. le Préfet de police :

« Cinq Esquimaux avec suite arriveront à Paris le 31 décembre, 4 heures 45 minutes matin, venant de Liège. Après leur départ, la petite vérole a été constatée par les médecins chez un enfant malade resté ici et faisant partie de la suite.

Bourgmestre supérieur,
Schuiler »

C'est cette pièce qui me fut remise, le vendredi 21 janvier, quand le Conseil voulut bien me conférer la mission dont j'ai l'honneur de lui rendre compte. Je m'adressai immédiatement et à M. le Directeur du Jardin d'Acclimatation et au bourgmestre de Crefeld, qui, tous deux, avec le plus grand empressement, me transmirent les renseignements suivants sur l'itinéraire des Esquimaux du Labrador à Paris, et sur les pertes subies par le convoi avant son arrivée au Jardin d'Acclimatation.

Le débarquement des huit Esquimaux eut lieu à Hambourg, le 26 septembre 1880; on séjourna :

À Berlin, du 18 octobre au 19 novembre;

À Prague, du 20 novembre au 30 novembre;

À Francfort, du 1er au 11 décembre;

À Darmstadt, du 13 au 18 décembre;

À Crefeld, du 18 au 30 décembre.

Et, comme nous l'avons dit, on arrivait à Paris, le 31 décembre 1880.

On avait perdu trois personnes en route :

1e À Darmstadt, le 14 décembre, succombait une jeune fille (Nogasak), morte incontestablement de variole; l'éruption fut apparente;

2e À Crefeld mourait, le 27 décembre, une femme (Baignu), chez laquelle l'éruption ne fut pas apparente, mais qui eut tous les autres symptômes d'une variole hémorragique; c'était précisément la femme d'un des Esquimaux (Tigganiak), qui devaient [sic], à Saint-Louis, succomber également sans éruption;

3e Signalons, enfin, le décès, à Crefeld, le lendemain de l'envoi de la dépêche du bourgmestre, de la jeune Sarah, visée en cette dépêche; ici le diagnostic s'était pleinement confirmé par l'apparition, le jour même de la mort, le 31 décembre, de l'éruption caractéristique.

De cet historique, il nous semble résulter que la première imprégnation morbide, celle de la victime qui succombait à Darmstadt, le 14 décembre (Nogasak), a eu lieu à Prague, où la variole régnait avec gravité durant le séjour de nos voyageurs, du 20 au 30 novembre précédent, c'est-à-dire de quinze à vingt-cinq jours avant ce décès; c'est là, à Prague, que ce serait accomplie la contamination initiale de la caravane.

Il nous semble probable également que cette première victime a transmis le mal à la seconde (Baingu), morte à Crefeld, treize jours plus tard, le 27 décembre, et sans doute aussi à la troisième (Sara), qui succombait le 31 du même mois.

Enfin, c'est à ces deux malades de seconde main, mais surtout à la dernière, la jeune Sara, que nous paraît devoir être rapportée l'infection simultanée des cinq survivants qui devaient venir à Paris; après avoir vécu près d'elle depuis le début de sa maladie, ils ne l'ont quittée que le 30 décembre, la veille de sa mort, et six jours avant leur propre atteinte, la laissant à l'hôpital de Crefeld, et lui prodiguant sans doute leurs soins et leurs témoignages de sympathie jusqu'au moment de la séparation et du départ pour Paris.

On peut évidemment soupçonner aussi l'influence contaminante des effets communs à toute la caravane et souillés par les premiers malades. Mais il me semble que l'atteinte simultanée des cinq dernières victimes paraît accuser plutôt un danger subi dans des limites de temps plus étroites, qui correspondent précisément à l'époque de la maladie de cette jeune fille.

Ce qu'il importe de retenir de cet historique et de cette discussion, c'est que le foyer morbigène a été l'Allemagne, probablement Prague; c'est que les Esquimaux, parvenus à Paris, y arrivaient en incubation de variole, et qu'à toute autre destination; ils auraient succombé de même, car leur sort était fixé avant leur départ de Crefeld.

3º Mesures prophylactiques prises à l'égard des Esquimaux eux-mêmes et des populations menacées du contage de leur affection.

Le premier acte prophylactique accompli est cette dépêche émanée de M. le bourgmestre de Crefeld, et avisant M. le Préfet de la Seine du caractère suspect de la caravane attendue au Jardin d'Acclimatation, le 31 décembre 1880.

Inutile d'insister sur la valeur et le mérite d'un pareil avertissement dont nous-même avons à plusieurs reprises réclamé l'application de la part des autorités et des médecins chargés de la direction de la santé publique.

Pour en apprécier cependant avec équité le degré d'utilité dans la circonstance actuelle, il importait de savoir si cet avertissement n'eût pu être plus hâtif; si même, avant son départ de Crefeld, le convoi n'avait pas donné suffisamment la preuve de son imprégnation morbide pour motiver sa séquestration, ou tout au moins lui faire interdire le parcours des grandes voies de communication. Nous inclinions d'autant plus vers cette opinion que nos informations, on l'a vu, nous apprenaient la mort, à Crefeld aussi, à la date du 27 décembre, de la seconde des victimes.

À nos questions, M. le bourgmestre de Crefeld répondit de la manière la plus catégorique et la plus satisfaisante. Ce n'est pas à Crefeld même, c'est dans un jardin zoologique, situé aux environs, près du village de Bockum, que la caravane avait séjourné pendant dix jours; c'est dans ce jardin qu'avait succombé la femme Baingu, morte, nous l'avons dit, sans éruption et, par conséquent, sans attirer l'attention des autorités sanitaires; les Esquimaux ne visitèrent Crefeld qu'au moment de leur départ pour Paris; et près d'un mois après leur départ de la ville allemande, le 24 janvier 1881, date de la lettre de M. le bourgmestre, aucun cas de variole ne s'était manifesté dans la population résidente. Le premier fait qui lui ait été signalé est donc bien celui dont il avertissait les autorités françaises : l'entrée à l'hôpital de Crefeld de la jeune malade laissée au moment du départ, le 30 décembre.

À la communication de cette dépêche, M. le Directeur du Jardin d'Acclimatation prit immédiatement les mesures qui en étaient le corollaire; et le 1er janvier, à 2 heures, le lendemain de leur arrivée, les cinq Esquimaux furent vaccinés par M. le docteur Panneval avec du vaccin animal conservé en tubes. La même opération était renouvelée cinq jours plus tard, vu l'insuccès de la première inoculation.

Nous ne nous arrêterons ici ni sur la valeur du vaccin employé, Inférieur certainement au vaccin infantile inoculé de bras à bras; ni, en revanche, sur la difficulté où l'on pouvait se trouver d'en obtenir immédiatement d'autre, le 1er janvier surtout, jour où nous-même ne pûmes obtenir de faire amener au Val-de-Grâce un certain nombre d'enfants vaccinifères, préparés pour la revaccination de la garnison.

On doit reconnaître que l'administration du Jardin d'Acclimatation a fait tout ce qui a dépendu d'elle pour répondre à l'impérieuse nécessité d'agir à bref délai; mais son vaccin eût-il été meilleur, il était trop tard, et l'opération devait à peu près fatalement échouer. Ces malheureux survivants en étaient en cours de cette période d'incubation pendant laquelle l'insuccès des inoculations vaccinales est la règle; [...]

Ce n'est pas en France qu'il y avait lieu de procéder à la vaccination de ces pauvres expatriés; c'était à Hambourg, au moment de leur débarquement; c'était à l'époque où on les dirigeait sur Prague, foyer d'une épidémie connue par sa gravité; c'était à Darmstadt au moment où succombait la première victime, donnant par son éruption la preuve du danger qui pesait sur tous les autres. C'est alors que la vaccine eût pris chez eux, aussi merveilleusement, s'il est permis d'employer un semblable terme, que devait le faire sa terrible antagoniste, la variole.

Nous espérons donc que le Conseil d'hygiène nous permettra de faire allusion, en nos conclusions, à la part de responsabilité qui peut revenir aux personnages qui, sous titres d'interprètes et peut-être avec le désintéressement du Barnum américain, ont suivi ces malheureux, pas à pas, de Hambourg à Paris; séjournant, durant trois mois, en un pays où cependant la vaccination est légalement obligatoire, en Allemagne; ne saisissant pas cette occasion de prévenir les dangers, et pour les Esquimaux eux-mêmes, et pour les curieux qu'on allait attirer, d'un voyage d'exhibition à travers tant de villes où la variole est presque endémique.

Il est juste de reconnaître que, pendant les vingt derniers jours de leur existence, c'est-à-dire durant la période où leur contact pouvait occasionner la somme la plus considérable de dangers, ces dangers ont été réduits par les conditions spéciales de leurs dernières résidences; à Crefeld, d'une part, où ils habitaient un jardin zoologique éloigné de la ville; à Paris, d'autre part, où non seulement ils étaient installés à distance de l'agglomération urbaine, mais où ils occupaient, dans le Jardin d'acclimatation, un pavillon spécial représentant presque les conditions qu'on eût cherché à réaliser, si l'on eût voulu les placer en quarantaine.

Avant d'apprécier la valeur des mesures appliquées déjà, ou applicables encore aux sources de dangers qui ont survécu à ces pauvres victimes, notamment leur habitation et les effets qu'ils ont infectés, votre délégué estime qu'il y a lieu d'apprécier avec calme, et à sa juste valeur, la somme de ce danger.

Ainsi que nous l'avons rappelé plus haut, il ne s'agit point du contage d'une de ces affections exotiques comme la peste ou le choléra, contre lesquelles nos règlements sanitaires nous fournissent des armes spéciales, parce qu'elles ne pénètrent chez nous que par importation, justifiant ainsi notre droit de frapper d'interdit tout ce qui vient des pays contaminés, et au besoin d'en anéantir les provenances.

Il s'agit d'une maladie endémique en Europe, dont la transmission est également à craindre, quelle que soit la nationalité de ceux qui la donnent, quelle que soit la gravité des cas qui en reproduisent les germes; le logement infecté par les Esquimaux, au Jardin d'acclimatation, logement qui n'en est pas un, puisque c'est une hutte, et où personne ne couchera même de longtemps, nous paraît moins dangereux que toutes ces habitations de la ville où meurent chaque jour des varioleux, et qui souvent, après une courte période de désinfection et de ventilation, sont rendues, nuit et jour, à d'autres occupants.

Quant à leurs effets, ils n'ont guère servi qu'à des individus en incubation de maladie, c'est-à-dire en cette période où les germes morbides ne sont pas encore régénérés par l'organisme; sont-ils plus redoutables que ces masses d'objets de literie souillés chaque jour, à Paris même, soit dans les hôpitaux, soit dans les demeures privées, par les malades qui subissent toutes les phases de leur affection, notamment l'éruption, la suppuration, la dessiccation, ces trois périodes d'acuité et d'expansion du contage?

Pas un des employés du Jardin d'Acclimatation n'a d'ailleurs été atteint du mal importé il y a plus d'un mois par les Esquimaux.

Il nous paraît sage de ramener les choses à leur véritable proportion, estimant que les pratiques sanitaires gagnent à être sanctionnées par leur degré d'utilité, et doivent être soustraites aux exagérations de certaines manifestations alarmistes.

Mais loin de nous la pensée d'affirmer qu'il y ait peu ou point à faire ici; nous pensons même que certaines précautions doivent être ajoutées à la série de sages mesures accomplies déjà, par ordre de M. le Directeur du Jardin d'Acclimatation [Albert Geoffroy Saint-Hilaire], notamment la désinfection trois fois répétée de la hutte des Esquimaux, par les vapeurs de chlore, conformément aux instructions de la Préfecture de Police, et la vaccination, au moyen d'une génisse, de tout le personnel du Jardin.

Dans un établissement où est attiré le public, les conditions de salubrité ne sauraient être trop largement garanties; nous estimons donc qu'il y aurait lieu de compléter, ce complément fût-il superflu, la désinfection du local en appliquant une méthode consacrée par son expérience à bord des navires et employée récemment avec succès dans plusieurs casernes de l'armée. Allumer dans des vases en terre une quantité de soufre représentant environ 50 grammes par mètre cube de la capacité du local à purifier; fermer immédiatement toutes ouvertures pendant 24 heures, puis ventiler largement et longuement, en maintenant tout ouvert, jour et nuit, durant un mois. Quant aux effets laissés par les Esquimaux, nous conseillons de détruire par la combustion tous ceux qui sont de minime valeur, d'assainir les autres en les immergeant dans l'eau bouillante, ou dans une étuve chauffée à 100°.

Nous voudrions enfin que, malgré son immunité jusqu'à ce jour, malgré même la réussite du vaccin animal sur quelques-uns des employés, le personnel du Jardin fût soumis à l'inoculation de vaccin d'enfant, transmis de bras à bras. Il y a là une dépense de trente francs à peine à donner en prime pour deux vaccinifères qui suffiraient largement à la totalité du personnel.

En terminant, le délégué du Conseil a l'honneur de lui proposer l'adoption des conclusions suivantes :

1º Adresser à M. le bourgmestre supérieur de Crefeld une lettre officielle de remerciements de l'avis télégraphique transmis à la Préfecture de la Seine, et des documents fournis à votre délégué.

2º Approuver l'ensemble des mesures prophylactiques appliquées par M. le directeur du Jardin d'acclimatation en l'invitant à les compléter :

A. Par la revaccination du personnel du Jardin, avec le vaccin d'enfant, inoculé bras à bras;

B. Par la désinfection, au moyen des vapeurs sulfureuses, du local occupé par les Esquimaux du 1er au 8 janvier 1881;

C. Par la purification, à l'étuve ou à l'eau bouillante, des effets de quelque valeur ayant appartenu aux victimes, et par la combustion de tous les autres objets de même provenance.

3º Transmettre un exemplaire du présent rapport à M. le Ministre des Affaires étrangères, avec prière d'apprécier l'opportunité qu'il y aurait à signaler les faits qui s'y trouvent contenus aux autorités chargées de la direction de la santé publique en Allemagne;

4° Faire ressortir aux yeux du Gouvernement français l'importance de ce fait au point de vue de l'application des règles d'hygiène internationale; le débarquement des Esquimaux en un port quelconque du littoral européen pouvant leur être aussi préjudiciable que leur débarquement à Hambourg.

Il nous semble digne du Conseil de salubrité de la Seine de mettre à profit un pareil exemple : non seulement pour réclamer des autorités compétentes, dans la mesure du possible, la vaccination immédiate, dans nos ports, des individus provenant de pays où ni vaccine, ni variole antérieure n'ont atténuée leur réceptivité; mais encore et surtout pour solliciter la pénétration dans ces pays des bienfaits de l'hygiène préventive. Y introduire la vaccine, c'est non seulement assurer quelques individus contre les périls d'un voyage en Europe, c'est prémunir l'ensemble de la population contre les dangers des germes varioliques importés par la navigation, et qui, à certains intervalles, ont, sur place, cruellement décimé ces malheureuses peuplades;

5° Ces faits démontrent une fois de plus le bien fondé des projets ayant pour but de créer des étuves publiques de désinfection, et de consacrer des voitures spéciales au transport à l'hôpital des malades atteints d'affections contagieuses.

Le Conseil croit devoir saisir cette occasion d'insister sur la nécessité de compléter, en proportion du chiffre de la population, le nombre de voitures spéciales dont la construction est projetée.

Veuillez agréer, Monsieur le Préfet, l'expression de mes sentiments respectueux.

Léon Colin

LE DÉBAT SUR LA VACCINATION OBLIGATOIRE

En 1881, le débat sur la vaccination est un sujet de grande préoccupation tant au sein des autorités médicales et d'hygiène que sur la scène politique.

Quelques jours avant le dépôt du rapport du Dr Colin, la mort des « Esquimaux » donne lieu à une discussion lors de la séance du 26 janvier 1881 de la Société de médecine publique et d'hygiène professionnelle. On y aborde l'importance de la vaccination obligatoire et on s'oppose au fait que les fourrures des Esquimaux seraient sur le point d'être mises en vente. Le texte comporte quelques erreurs sur les faits, soit : neuf « Esquimaux » au lieu de huit et quatre seraient décédés à Hambourg[230] :

> M. le Dr Laborde : Depuis plusieurs mois, des affiches placardées sur tous les murs de Paris annonçaient l'arrivée d'une famille d'Esquimaux qui devait être exhibée au Jardin d'acclimatation. Ces Esquimaux, partis au nombre de neuf de leur pays, avaient perdu quatre des leurs avant leur arrivée en France; ils étaient morts à Hambourg de la variole contractée pendant la traversée; les cinq survivants viennent de succomber à la même affection sous sa forme la plus grave à l'hôpital Saint-Louis. Il y a là un motif de plus, il me semble, pour insister sur l'obligation de la vaccination, telle que la Société l'a réclamée et telle que notre collègue, M. le Dr Henry Liouville, le demande au Parlement par la loi qu'il a déposée. C'est à ce titre que je crois devoir signaler ces faits; ne devrait-on pas vacciner tous les étrangers qui viennent à Paris dans ces conditions? Il paraîtrait même que les fourrures que portaient ces individus vont être prochainement mises en vente publique. Je de-

---

[230] Laborde, Dr. (1881, 26 janvier).

mande que la Société prenne des mesures pour empêcher cette vente[231].

M. le Dr Brouardel : Si la Société le veut bien, en raison de mes relations personnelles avec M. le directeur du Jardin d'acclimatation, je lui transmettrai la demande si légitime de notre collègue. J'ajouterai qu'il est à remarquer que ces Esquimaux sont morts comme il arrive dans les varioles graves, avant l'apparition même des pustules; la variole était probablement déjà à l'état d'incubation chez eux, lorsqu'ils sont arrivés en France, puisqu'ils avaient déjà dû laisser derrière eux cinq de leurs compagnons malades.

Le *Journal officiel de la République française* plaide lui aussi en faveur de la vaccination des étrangers qui arrivent en sol français et utilise le cas des « Esquimaux » du Labrador. Ici aussi le texte comporte des inexactitudes quant au nombre de personnes et au lieu de leur décès[232] :

> Parmi les maladies transmissibles, la variole est l'une de celles qui apparaissent encore comme les plus redoutables; mais que sont aujourd'hui ses ravages comparés à ceux que produisaient les formidables épidémies qui précédèrent l'inoculation de la variole et surtout la découverte de Jenner[233]! Les personnes grêlées, pour ne parler que des survivants, ne sont plus en majorité, comme au dix-huitième siècle; elles sont maintenant les exceptions.
>
> Cependant le nombre de varioleux est encore beaucoup trop élevé, surtout si l'on pense, comme le déclarait très justement M. le professeur Brouardel au Congrès international d'hygiène de Turin, au mois de septembre dernier, qu'un jour viendra où l'on mesurera le degré de civilisation d'un pays par le nombre de

---

[231] Aucune information n'a pu être trouvée jusqu'à présent confirmant le sort des fourrures des Inuits, mais Gwénaële Guigon, spécialiste des collections arctiques des musées français, est d'avis que « dans la mesure où les Inuits étaient atteints de la variole, il est probable que leurs vêtements furent brûlés. On constate que très peu d'exemplaires en fourrure sont parvenus jusqu'à nous, car les conditions de conservation de l'époque ne permettaient pas une conservation optimale. On découvre à travers les inventaires de différents musées à propos des anoraks en fourrure la mention "détruit par les mites". Ce n'est qu'à partir de l'après-guerre que les techniques de conservation seront plus adaptées. »
[232] Martin, A.-J. (1881, 9 février).
[233] Edward Jenner (1749-1823), médecin anglais connu comme étant le premier médecin à utiliser le vaccin contre la variole.

varioleux qu'il fournit. C'est qu'en effet la variole est, parmi les affections contagieuses, la plus facile peut-être à combattre et à prévenir, puisque la science a complètement déterminé les divers moyens propres à ce but, parmi lesquels, au premier rang, la vaccination et la revaccination, qu'une proposition de loi, présentée par M. le docteur Henri Liouville, et qui va être prochainement discutée à la Chambre des députés, tend à rendre obligatoires.

Mais s'il convient de se prémunir contre la dissémination de la variole entre les habitants d'un même pays, n'est-il pas aussi nécessaire de s'efforcer d'en empêcher l'importation provenant de pays étrangers? Un fait tout récent vient d'en montrer tout l'intérêt. Tous les Parisiens ont pu voir il y a quelques jours les murs couverts d'affiches annonçant l'arrivée d'une famille d'Esquimaux au Jardin d'acclimatation. La curiosité du publique, très avide d'ordinaire d'exhibitions de ce genre, n'a pu être satisfaite, car ils sont tous morts de la variole peu de jours après leur arrivée. Partis au nombre de neuf [sic] du Labrador, ils avaient sans doute contracté la variole sur le navire pendant la traversée, car trois d'entre eux périrent à Hambourg [sic], à peine débarqués; les autres se rendirent ensuite à Anvers [sic], où l'un d'eux resta également atteint de la variole et les cinq survivants partirent pour Paris. La Préfecture de police qui avait été prévenue télégraphiquement par le bourgmestre d'Anvers [sic], les fit immédiatement vacciner le 1er janvier et vacciner de nouveau le 7 par surcroît de précaution.

Le 9, raconte M. le docteur Landrieux devant la Société médicale des hôpitaux, ils entrèrent dans son service à l'hôpital Saint-Louis et ils ne tardèrent pas à succomber avec tous les symptômes d'une variole hémorragique des plus graves, avant même l'apparition des pustules, comme il arrive d'ordinaire dans les cas semblables.

Ces Esquimaux, qui n'avaient jamais été vaccinés dans leur pays, arrivaient donc à Paris en possession de la variole et l'on peut se demander s'il ne conviendrait pas, ainsi que le fait remarquer M. le docteur Laborde à la dernière séance de la Société de médecine publique, de vacciner à la frontière tous les étrangers qui arrivent dans de telles conditions. Faut-il même, comme il en a été question, imposer dans tous les cas semblables une sorte de quarantaine de terre analogue aux quarantaines maritimes?

> Au Labrador, la vaccine est inconnue; aussi lorsqu'un navire étranger vient à y importer la variole, celle-ci dépeuple-t-elle des villages entiers. Dans tous les pays non vaccinés, il en est de même, et c'est encore la plus meurtrière des épidémies dans l'Afrique centrale, dans l'Inde, dans le royaume des Birmans entr'autres. Il serait donc de la plus grande importance de procurer à tous ces peuples les moyens de s'en préserver.
>
> Notre corps de santé de la marine, dont le zèle et le dévouement habituels ne reculent devant aucune difficulté, a introduit la pratique régulière de la vaccination en Cochinchine, depuis notre occupation. Son savant directeur, M. le Dr Jules Rochard apprenait, à propos de la discussion soulevée par la mort des Esquimaux, qu'en 1878, les médecins de la marine ont vacciné 13 248 indigènes, en 1879, 26 939 et 43 045 pendant le 1er trimestre de 1880, soit 83 332 [83 232] en 30 mois. Dans ce nombre, on a pu vérifier les résultats sur 44 843 sujets et on a constaté 35 880 succès, c'est-à-dire 80 p. 100.
>
> [...] Il semble que les moyens employés dans ce pays éloigné pour propager la vaccination pourraient trouver une application tout aussi facile en France. [...]
>
> A.-J. Martin

Dans la 17e édition de son *Dictionnaire annuel des progrès des sciences et institutions médicales* couvrant l'année 1881, M. P. Garnier fait référence aux efforts du Dr Léon Colin pour réclamer la vaccine internationale. Lui aussi cite le cas des « Esquimaux »[234] :

> L'événement de la mort par variole hémorragique des Esquimaux du Labrador, débarqués à Hambourg et venus ensuite au Jardin d'acclimatation de Paris, d'où ils sont bientôt allés mourir à l'hôpital Saint-Louis, semble avoir été le motif déterminant de cette mesure [la vaccine internationale].

De plus, en 1881, depuis un an déjà, le Dr Henri Liouville, médecin, professeur de médecine à la faculté de Paris et député du département de la Meuse (1876-1887), tente de faire adopter

---

[234] Garnier, M.P. (1882).

une proposition de loi pour rendre obligatoires la vaccination et la revaccination.

Lors de la séance du 7 mars 1881 de la chambre des Députés, dans le cadre des débats sur cette proposition de loi, l'exemple des « Esquimaux » est à nouveau cité par le rapporteur de la chambre[235]. Ce dernier encourage ses confrères à adopter la loi dès la première délibération. Son allocution comporte les mêmes erreurs sur les faits que celles du texte paru dans le *Journal officiel de la République française*[236] :

> [...] Permettez-moi seulement, messieurs, une courte observation. La variole est une maladie éminemment contagieuse. De toutes les maladies contagieuses, elle est peut-être la plus meurtrière. Dans la dernière année, en 1880, la variole a fait, à Paris seulement, 2258 victimes. Ceux qui ont assisté au siège de Paris[237] ont pu voir avec quelle intensité elle a sévi, à ce moment, sur une population agglomérée et affamée.
>
> Pour vous citer un exemple plus récent, je vous rappellerai que des Esquimaux, au nombre de neuf, sont partis, à la fin de l'automne dernier, du Labrador pour venir à Paris. Trois sont morts à Hambourg, à peine débarqués ; un quatrième est mort à Anvers, et les cinq derniers sont venus mourir à Paris, à l'hôpital Saint-Louis, présentant tous les symptômes de la variole hémorragique, autrement dite variole noire. Voilà les actes de la variole. En présence d'un danger public réel, il est du devoir du législateur d'aborder de front cette question d'hygiène générale. La loi que vous propose M. Liouville est une loi essentiellement sociale, et c'est à ce titre que je viens vous demander de vouloir bien la voter en première délibération.

En 1881, les avis sont encore très partagés et les pressions de ligues anti-vaccination retardent l'adoption de la loi. Il faut attendre vingt-et-une années pour qu'une telle loi soit établie en France, à savoir 1902.

---

[235] Député désigné au sein d'une commission pour étudier un projet ou une proposition et présenter en son nom, en séance publique, ses observations et amendements. (Petit lexique parlementaire, Assemblée nationale de France)
[236] *Annales de la chambre des députés – Débats parlementaires*. (1881).
[237] Période s'échelonnant du 19 septembre 1870 au 28 janvier 1871 durant la guerre franco-allemande de 1870-1871.

Fig. 74 Dr Henri Liouville
(Wikimedia Commons)

Le retour des biens des « Esquimaux » au Labrador

Le 18 janvier 1881, le Frère Elsner, informé par Carl Hagenbeck, écrit une lettre au Frère Reichel lui apprenant la tragédie qui vient de se dérouler à Paris[238] :

Brême, le 18 janvier 1881

Cher Frère Reichel!

Aujourd'hui, je dois te faire part d'une nouvelle qui nous touche tous profondément, et te dire que tous les Eskimos à Paris ont été rappelés à la maison par le Seigneur. Je crois que dans les dernières lignes que je t'ai envoyées, celles inscrites sur l'enveloppe de la lettre, je t'ai dit que le deuxième enfant d'Abraham et d'Ulrike était décédé. Cette nouvelle également m'avait été transmise par M. Hagenbeck. Un peu plus tard (deux ou trois jours après) M. H., en réponse à ma demande, et sans doute en réaction à mon télégramme, m'a dit « que je ne serais pas admis pour voir les Eskimos qui souffraient de la variole à Paris ».

Ainsi, la décision m'a été facilitée de repousser pour le moment, en raison de tant de sérieux obstacles, le voyage à Paris jusqu'à ce que le Seigneur en ait aplani la voie; mais cela ne signifie pas du tout que j'aie complètement renoncé à ce voyage.

Or ce soir, nous avons été terrassés par la lettre funèbre qui nous annonçait leur décès. M. Hagenbeck lui aussi en a été très profondément affecté. Les nouvelles de Paris semblent être réduites à un télégramme, et on n'a pas davantage de détails. M. Hagenbeck ajoute ce qui suit : « Mes agents vont rester à Paris pendant encore 14 jours et, lors

---

[238] Lutz, Hartmut et al. (2007). p. 96-97.

de leur voyage de retour, ils viendront vous voir. »

C'est une grande consolation dans cette très triste histoire de savoir que les Eskimos étaient tout à fait préparés à leur trépas, oui, ils étaient prêts. Ils n'ont fait aucune honte au Seigneur ou à la mission : partout où ils allaient, et même sans paroles – puisqu'on ne les comprenait pas – ils témoignaient du fait que la croyance dans laquelle ils vivaient, celle en la rédemption par les souffrances du Seigneur, nous donne un cœur nouveau et fait de nous des êtres nouveaux. Ils étaient libérés des choses de cette terre, sauf d'un seul souhait : revoir leurs proches une fois encore, mais même pour ceci, ils se sont soumis à la volonté du Seigneur.

Frère Elsner

Jacobsen rend visite au Frère Elsner à Brême vers la fin du mois de mai[239]. Il n'est toutefois pas le seul à s'être rendu à Brême puisque le Frère Elsner informe le Frère Shaw en Angleterre que Carl Hagenbeck et Adolf Schoepf, tous deux consternés et en larmes à cause de la mort des « Esquimaux », sont venus le voir[240].

Les effets personnels des « Esquimaux » qui ont été décontaminés sont acheminés de Paris à l'Église morave de Londres par l'entremise de Carl Hagenbeck. Les responsables de l'Église morave préfèrent vendre ces biens au nom des endeuillés afin d'éviter tout risque de contagion au Labrador. Le Frère Elsner ne désire pas assumer cette tâche. Elle est donc accomplie sous la responsabilité de la *Society for the Furtherance of the Gospel* (La *Société pour l'avancement de l'évangile*, la branche commerciale de l'Église morave)[241].

Elsner s'engage à rédiger un résumé du séjour européen du groupe en se basant sur les lettres qu'il a reçues d'Abraham. Son texte est écrit en inuktitut et il en produit six copies, une pour chacune des six missions moraves au Labrador. Il reçoit deux livres sterling de l'Église morave pour ce travail[242]. Deux des six

---

[239] Les registres financiers de Hagenbeck montrent que le 30 mai 1881, ce dernier a versé 16 marks à Jacobsen pour le voyage à Brême.
[240] Thode-Arora, Hilke. (2002). p. 11.
[241] Ibid., p. 12.
[242] Ibid.

copies ont été trouvées[243].

Elsner fait également mention d'un testament manuscrit qu'Abraham aurait laissé et dans lequel il spécifie que le remboursement de ses dettes au magasin de la mission est sa priorité. La plus grande partie des objets identifiés dans ce testament ayant été brûlés ou vendus, Elsner a demandé à ce que le document ne soit pas renvoyé au Labrador[244].

Lorsque le bateau *The Harmony* quitte Londres à la mi-juin 1881, il transporte les six copies du résumé rédigées par le Frère Elsner, une valise contenant ce qui reste des effets personnels du groupe, parmi lesquels le journal d'Abraham, ainsi que la somme d'argent que les « Esquimaux » avaient gagnée pour leur travail en Europe.

Les registres financiers de Carl Hagenbeck[245] montrent qu'une somme de 1977,16 marks a été versée, le 7 juin 1881, au Pasteur Ludwig à Altona. Le Pasteur Ludwig a eu la charge d'acheminer cette somme à l'Église morave à Londres. Convertie en livres sterling, elle correspond à £ 96,91.

Les registres financiers de Hagenbeck détaillent également le calcul des revenus gagnés par chacun des huit individus.

Abraham	537,40 marks	(8 jours * 2 marks)[246] + (140 jours * 3 marks) + 101,40 marks en pourboire
Tobias	306,80 marks	(139 jours * 2 marks) + 28,80 en pourboire
Tigianniak	355,96 marks	(137 jours * 2 marks) + 81,96 en pourboire
Ulrike	286,00 marks	143 jours * 2 marks
Paingu	246,00 marks	123 jours * 2 marks
Nuggasak	220,00 marks	110 jours * 2 marks

---

[243] Les traductions en anglais et en français sont en préparation avec la collaboration du Centre culturel Torngâsok.
[244] Ibid.
[245] Préservés aux Archives du *Tierpark Hagenbeck* à Hambourg.
[246] Nous présumons qu'il s'agit du salaire gagné par Abraham en tant qu'interprète de Jacobsen pour le séjour au fjord de Nachvak.

Sara	126,00 marks	126 jours * 1 mark
Maria	137,00 marks	137 jours * 1 mark
TOTAL	**2215,16 marks**	

Aucun contrat écrit entre Hagenbeck et les « Esquimaux » n'a été établi en août 1880 à cause des réticences des missionnaires moraves. Mais selon la lettre du 26 août 1880 rédigée par les missionnaires en poste à Hebron, les hommes devaient recevoir un salaire quotidien de 3 shillings, les femmes de 2 shillings et les enfants de 1 shilling. En présumant que les shillings britanniques et les marks allemands avaient une valeur équivalente, on constate donc que Tigianniak et Tobias ont plutôt reçu le même salaire que celui accordé aux femmes.

Pour ce qui est du calcul du nombre de jours de travail pour chacun, Hagenbeck semble avoir pris en considération la période allant du 26 août, le jour de leur départ du Labrador, au jour de leur décès respectif.

Nuggasak	26 août au 14 décembre	110 jours
Paingu	26 août au 27 décembre	123 jours
Sara	26 août au 31 décembre	127 jours
Maria	26 août au 10 janvier	137 jours
Tigianniak	26 août au 11 janvier	138 jours
Tobias	26 août au 13 janvier	140 jours
Abraham	26 août au 13 janvier	140 jours
Ulrike	26 août au 16 janvier	143 jours

La somme totale accumulée par les huit personnes se chiffre donc à 2215,16 marks. De cette somme, un montant de 238 marks, équivalent à une avance qui leur avait été versée, a été retranché par Hagenbeck, laissant un total net de 1977,16 marks qui leur était dû.

Dans son journal, Johan Adrian Jacobsen mentionne lui aussi que les revenus gagnés par les « Esquimaux » ont été versés au Pasteur Ludwig.

> J'ai fait un petit voyage à Brême en raison des affaires des Eskimos décédés. J'ai vu le missionnaire Elsner. Il m'a donné l'avis de remettre les salaires que Hagenbeck devait aux Eskimos à monsieur le pasteur Ludwig d'Altona. Les honoraires ont été versés à M. Ludwig, responsable des affaires des Eskimos, et transférés à Londres. J'ai appris par la suite que le bateau était parti pour le Labrador à la mi-juin. (Journal de J. A. Jacobsen, juin 1881)

Le 13 juin 1881, alors que *The Harmony* quitte l'Europe, au Labrador, Johann Heinrich Theodor Bourquin, missionnaire à Nain, rédige une lettre dans laquelle il fait justement allusion au groupe d'Abraham. Après avoir fait face aux plaintes d'un Inuk qui met en doute l'intégrité de l'Église morave dans l'acheminement des biens et des dons monétaires provenant d'Europe, le Frère Bourquin répond à son interlocuteur que ce dernier devrait se rendre en Europe pour constater la vérité sur toutes les rumeurs qui circulent. Le Frère Bourquin ajoute[247] :

> En face de telles expériences, nous nous demandons quel aura été le sort des Esquimaux engagés par M. Hagenbeck. Impossible que la vie facile en Europe leur fasse du bien, impossible aussi qu'après leur retour, ils reprennent goût à la vie dure du Labrador. Il faudrait, pour cela, un vrai miracle.

Le Frère Bourquin reprend l'écriture de sa lettre le 15 juillet alors qu'il est à bord du bateau à vapeur *Kite*, en route pour Terre-Neuve. De toute évidence, *The Harmony* vient de faire son entrée au Labrador et a croisé la route du *Kite* puisque le Frère Bourquin écrit[248] :

> [...] le steamer qui nous emmène nous a apporté quelques premières courtes nouvelles de la patrie. On dit que nos Esquimaux de Hebron sont tous morts à Paris! Dieu veuille que ce soit dans la foi! Quel avertissement à l'adresse de nos Esquimaux! Quel témoignage d'en haut à l'appui de nos paroles et de nos efforts! Qui se serait douté d'une telle issue!

---

[247] Bourquin, Théodore. (1882). p. 27.
[248] Ibid., p. 30-31.

Dix jours plus tard, soit le 25 juillet, *The Harmony* et la nouvelle de la tragédie atteignent la communauté de Zoar. Les missionnaires en poste, Friedrich Rindereknecht et Carl Adolf Slotta, en font le résumé suivant[249] :

> Le 25 juillet, les premières nouvelles de l'Europe nous sont parvenues, incluant le récit du Frère Elsner sur la mort des visiteurs Eskimos, qui ont été exhibés en Europe à l'automne dernier et qui sont morts à Paris en janvier. Pour autant que nous puissions en juger, nous sommes enclins à penser que plusieurs de nos gens ont été impressionnés par l'histoire de l'expérience de leurs compatriotes. Plusieurs d'entre eux ont évidemment un fort désir d'effectuer un voyage en Europe : cette triste conclusion de la visite européenne de leurs amis aura certainement un effet dissuasif sur eux.

Puis, le 17 août, c'est au tour de la communauté de Hebron d'être consternée. Les missionnaires Kretschmer, Haugk et Hlawatscheck en font le résumé suivant[250] :

> La nouvelle de la mort des Eskimos en Europe, dont certains étaient membres de cette congrégation, a fait une profonde impression et, nous n'en doutons pas, pendant un certain temps à venir, modèrera efficacement le désir que certains ont d'aller en Europe dans l'espoir de devenir riche sans trop de difficulté. Le récit du Frère Elsner sur leur expérience a été communiqué le jour où nous l'avons reçu (17 août). Nous en avons été très reconnaissants. Les Eskimos ne pensent pas qu'Abraham a eu tort de se rendre en Europe, mais ils rendent les circonstances seules responsables de leurs problèmes.

Dans les *Periodical Accounts* qui résument les événements divers survenus au Labrador entre juillet 1880 et juillet 1881, l'Église morave publie une courte analyse des événements qui ont mené à la tragédie. On peut y lire[251] :

> La triste fin des Eskimos, Abraham et Ulrica de Hebron, a causé beaucoup de douleur dans les cercles familiaux. Cédant aux arguments d'un agent de M. Hagenbeck de Hambourg, ils ont accepté, en échange d'une somme

---

[249] *Periodical Accounts Relating to the Missions of the Church of the United Brethren Established Among the Heathen.* (1882). p. 114.
[250] Ibid., p. 116.
[251] Ibid., p. 96.

considérable d'argent, de voyager en Europe en compagnie d'une famille d'Eskimos païens, et de se laisser exhiber dans divers jardins zoologiques. Lorsque averti par les missionnaires des dangers d'un tel voyage en Europe, Abraham a parlé de sa pauvreté et de son espoir de pouvoir rembourser ses dettes et améliorer son sort en gagnant un salaire libéral pour peu de travail. En dépit du traitement libéral et scrupuleusement bon qu'ils recevaient, les pauvres Eskimos ont vite découvert qu'ils avaient fait une grave erreur. Le long voyage en mer, associé à une peur secrète, celle de ne pouvoir jamais revenir dans leur pays natal, ont eu un effet mortellement déprimant sur eux; la nostalgie et un certain sentiment de dégradation dans le rôle qu'ils s'étaient mis à jouer, pesaient sur eux si fortement que rien sauf le sens du devoir ne pouvait les réconcilier avec leur destin. En même temps, dans la Providence de Dieu, ils étaient destinés, contrairement à leurs compagnons païens, à prouver au monde civilisé de l'Europe que le christianisme est la seule vraie civilisation, qu'il imprègne la vie, le caractère et la conduite, et à témoigner, par leur mort, qu'il peut apporter la paix au cœur de l'Eskimo croyant, et changer les états déprimants de nostalgie en des aspirations résignées pour un monde meilleur. Après beaucoup de souffrances corporelles infligées par la variole qui les a attaqués pendant leur voyage, ils se sont endormis en Jésus à Paris, confiants dans le Sauveur, et avec l'espoir que, grâce à leurs avertissements et à leurs supplications, leur compatriote païen s'était mis à chercher le Seigneur.

Puis, un an plus tard, en 1882, la lettre suivante rédigée par les missionnaires en poste à Hebron est publiée dans *Le Journal de l'Unité* et explique comment la communauté de Hebron a fait face à la perte des êtres chers[252] :

Bien sûr, jamais nous n'avons pensé que les Eskimos auraient à payer leur décision de leur vie; qu'ils auraient le mal du pays, cela Ulrike l'avait prédit. Nous sommes heureux (lieb ist es uns!), car il fallait qu'un jour la situation devienne assez sérieuse pour qu'Abraham reconnaisse son erreur et en ait honte.

---

[252] Lutz, Hartmut *et al.* (2007). p. 125-126.

L'hiver dernier, alors qu'une immense pauvreté régnait, nous étions souvent reconnaissants qu'Abraham ne soit pas resté ici pour nous être agréable. Combien de fois l'aurions-nous entendu dire qu'il avait renoncé à ces gains si élevés à cause des maîtres et qu'il devait maintenant souffrir chez eux. Le plus commode pour nous serait de toujours laisser les Eskimos vivre selon leur propre volonté. Abraham était notre meilleur violoniste à l'église, et il nous manquera souvent. Nous avions espéré que son voyage en Allemagne et la bonne musique qu'il y entendrait pour la première fois seraient profitables tant à son talent qu'à nous-mêmes.

Or le Seigneur a décidé selon Sa propre volonté et a mis ceux qui souffraient d'être loin de chez eux dans un meilleur pays, les a sauvés du péché et de la misère terrestre, et en même temps, a donné une leçon à tous ceux d'ici qui rêvent d'aller en Europe; car s'ils étaient revenus en bonne santé et riches, l'envie d'aller en Europe et de s'enrichir serait devenue une épidémie parmi les autres Eskimos. Beaucoup d'entre eux, qui regardaient partir l'an dernier avec envie Abraham et ses compagnons, sont maintenant silencieux et heureux de ne pas être allés avec eux.

Comme M. Hagenbeck, en dépit de ses lourdes pertes, a payé honnêtement tout ce qui était dû, les proches du défunt ont reçu la généreuse somme de 1120 marks. Malheureusement, la suspicion se répand et est fomentée avec malveillance par des gens étrangers à cette affaire et qui prétendent que, outre la valise des défunts qui nous est parvenue de Hambourg – et que, par mesure de précaution, nous avions ouverte immédiatement sur la plage en présence du timonier et des Eskimos – un autre sac serait arrivé contenant des biens d'Abraham et de Tobias. Les gens croient avoir appris cela du timonier du capitaine; on parle aussi d'une somme de 5000 marks qu'ils sont censés avoir gagnée. Les membres de l'équipage leur racontent ce qui a été écrit dans les journaux et ils en tirent leurs propres conclusions; quand ils entendent que des milliers de personnes sont venues les voir en une seule journée, ils pensent que tout l'argent ainsi gagné appartenait à leurs compatriotes.

Or tout le monde sait que les Eskimos ne sont pas des meilleurs avec les systèmes numériques ou l'art de calculer, et cela ne fait aucune différence pour eux si vous multipliez un nombre par 4 ou par 5. Cependant, en dépit de leur bonne conscience, ce soupçon blesse nos frères, et ils doivent laisser au Seigneur le soin de les défendre dans le cœur des gens. Pour ces derniers aussi, malheureusement, cet état d'esprit est un grand malheur. Malgré tout ce qui s'est passé, il ne serait pas impossible que, si on leur demandait de nouveau l'année prochaine d'aller en Europe, certains se laisseraient encore séduire dans l'espoir de devenir riche.

Des frères qui connaissaient Abraham et qui l'ont rencontré de nouveau en Europe, expriment leur douleur profonde et sincère, mais aussi leur confiance en la Providence divine. Les événements ont prouvé que les missionnaires de Hebron avaient raison : le Seigneur a puni Abraham pour sa désobéissance, et la Providence a montré que le monde est en effet rempli de dangers menaçants.

Donc, ce texte nous apprend que les familles des défunts se sont vues remettre un total de 1120 marks alors que les registres de Hagenbeck montrent qu'il en a versé 1977, soit presque 860 marks de plus. On peut se demander ce qui est advenu des sommes recueillies grâce à la vente, par l'Église morave à Londres, des biens des « Esquimaux ». La différence peut-elle s'expliquer uniquement par la déduction de la dette d'Abraham ?

En juin 1881, Johan Adrian Jacobsen écrit dans son journal que les familles étaient très contentes de la somme reçue :

> Il s'agissait par rapport au niveau de vie des Eskimos, d'une jolie somme et d'après ce que les missionnaires moraves ont rapporté à Hagenbeck, il semblerait que la famille ait été très contente. (Journal de J. A. Jacobsen, juin 1881)

Toutefois, la lettre des missionnaires citée plus haut nous permet de douter de cette affirmation. Les preuves requises pour éliminer tous les doutes n'ont pas encore été trouvées.

Le 23 août 1882, Marie Kretschmer, épouse du Frère Kretschmer qui a traduit le journal d'Abraham en allemand, écrit une lettre dans laquelle elle confirme que deux ans après sa mort, la communauté de Hebron pense encore souvent à Abraham[253] :

> On a souvent parlé d'Abraham, cet hiver. Nous l'avons beaucoup regretté, entre autres comme musicien. Il était notre premier violon et jouait avec plus de sentiment que ses collègues qui ne visent qu'à faire autant de bruit que possible.

Finalement, en 1888, le missionnaire Benjamin La Trobe, visite les différentes missions du Labrador à bord de *The Harmony*. Dans son journal, il rapporte avoir passé huit jours à Hebron, durant lesquels, le dimanche après la messe, plusieurs personnes lui ont été présentées comme étant des membres de la famille d'Abraham et de Tobias[254]. Dommage qu'il ne les ait pas identifiées et qu'il ne nous ait pas fait part de leurs discussions.

---

[253] Kretschmer, Marie. (1883). p. 120.
[254] La Trobe, Benjamin. (1888).

La calotte crânienne de Paingu

Revenons maintenant à Paris, en janvier 1881, afin d'explorer plus à fond les événements qui s'y sont déroulés après le décès des « Esquimaux ».

Lors de la séance du 6 janvier 1881 de la Société d'anthropologie de Paris, le Dr Arthur Bordier[255], qui en est alors le secrétaire, présente à l'assemblée la calotte crânienne d'un « Eskimo » du Labrador décédé récemment en Allemagne. Bien qu'il y ait erreur sur le sexe de la personne et sur le lieu du décès, cette calotte ne peut être nulle autre que celle de Paingu puisque, dans son journal, Jacobsen admet s'en être emparé à Crefeld puis l'avoir remise à un professeur à Paris.

> [...] le musée parisien (Trocadéro) avait aussi acquis divers objets [...] de même que la boîte crânienne de la femme Paingo que les médecins de Crefeld avaient détachée pour chercher l'origine de la maladie et que je gardais (enveloppée dans du papier) au milieu de mes vêtements dans ma valise. Quand je sortis de l'hôpital un professeur du muséum vint examiner ce que j'avais trouvé dans les tombes du Labrador et je la lui offris parce que je voulais m'en débarrasser. Le professeur l'accepta avec joie, la fourra sous son pardessus et s'en alla. (Journal de J. A. Jacobsen, Ajouts à la page 150)

Il ne fait aucun doute que Jacobsen a remis la calotte à quelqu'un à Paris, mais qu'il l'ait fait à sa sortie de l'hôpital est douteux, la calotte ayant été présentée aux membres de la Société d'anthropologie de Paris 3 jours avant que le groupe soit admis à l'hôpital, 10 jours avant le décès du dernier survivant et 11 jours avant la sortie d'hôpital de Jacobsen.

---

[255] Arthur Bordier (1841-1910), médecin anthropologue fondateur de la Société de médecine publique et membre du Conseil d'hygiène publique et de salubrité de la Seine et de la Société d'anthropologie de Paris.

La section du journal de Jacobsen où il mentionne la calotte a été rédigée à une date ultérieure, date qui nous est inconnue, et qui pourrait très bien être plusieurs années après les évènements. Donc, quand et à qui Jacobsen a-t-il remis la calotte exactement? On l'ignore encore, mais nous savons que le 6 janvier 1881 elle était entre les mains du Dr Arthur Bordier[256] :

> Je vous présente la calotte crânienne d'un Esquimau mort depuis peu de jours à Francfort. Malheureusement le médecin qui a fait son autopsie, ne l'a faite qu'au point de vue médical, et nous n'avons de cet individu qu'une pièce : sa calotte crânienne.
>
> L'indice céphalique qu'elle présente est de 76,4, ce qui indique une dolichocéphalie assez peu prononcée pour un Esquimau. Cependant, la moyenne que j'ai observée chez les hommes de cette race est aussi de 76.
>
> Les Esquimaux qui sont actuellement au Jardin d'acclimatation sont du Labrador et non du Groenland, leur type est différent : ils sont plus grands, plus barbus, moins dolichocéphales, et le nez a une forme différente; il se rapproche un peu plus du nez aquilin. Il semble qu'ils soient croisés avec les Peaux-Rouges.
>
> J'ai aussi, du même individu, une mèche de cheveux qui sera étudiée au laboratoire.

Le Dr Bordier fait don de la calotte au Laboratoire d'anthropologie de Paris et cette dernière rejoint les rangs de la collection du Musée Broca. Après le démantèlement du Musée Broca, elle prend la route des collections d'anthropologie du Musée de l'Homme. Elle s'y trouve toujours.

Quant à la mèche de cheveux de Paingu, on n'a pas retrouvé sa trace. Ceci dit, le Musée de l'Homme à Paris possède dans ses collections d'anthropologie, une collection de cheveux héritée du Dr Paul Latteux. En 1876, ce dernier a été mandaté par le Dr Paul Broca pour étudier les cheveux des différentes races humaines de la collection du Musée Broca[257]. Dans la collection du Dr Latteux, on trouve cinq mèches appartenant à des « Esquimaux ». Aucun détail n'est fourni sur la provenance de ces mèches sauf que quatre d'entre elles sont identifiées

---

[256] Bordier, Arthur. (1881).
[257] Latteux, Dr. (1877).

comme suit : l'aîné, le chef, la femme, le deuxième. La cinquième mèche n'a pas de qualificatif.

Se pourrait-il que le Dr Latteux les ait prélevées sur les « Esquimaux » du Groenland qui étaient au Jardin d'acclimatation en novembre 1877 ou sur ceux du Labrador qui y étaient en janvier 1881? Dans les deux cas, les groupes se composaient de quatre adultes, trois hommes et une femme, ce qui correspond à l'identification des mèches.

Se pourrait-il que l'aîné soit Tigianniak? Le chef, Abraham? La femme, Ulrike? Le deuxième, Tobias?

Pour l'instant, la question n'a pas été élucidée, mais l'hypothèse est que ces mèches appartiennent aux Groenlandais de 1877 de qui il aurait été facile d'obtenir ces échantillons lors de l'examen par les membres de la Société d'anthropologie de Paris.

Les mèches sont classées dans une boîte avec des cheveux d'Amérique du sud et certaines sont de couleur brun ou même châtain, donc plus pâles que la couleur noire rapportée par les anthropologues du XIXe siècle qui ont étudié tant les « Esquimaux » du Groenland que ceux du Labrador. Une autre énigme qui sera peut-être résolue un jour.

Fig. 75 Tigianniak, Paingu et Nuggasak
illustration d'E. Krell.
Voir Ratzel, Friedrich. (1886).

Les moulages de trois cerveaux

Lorsque les Groenlandais séjournèrent au Jardin d'acclimatation en 1877, le Dr Paul Topinard[258] et le Dr Arthur Bordier faisaient tous deux partie de la commission qui a été autorisée à se rendre au Jardin d'acclimatation pour les étudier et les mesurer.

Fig. 76 Dr Paul Topinard
(Photo offerte par la Bibliothèque de l'Académie de médecine de Paris)

Début janvier 1881, espérant répéter l'opération avec les « Esquimaux » du Labrador, le Dr Topinard fait parvenir une

---

[258] Paul Topinard (1830-1911), secrétaire général de la Société d'anthropologie de Paris, directeur-adjoint du Laboratoire d'anthropologie de l'École pratique des hautes études et professeur à l'École d'anthropologie.

requête au directeur du Jardin d'acclimatation, Albert Geoffroy Saint-Hilaire qui répond favorablement à sa demande. Il écrit[259] :

> Bois de Boulogne, le 5 janvier 1881
>
> Monsieur,
>
> Je suis tout à votre disposition pour faciliter à la commission déléguée par la Société d'anthropologie, l'examen de nos Esquimaux.
>
> Veuillez bien me dire le nombre de personnes que comprendra cette commission et le jour fixé pour la visite au Jardin d'acclimatation. Je m'empresserai de vous faire parvenir des autorisations permettant d'entrer au Jardin, et de pénétrer dans l'enceinte réservé aux Esquimaux.
>
> Je me fais un plaisir de vous envoyer inclus quelques tickets pour votre usage personnel. J'espère que vous les utiliserez avant que la petite caravane que nous hébergeons en ce moment, ne quitte Paris pour retourner au Labrador.
>
> Veuillez agréer, Monsieur, l'assurance de mes sentiments distingués.
>
> Le Directeur
> Albert Geoffroy Saint-Hilaire

Quelques jours plus tard, Albert Geoffroy Saint-Hilaire s'empresse d'écrire au Dr Topinard lui demandant de ne pas convoquer la commission, tous les « Esquimaux » ayant été admis à l'hôpital. Il écrit[260] :

> Bois de Boulogne, le 11 janvier 1881
>
> Monsieur,
>
> Je reçois votre lettre en date du 10 courant et je m'empresse de vous prier de ne pas convoquer la commission qui devait venir jeudi prochain, examiner nos Esquimaux.
>
> Ces malheureux étrangers étaient trop sérieusement ma-

---

[259] Lettre conservée aux Archives de la Société d'anthropologie de Paris (Carton B1, n° U98).
[260] Lettre conservée aux Archives de la Société d'anthropologie de Paris (Carton B1, n° U97).

lades pour que nous puissions les garder plus longtemps. Nous les avons fait transporter à l'hôpital St-Louis. Je n'ose pas espérer leur guérison, car ces pauvres gens sont atteints d'une maladie vraiment foudroyante (variole).

Agréez, Monsieur, la nouvelle assurance de mes sentiments distingués.

Le Directeur
Albert Geoffroy Saint-Hilaire

À la suite de la réception de cette lettre, le Dr Topinard se rend à l'hôpital Saint-Louis et y rencontre le Dr Landrieux. Ce dernier résume leur rencontre dans la lettre suivante[261] :

Mon cher ami,

Que de lettres, que de démarches ont suscité ces pauvres Esquimaux? M. Topinard étant venu à l'hôpital St-Louis les voir, de la part de G. St Hilaire, j'ai cru de mon devoir de lui faire don de ce qu'il m'était possible de faire enlever par mon interne. J'ai donc fait envoyer par le garçon d'amphithéâtre 3 calottes crâniennes et 3 cerveaux; ces pièces ont été déposées au laboratoire d'anthropologie.

Sans aucun doute, il vous aurait été possible <u>de faire plus</u>, mais le temps pressait. Je recevais bien des lettres de Bordier, de Pozzi[262], etc. mais les pièces restaient à l'amphithéâtre exposées au froid et à la décomposition. Je ne puis être taxé de négligence à aucun égard.

Les cinq cadavres sont inhumés en fosse commune au cimetière St Ouen – je crois qu'il serait possible, <u>grâce à votre intervention</u>, de procéder à l'exhumation.

Si vous voulez plus de renseignements, je suis à St Louis tous les matins de 9 h à 10 h.

Votre tout dévoué,

Landrieux

---

[261] Lettre conservée dans les archives des collections d'anthropologie, Musée de l'Homme, Paris.
[262] Samuel Pozzi (1846-1918) était chirurgien et professeur agrégé à la faculté de médecine et membre de la Société d'anthropologie de Paris.

Le Dr Topinard se rend donc à l'hôpital Saint-Louis de la part d'Albert Geoffroy Saint-Hilaire, non pas pour y voir les « Esquimaux » et les réconforter, mais pour s'assurer que, à la suite de leur décès, les anthropologues parisiens pourront récupérer des pièces de leur anatomie qui seront utiles à leurs études sur les races humaines.

Les calottes crâniennes et les cerveaux de trois individus sont donc prélevés. Mais lesquels? La réponse est fournie dans l'allocution que le Dr Théophile Chudzinski (1840-1897), préparateur titulaire au Laboratoire d'anthropologie de l'École pratique des hautes études, prononce, le 5 mai 1881, devant la Société d'anthropologie de Paris[263] :

Fig. 77 Théophile Chudzinski
(© 2014. Musée du quai Branly/Scala, Florence)

Les trois encéphales des Esquimaux sont arrivés au Laboratoire d'anthropologie de l'École pratique des hautes études deux semaines après la mort, et comme ils ont séjourné, pendant ce temps, dans l'eau faiblement alcoolisée, on conçoit aisément dans quel état déplorable on les a reçus au laboratoire.

---

[263] Chudzinski, Théophile. (1881).

Voici, d'ailleurs, les deux hémisphères de Paulus Abraham, qui témoignent de l'état de décomposition complet de son encéphale.

Pour les autres encéphales, nous avons réussi à les durcir et à les conserver de façon que l'étude de leurs circonvolutions pouvait [sic] se faire facilement. De ces trois encéphales esquimaux, deux appartiennent à des hommes, et l'autre à une femme.

Le premier de ces encéphales est celui de Tobias Ignatius, âgé de vingt-trois ans, et décédé le 13 janvier 1881; son poids est de 1398 grammes.

Le second encéphale est celui de Paulus Abraham, âgé de trente-cinq ans, mort le 14 [sic] janvier; le poids de cet encéphale n'est pas connu, à cause de son état de décomposition très avancée.

Le troisième encéphale est celui de la femme esquimaude, Ulrika Hénocq, âgée de vingt-quatre ans, sœur [sic] de Paulus Abraham; elle est morte le 16 janvier, et le poids de son encéphale est de 1236 grammes.

Nous avons l'honneur de présenter à la Société d'anthropologie les moules de plâtre de ces trois encéphales, qui sont remarquables, à plusieurs titres, par leur conformation extérieure.

Chudzinski poursuit son allocution avec son étude détaillée des cerveaux (que vous retrouverez à l'annexe D).

Les cerveaux obtenus étant ceux des trois dernières personnes décédées, nous présumons que la visite du Dr Topinard à l'hôpital Saint-Louis a eu lieu le 12 ou le 13 janvier 1881, soit après que les corps de Maria et de Tigianniak sont déjà partis au cimetière, mais avant que Tobias, Abraham et Ulrike ne décèdent ou du moins, que leur corps ne subissent le même sort.

Les moulages sont fabriqués au 2e étage[264] du Réfectoire du Couvent des Cordeliers qui, depuis 1876, abrite la Société, l'école et le laboratoire d'anthropologie, ainsi que le Musée Broca, musée réunissant les collections de la Société d'anthropologie de Paris et celle de son fondateur, le Dr Paul

---

[264] Troisième étage pour les Nord-Américains.

Broca. « Tous les anthropologistes connaissent l'inconfortable escalier qui mène au deuxième étage du Réfectoire des Cordeliers. [...] Le long couloir sur lequel il débouche aboutit à la salle de cours et aux locaux appartenant à l'École. À droite de ce couloir sont le Musée Broca et la salle de réunion de la Société; à sa gauche, le Laboratoire[265]. »

Fig. 78 Réfectoire du Couvent des Cordeliers
Photo d'Eugène Atget. (© Ministère de la Culture/Médiathèque du Patrimoine, Distr. RMN-Grand Palais/Art Resource, NY.)

Une fois complétés, les moulages des cerveaux sont intégrés à la collection du Musée Broca. Ils font partie d'une « remarquable collection de moulages cérébraux exécutés par Chudzinski et qui ne comprend pas moins de 714 moulages. Chacun représente une véritable préparation : l'opération même du moulage ne donne en effet que la surface de l'encéphale. Les scissures, les sillons ont été modelés à la pointe sur le plâtre encore frais; une telle opération, qui ne peut être exécutée que par un anatomiste professionnel doublé d'un artiste très habile, permet de reproduire tous les détails de l'écorce, dont on déploie tour à tour les diverses circonvolutions. Et les pièces ainsi obtenues, non

---

[265] Vallois, H.L. (1940). p. 5.

seulement, sont plus maniables que le cerveau lui-même, mais montrent d'une façon permanente des dispositions profondes qu'on ne pourrait voir sur le cerveau conservé qu'en le détruisant. Aucun musée au monde n'a, à ce point de vue, une collection aussi étendue que celle du Musée Broca. La moitié environ des moulages concerne le cerveau humain [...][266] »

Fig. 79 Squelettes et moulages de cerveaux, Musée Broca
(© 2014. Musée du quai Branly/Scala, Florence)

La première preuve tangible retrouvée jusqu'à présent de l'utilisation des moulages des cerveaux d'Abraham, d'Ulrike et de Tobias date de 1888. Les pièces sont alors étudiées par Georges Hervé[267] pour son livre *La circonvolution de Broca* dans lequel il décrit les trois cerveaux. Vous retrouverez l'intégralité de son texte à l'annexe E. Voici les phrases où il identifie les trois cerveaux étudiés[268] :

> Nous avons eu la bonne fortune de pouvoir étudier trois cerveaux d'Esquimaux provenant de deux sujets masculins et d'une femme de cette race morts à Paris en janvier 1881. Avec son habileté consommée, M. Chudzinski a fait

---

[266] Ibid., p. 10-11.
[267] Médecin et professeur-adjoint à l'École d'anthropologie à Paris.
[268] Hervé, Georges. (1888). p. 134-136.

de ces pièces si précieuses des moulages déposés au Musée Broca.

1. Paulus Abraham, 35 ans. — Cerveau extraordinairement simple. Circonvolutions très larges, peu flexueuses, à limites parfaitement nettes. [...]

2. Tobias Ignatius, 21 ans. — Circonvolutions extrêmement larges, massives, simples mais irrégulières.

3. Henocq Ulrika, 24 ans, sœur [sic] du précédent. — Cerveau simple, mais à circonvolutions moins larges et plus flexueuses que chez les deux hommes.

En 1901, c'est au tour de l'anthropologue tchèque Aleš Hrdlička, de publier son livre, *An Eskimo Brain* (*Un cerveau eskimo*), dans lequel il inclut une partie de l'étude de Théophile Chudzinski sur les cerveaux d'Abraham, d'Ulrike et de Tobias. Il compare ceux-ci avec les cerveaux de quelques « Esquimaux » de la région de Smith Sounds. Hrdlička écrit[269] :

> Les seuls documents antérieurs concernant des cerveaux esquimaux dont j'ai pu prendre connaissance sont ceux décrits par Chudzinski, et publiés dans le *Bulletin de la Société d'anthropologie de Paris*, 1886[270]. Les cerveaux décrits par cet auteur sont ceux de Tobias Ignatius, mâle, 23 ans; Paulus Abraham, homme, 35 ans, et Ulrika Hénocq, femme, 24 ans. La localité d'où ces sujets sont originaires n'est pas précisée, mais il y a des raisons de croire qu'ils appartenaient aux Esquimaux du Groenland de l'est.
>
> Les trois cerveaux présentent certaines similitudes intéressantes, mais aussi de nombreuses caractéristiques différentes de celles de l'un des spécimens identifiés dans le présent document. [...]
>
> Les similitudes entre les cerveaux signalés par Chudzinski et celui décrit ici consistent en l'important volume des hémisphères cérébraux; longues fissures centrales; division sagittale des parties mésiales du gyrus frontal supérieur; la grande taille du lobe limbique chez Tobias, et la grande taille du lobe avec une tendance à une division longitudinale chez Ulrika.

---

[269] Hrdlička, Aleš. (1901).
[270] Erreur de date. L'article a été publié en 1881.

Les différences sont : la faible différenciation dans les spécimens de Chudzinski des circonvolutions et le caractère simple des sillons, en particulier sur les lobes frontaux, un défaut de développement de la circonvolution frontale inférieure (en particulier chez Tobias); très grande frontale ascendante et circonvolution pariétale ascendante; simplicité des circonvolutions pariétales, grand élancement du gyrus temporal supérieur, et très petit cunéus.

Les causes de ces nombreuses différences ne sont pas claires. L'infériorité morphologique des deux cerveaux masculins décrits par Chudzinski, et, d'autre part, la supériorité marquée des cerveaux de Kishu et même de celui de Nooktah [Nuktaq], peuvent être dans une certaine mesure des conditions individuelles et représentent plutôt les extrêmes que la moyenne des cerveaux esquimaux. D'un autre côté, il est possible que Paulus Abraham et Tobias Ignatius appartenaient à une famille de la grande tribu esquimaude intellectuellement moins développée que le groupe de Smith Sounds auquel Kishu [Qisuk] et Nooktah [Nuktaq] appartenaient. Le groupe de Smith Sounds que le lieutenant Peary[271] a amené à New York ne présentait en aucun cas des personnes amorphes ou incapables[272]. Cela est particulièrement bien démontré chez Menee [Minik], le fils de Kishu, qui a non seulement fait preuve d'une remarquable facilité pour s'adapter à tous les points de vue à la vie civilisée, mais a aussi fait de très grands progrès à l'école publique[273]. Les différences marquées entre les spé-

---

[271] Robert Peary (1856-1920), explorateur américain de l'Arctique bien connu pour ses prétentions controversées d'être le premier à avoir atteint le pôle Nord.
[272] En 1897, Robert Peary a ramené avec lui à New York un groupe de six Inuits du nord du Groenland (trois adultes et trois enfants). Parmi eux se trouvaient Qisuk et Nuktaq, deux hommes qui avaient travaillé pour lui en 1891. Qisuk était accompagné de son jeune fils, Minik. Très rapidement, les trois adultes et un enfant contractèrent la tuberculose et décédèrent. Minik, orphelin, fut adopté par William Wallace, conservateur au *American Museum of Natural History*. Voir Harper, Kenn, (2000).
[273] Minik avait de 6 à 7 ans lorsqu'il fut amené aux États-Unis. Après la mort de son père, il fut éduqué et a grandi aux États-Unis. En 1906, il découvrit que l'enterrement de de son père, auquel il avait assisté, était une supercherie organisée par son père adoptif et le musée puisque le squelette de Qisuk était exhibé dans les galeries du musée. Minik retourna au Groenland au début des années 1910 puis revint aux États-Unis en 1916 où il décéda deux ans plus tard, au New Hampshire, durant l'épidémie de grippe espagnole. Les restes de Qisuk, de Nuktaq et des deux autres Inuits décédés à New York en 1897 furent rapatriés

cimens décrits par Chudzinski et dans le présent document de ceux des Blancs, ainsi que celles qu'ils présentent entre eux, rendent l'acquisition future de cerveaux esquimaux très souhaitable.

Finalement, en 1902, le Dr Edward Anthony Spitzka, un anatomiste américain auteur de plusieurs textes sur l'anatomie du cerveau, publie le premier chapitre de *Encephalic Anatomy of the Races* (*L'anatomie encéphalique des races*) qui porte sur l'étude des cerveaux des trois « Esquimaux » de Smith Sounds. Il y fait un résumé des études de Théophile Chudzinski et d'Aleš Hrdlička sur les moulages des cerveaux d'Abraham, d'Ulrike et de Tobias. Le Dr Spitzka écrit[274] :

> Seuls quatre cerveaux eskimos ont jusqu'à présent été décrits : trois par Chudzinski et un par Hrdlička. Les spécimens de Chudzinski étaient ceux des Eskimos morts de la variole à l'hôpital Saint-Louis de Paris. Les cerveaux avaient été placés dans de l'alcool à très faible concentration pendant deux semaines avant que Chudzinski les obtienne. [...]

> Chudzinski n'indique nulle part d'où ces Eskimos venaient. On doit présumer qu'ils étaient du Groenland, et d'une tribu inférieure, différente à bien des égards des habitants du détroit de Smith. Chudzinski affirme catégoriquement qu'à cause du volume considérable du cerveau de ses Eskimos, il y a une simplicité notable dans la structure fissurale et gyrale; les circonvolutions sont non seulement dites être assez larges et pauvres en « fissures et divisions tertiaires, mais elles ne sont que légèrement flexueuses ». Cette simplicité, soutient-il, est particulièrement marquée dans les lobes frontaux, qui sont « aplatis de haut en bas ». La forme générale était, selon Chudzinski, celle d'un cerveau dolichocéphale. Il décrit le lobe frontal comme relativement faible, tandis que le pariétal, en particulier, était considérablement développé. Les circonvolutions frontales étaient de « configuration très simple, en particulier chez Tobias Ignatius ».

---

au Groenland en 1993. Minik repose toujours aux États-Unis. Voir Harper, Kenn, (2000).
[274] Spitzka, Edward Anthony. (1902).

Qu'est-il advenu de ces moulages depuis ces études qui remontent à plus de 110 ans? Par suite du démantèlement du Musée Broca au milieu du XXe siècle, nous savons qu'une partie de la collection de moulages de cerveaux faits par Théophile Chudzinski fut acquise par le laboratoire d'anatomie de la faculté de médecine de l'université Paris Descartes, alors dirigé par le professeur André Delmas[275]. Pendant plusieurs années, le professeur Delmas s'est chargé de restaurer et d'élargir les collections du Musée d'anatomie Orfila[276] et d'y intégrer celles du Musée Rouvière[277]. Le résultat de son travail fut la mise sur pied du plus grand musée d'anatomie de France connu sous le nom de Musées anatomiques Delmas-Orfila-Rouvière.

De 1953 jusqu'en 2011, les Musées anatomiques Delmas-Orfila-Rouvière ont occupé les salles d'exposition et les galeries du huitième étage de la faculté de médecine, rue des Saints-Pères à Paris. En 2011, leurs collections ont été acquises par l'Université de Montpellier 1 et, à l'heure actuelle, celles-ci sont conditionnées pour un entreposage prolongé en attendant que le nouveau propriétaire en prenne possession.

Le dernier conservateur des Musées anatomiques Delmas-Orfila-Rouvière, M. Christian Prévoteau, a néanmoins pu retrouver des photographies confirmant que des moulages de cerveaux « esquimaux » font bel et bien partie des collections du musée. Ils se trouvaient dans la vitrine C9 au moment de la fermeture du musée. Sur un petit carton placé à la gauche de l'un des cerveaux on lit « Ulrika Hénocq, 24 ans, Esquimaude morte le 16 janvier 1881 ».

À l'automne 2013, M. Prévoteau a été en mesure de reconstituer la vitrine C9 et de confirmer de manière absolument certaine que les moulages de cerveaux qu'on y voit appartiennent aux trois « Esquimaux » du Labrador. La certitude vient du fait que leurs noms sont gravés sur les pièces. Pour ce qui est des trois moulages endocrâniens qui sont aussi présents dans la photo de

---

[275] Compte rendu d'une réunion tenue le 2 juin 1975 pour discuter de l'établissement de contrats de dépôts concernant la Société d'anthropologie et du Laboratoire d'anthropologie biologique de l'EPHE (Lab. Broca). Conservé aux Archives de la Société d'anthropologie de Paris.
[276] Fondé par Mathieu Orfila, médecin et chimiste d'origine espagnole (1787-1853), doyen de la faculté de médecine de 1831 à 1848.
[277] Fondé par le médecin et anatomiste Henri Rouvière (1876-1952).

la vitrine, ils ne comportent pas d'identification, seulement le mot « Esquimau » accompagné parfois du chiffre 2 ou 3.

Les inscriptions gravées sur les moulages nous apprennent qu'au moins un des moulages a été fait non pas par Théophile Chudzinski, mais par Félix Flandinette, préparateur au laboratoire d'anthropologie.

Fig. 80 Tobias, Abraham, Ulrike, Sara et Maria, 1880
(Archives moraves, Herrnhut)

L'EXHUMATION DES « ESQUIMAUX »

Revenons à la lettre du Dr Landrieux dans laquelle il écrit : « Je crois qu'il serait possible, grâce à votre intervention, de procéder à l'exhumation. »

Fig. 81 Armand de Quatrefages
(Wikimedia Commons/BnF)

Le destinataire de cette lettre n'est pas identifié, mais il s'agit sans doute de Jean Louis Armand de Quatrefages, responsable de la chaire d'anthropologie du Muséum national d'Histoire naturelle (MNHN).

Peu de temps après le décès des « Esquimaux », de Quatrefages adresse une demande à la Préfecture de police de la Seine pour que leurs corps soient exhumés et intégrés à la collection d'anthropologie du Muséum.

Cette requête n'a pas été trouvée, mais la réponse de la Préfecture de police se trouve dans les archives des collections d'anthropologie du Musée de l'Homme à Paris. Elle se lit comme suit et est adressée à de Quatrefages :

Paris, le 10 mars 1881

Monsieur,

Vous m'avez exprimé le désir de faire exhumer les corps des cinq Esquimaux décédés de la variole dans le courant du mois de janvier dernier à l'effet de placer leurs squelettes dans la collection anthropologique du Muséum.

J'autorise volontiers l'exhumation dont il s'agit dans l'intérêt de la science, mais comme il y a des précautions à prendre au point de vue de la santé publique, j'ai sur votre indication même demandé à M^r le Professeur Brouardel de vouloir bien présider à l'opération et déterminer dans quelles conditions et à quelle époque elle pourrait avoir lieu sans inconvénients.

Mr Brouardel a accepté cette mission avec empressement.

Il s'entendra en temps utile avec vous, Monsieur, pour tous les détails de l'opération dont les frais seront naturellement à votre charge.

Les Esquimaux ont été inhumés dans le cimetière Saint-Ouen.

Agréez, Monsieur, l'assurance de ma considération la plus distinguée.

Le Député, Préfet de Police.

Le Dr Brouardel, médecin légiste et titulaire de la chaire de médecine légale de la Faculté de médecine de Paris, est également membre du Conseil d'hygiène et de salubrité du département de la Seine. Durant la guerre franco-allemande de 1870-1871, il avait étudié les conditions de contagion et de propagation de la variole et était responsable du service des varioleux.

Quatre années s'écoulent avant que le D̃ Brouardel ne donne son accord pour l'exhumation.

Fig. 82 D̃ Paul Brouardel
(Photo offerte par BIU Santé)

En 1885, lorsque la Préfecture obtient l'accord du médecin, le Préfet de Police envoie une lettre à Armand de Quatrefages l'informant qu'il peut y procéder[278] :

Paris, le 10 mars 1885

Monsieur,

Vous m'avez demandé l'autorisation de faire exhumer les corps de cinq Esquimaux décédés de la variole en janvier 1881, à l'effet de placer leurs squelettes dans la collection anthropologique du Muséum.

J'ai l'honneur de vous faire connaître que, d'après l'avis favorable émis par M. le Professeur Brouardel, j'autorise volontiers l'exhumation dont il s'agit.

Vous voudrez bien, Monsieur, vous concerter pour les détails de l'opération avec M. le Conservateur du Cimetière de St-Ouen en vue de sauvegarder la salubrité publique.

---

[278] Lettre conservée dans les archives des collections d'anthropologie, Musée de l'Homme, Paris.

Je n'ai pas besoin d'ajouter que les frais afférents à cette exhumation seront entièrement à votre charge, et qu'il est bien entendu que les fossoyeurs devront être préalablement revaccinés.

Agréez, Monsieur, l'assurance de ma considération la plus distinguée.

Le Préfet de Police.

Le 18 mars 1885, le Muséum obtient une copie des cinq certificats de décès de la mairie du 10e arrondissement. Toutefois, une année supplémentaire s'écoule avant que l'opération n'ait lieu.

Le 27 mai 1886, la Préfecture de police envoie à nouveau une lettre confirmant que l'autorisation d'exhumer les corps est accordée. Cette fois-ci, l'autorisation d'exhumation, qui porte le numéro 7061, n'est pas adressée à Armand de Quatrefages, mais plutôt au Dr Delisle, préparateur à la chaire d'anthropologie du Muséum.

L'exhumation se déroule le vendredi 4 juin 1886. Le conservateur du cimetière de Saint-Ouen rédige et signe la note suivante à même l'autorisation de la Préfecture[279] :

> Vu et constaté l'exhumation du corps de :
>
> Mme Henocq, Vve Paulus, Ulrika, décédée le 16 janvier 1881,
> Mlle Paulus, Maria, décédée le 10 janvier 1881,
> Mme Tigganiak, Vve Pengu, décédée le 11 janvier 1881,
> Mr Ignatius, Tobias, décédé le 13 janvier 1881,
> Mr Paulus, Abraham, décédé le 13 janvier 1881,
> qui avaient été inhumés en tranchée gratuite et leur départ pour le Muséum de l'histoire naturelle.
>
> St-Ouen, le 4 juin 1886
>
> Le Conservateur (signature indéchiffrable)

Comment les fossoyeurs pouvaient-ils s'assurer d'exhumer les corps en question? Comme chaque cadavre était muni d'une plaque portant son numéro de décès au registre de l'état civil et que ce numéro était inscrit sur chaque certificat de décès émis

---

[279] Autorisation conservée dans les archives des collections d'anthropologie, Musée de l'Homme, Paris.

par la mairie, il est à présumer que le numéro des plaques a permis la sélection des corps.

Les corps font leur entrée au Muséum d'histoire naturelle le lendemain, le samedi 5 juin 1886. Le registre d'entrée du laboratoire d'anthropologie du Musée de l'Homme montre qu'il s'agit de l'entrée n° 13 pour l'année 1886 et que les squelettes sont considérés comme un don de la Préfecture de la Seine.

À chaque squelette est assigné un numéro d'inventaire :

- 10241 – Squelette d'Ignatius (Tobias), Eskimo, âgé de 21 ans, né à Hébron, côte nord du Labrador.
- 10242 – Squelette de Paulus (Abraham), Eskimo, âgé de 35 ans, né à Hébron, côte nord du Labrador, marié à Ulrika Hénocq, femme Eskimo.
- 10243 – Squelette de Hénocq (Ulrika), Femme Eskimo, âgée de 24 ans, née à Hébron, côte nord du Labrador.
- 10244 – Squelette de Tiggianiak, Femme Eskimo, âgée de 45 ans, née à Nakvak, côte nord du Labrador, Vve Pengu.
- 10245 – Squelette de Paulus (Maria), fille de Paulus Abraham (n° 10242) et de Hénocq Ulrika (n° 10243) âgée de 13 mois, jeune fillette Eskimo, née à Hébron, côte nord du Labrador.

Leur notice est complétée par le paragraphe suivant :

> Ces cinq sujets ont été exhibés au Jardin d'acclimatation du Bois de Boulogne et ils ont succombé à la suite d'une épidémie de variole hémorragique à l'Hôpital Saint-Louis au mois de janvier 1881.

Quant aux registres financiers du Muséum[280] pour l'année 1886, ils montrent que le laboratoire d'anthropologie a versé 115 francs 45 centimes pour couvrir les frais de l'exhumation.

Finalement, dans le rapport annuel de 1886 pour la chaire d'anthropologie du Muséum, on trouve un court paragraphe confirmant l'ajout des squelettes à la collection :

> Enfin la Préfecture de la Seine a autorisé l'enlèvement et l'entrée dans notre galerie des squelettes de 4 hommes[281]

---

[280] Registres conservés à la Bibliothèque centrale du MNHN.
[281] Le texte devrait probablement se lire « ... de 4 adultes » puisqu'il s'agissait de trois hommes et une femme.

adultes et d'un enfant, d'Esquimaux du Labrador, morts à Paris, il y a cinq ans.

Fig. 83 Abraham, 1880
Photo de Jacob Martin Jacobsen. (Archives moraves, Herrnhut)

Les squelettes ont-ils été exhibés à Paris?

La galerie d'anthropologie du bâtiment dit « de la Baleine »

Fig. 84 Vue extérieure du « bâtiment de la baleine », 1892
Photo de Pierre Lamith Petit.
(Bibliothèque centrale du MNHN. ©RMN-Grand Palais/Art Resource, NY.)

En 1886, lorsque les cinq squelettes font leur entrée au Muséum national d'Histoire naturelle, les salles publiques de la collection d'anthropologie occupent tout le premier étage[282] du bâtiment dit « de la Baleine[283] ». L'édifice, situé au nord-ouest du Jardin

---

[282] Il s'agit de l'étage situé au-dessus du rez-de-chaussée. Les Nord-Américains diront donc qu'il s'agit du 2e étage.
[283] Le nom « la Baleine » fait référence au squelette du cétacé qui trônait dans la galerie d'anatomie comparée. À l'extérieur de l'édifice, il y avait également le

des plantes, abrite également la chaire d'anatomie comparée[284].

Pour accéder au musée d'anthropologie, il faut d'abord traverser les salles consacrées à la collection d'anatomie comparée. Dans la seconde salle, une porte donne sur un couloir long et étroit au bout duquel se trouve le musée d'anthropologie[285].

Fig. 85 Vue générale, galerie d'anatomie comparée, 1880
Photo de Pierre Lamith Petit.
(Bibliothèque centrale du MNHN. ©RMN-Grand Palais/Art Resource, NY.)

À l'origine, le désordre régnait dans les galeries d'anthropologie. Mais, en 1871, après la guerre franco-allemande, Ernest Théodore Hamy[286], aide naturaliste à la chaire d'anthropologie, s'acharna pendant la période des vacances à tout cataloguer

---

squelette d'un cachalot et des ossements trop grands pour trouver place dans les galeries.
[284] L'anatomie comparée est la science qui vise à identifier les similarités et les différences entre les parties anatomiques de différentes espèces.
[285] *Guide des étrangers dans le Muséum d'histoire naturelle.* (1855).
[286] Ernest Théodore Hamy (1842-1908), aide naturaliste à la chaire d'anthropologie du Muséum national d'histoire naturelle et conservateur du Musée d'ethnographie du Trocadéro.

selon un classement géographique. Dans une allocution faite en 1907, Hamy décrit la nouvelle structure des salles[287] :

> Au fur et à mesure que l'on remontait les caisses du sous-sol [de Quatrefages les avait fait déplacer là durant la guerre de 1871], on en étalait le contenu sur les bancs de l'amphithéâtre d'anatomie qui prit bientôt un inoubliable aspect. Je classais le tout par pays, je dressais des listes numériques et quand l'opération fut terminée, j'avais en mains les éléments d'une répartition proportionnelle entre les neuf salles dont je pouvais disposer. Les deux premières, encore séparées des sept autres par un escalier qui devait bientôt disparaître, reçurent la plupart des pièces d'origine européenne; la troisième eut l'Asie et l'Amérique du Nord moins largement représentées, la quatrième et la cinquième furent réservées à l'Amérique du Sud, la sixième et la septième à l'Afrique, la huitième et une partie de la neuvième à l'Océanie, le reste de cette dernière salle enfin, aux nouvelles collections de paléontologie humaine.

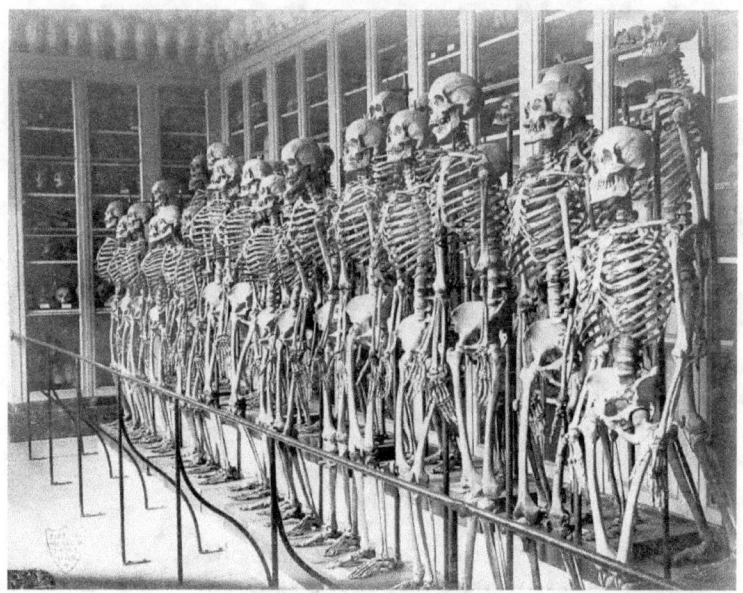

Fig. 86 Groupe de squelettes européens, 1880
Photo de Pierre Lamith Petit.
(Bibliothèque centrale du MNHN. ©RMN-Grand Palais/Art Resource, NY.)

---

[287] Hamy, Ernest Théodore. (1907). p. 273.

Aucun registre n'a, à ce jour, été trouvé qui puisse confirmer l'inventaire exact des salles d'exposition. Mais nous pouvons assurément affirmer que les cinq squelettes ont bel et bien trouvé leur place dans ce musée et que le public pouvait les voir. Notre certitude se base sur plusieurs faits. Nous savons d'abord que l'intégralité de la collection d'anthropologie se trouvait dans ce musée. De plus, en 1882, un document rédigé à l'intention des officiers de la marine qui désiraient rassembler des collections d'histoire naturelle, les professeurs du Muséum avaient exprimé leur souhait d'obtenir des « Esquimaux » du Labrador[288] :

> Les Eskimos du Labrador, qu'il serait plein d'intérêt de comparer avec ceux du Groenland, dont nous avons une belle série, nous font complètement défaut.

Fig. 87 Ernest Théodore Hamy, 1883
Photo de Eugène Pirou.
(Gallica, Bibliothèque nationale de France)

---

[288] *Instructions pour MM. les officiers de la marine qui voudraient faire des collections d'HN [histoire naturelle] destinées au Muséum de Paris par les professeurs administrateurs du Muséum.* (1882).

Puisque les « Esquimaux » du Labrador s'avéraient si précieux à leurs yeux, les professeurs du Muséum devaient être fiers de montrer leur nouvelle acquisition.

Finalement, dans son rapport annuel de 1886, Armand de Quatrefages indique que l'exhumation avait pour but de faire entrer les squelettes dans la galerie des squelettes. Comment pourrait-il donc en avoir été autrement? Nous présumons que les squelettes ont trouvé place dans la troisième salle, celle couvrant l'Amérique du Nord.

En 1892, à la mort d'Armand de Quatrefages, Hamy devient titulaire de la chaire d'anthropologie dont la collection s'élève alors à 9 560 objets[289]. En 1907, ce nombre a plus que quadruplé pour atteindre plus de 49 000 objets. Hamy donne alors un aperçu des collections à ses étudiants lors de la leçon d'introduction à son cours d'anthropologie[290] :

> Ces collections spéciales qui s'accroissent régulièrement chaque année et dépassent aujourd'hui le chiffre de 49 000 objets fournissent[291], en effet, sur la plupart des sujets qu'aborde l'étude de l'anthropologie descriptive, des éléments de démonstration à la fois abondants et variés. Ce sont de longues théories de crânes de toutes races; des squelettes montés en beaucoup plus grand nombre que l'on n'en peut trouver ailleurs; des pièces anatomiques dont je voudrais augmenter la série, restreinte par le manque de place; des moulages sur nature, têtes, troncs, membres, viscères, etc.; des documents iconographiques, bustes, statuettes, études peintes, estampes; des épreuves et des clichés photographiques innombrables; une collection préhistorique de premier ordre, bref, tout un ensemble, dont je ne connais pas l'équivalent à l'étranger et dont l'interprétation occupera longtemps ceux qui me succéderont ici.

---

[289] Hamy, Ernest Théodore. (1907). p. 274.
[290] Ibid., p. 258.
[291] Note de Hamy: « Elles comptaient un peu plus de 22 000 objects lorsque j'ai été nommé professeur; elles ont donc augmenté pendant ma gestion d'environ 27 000. »

Les nouvelles galeries de paléontologie et d'anthropologie

Le 21 juillet 1898, en prévision de l'exposition universelle de 1900, un tout nouveau bâtiment est inauguré qui héberge les collections de paléontologie, d'anatomie comparée et d'anthropologie. L'anthropologie est installée au 2e étage et occupe deux salles ainsi qu'un balcon qui surplombe et fait le tour de la galerie de paléontologie. René Verneau, anthropologue et professeur au Muséum qui, avec Ernest Théodore Hamy a élaboré les plans pour mettre en valeur les collections anthropologiques, décrit leur nouvel emplacement comme suit[292] :

Fig. 88 René Verneau
(Photo offerte par BIU Santé)

Quoique l'espace ait été soigneusement utilisé, que des vitrines aient été installées sur le palier lui-même, la place attribuée à l'anthropologie est si insuffisante qu'une partie des collections logées dans le vieux bâtiment de la rue Cuvier n'ont pu tenir dans le nouveau musée. Toutes les séries importantes ne sont représentées que par un nombre relativement restreint de pièces dans la galerie nouvelle. Le reste ira grossir le stock déjà considérable d'objets conservés dans les magasins, qui seront sans doute trop petits dès aujourd'hui.

Étant donné l'espace qui nous était affecté, nous avons essayé d'y loger des spécimens du plus grand nombre

---

[292] Verneau, René. (1898). p. 328-332.

possible de groupes humains. Avant de classer les races actuelles il a fallu songer à celles qui ont vécu autrefois; les races fossiles, les races préhistoriques devaient venir avant celles qui peuplent actuellement le globe. [...]

Chaque groupe humain est représenté par tout ce qui permet de se rendre compte de ses caractères physiques. En dehors des portraits photographiques, les vitrines contiennent des bustes, des masques, des troncs, des membres moulés sur nature, parfois même des individus entiers[293]. Elles renferment des échantillons de cheveux, des squelettes, des crânes, des trophées, etc. De petites cartes géographiques indiquent la répartition des groupes et les localités d'où proviennent les pièces qui constituent la collection. Malheureusement, l'éclairage est si défectueux que pour distinguer nettement les objets qui se trouvent d'un côté il faut se placer sur le balcon opposé.

Fig. 89 Galerie d'anthropologie et de paléontologie, 1910
Photo prise de l'extrémité ouest de la galerie.
(Bibliothèque centrale du Muséum national d'Histoire naturelle)

Verneau continue sa description en parcourant le balcon dans le sens horaire et en débutant à l'extrémité est. Sur la gauche se trouve d'abord les groupes humains de couleur noire : Australiens, Négritos, Tasmaniens, grands Nègres océaniens, les Nègres

---

[293] Sarah Baartman, la Vénus Hottentote, est un exemple d'individu dont le corps a été moulé après sa mort en 1815.

d'Afrique, les Nègres de grande taille, les Soudaniens, ceux de la côte occidentale, de la côte orientale et de Madagascar puis, on termine par les groupes humains de l'Afrique australe, Cafres, Hottentots, Boschimans, etc. Ensuite, les Malais, les Indonésiens, les Micronésiens et les Polynésiens conduisent le visiteur vers les groupes humains de couleur jaune : les Japonais, les Mongols, les Indochinois puis les Chinois.

Le visiteur traverse l'océan Pacifique pour se retrouver en Amérique où... les squelettes « esquimaux » sont utilisés pour faire la transition entre les Jaunes d'Asie et les Autochtones d'Amérique. Verneau ne donne aucune autre précision sur le(s) squelette(s) qui se trouvent sur le balcon. Selon un inventaire des collections anthropologiques[294] datant de 1945, les cinq squelettes du Labrador sont les seuls squelettes montés[295] « esquimaux » dans la collection du musée. Les deux autres squelettes « esquimaux » proviennent du Groenland, sont classés dans la catégorie « plus ou moins complets » et ont probablement été recueillis durant la mission de Paul-Émile Victor dans les années 1930. Il y a donc fort à parier qu'à l'ouverture des nouvelles galeries en 1898, les cinq squelettes du Labrador étaient les seuls « Esquimaux » dans la collection d'anthropologie du Muséum national d'histoire naturelle.

Qui d'Abraham, de Tobias, de Tiglanniak ou d'Ulrike représentait les « Esquimaux » sur le balcon? Personne ne le sait. Mais puisque Verneau prend la peine de faire mention des « Esquimaux » dans sa description de la galerie, on peut présumer qu'ils devaient être représentés par au moins un squelette et non pas seulement par des crânes qui seraient facilement passés inaperçus parmi les centaines, voire les milliers, d'autres. Il est également difficile de déterminer avec précision l'emplacement des squelettes, mais on peut supposer qu'ils étaient à environ mi-parcours, soit près de l'extrémité ouest du balcon.

Dans la galerie, les « Esquimaux » sont suivis des tribus de la côte nord-ouest d'Amérique, puis des autres groupes du Nouveau Monde : les Indiens de Californie et des Prairies, les ethnies du Mexique, ceux de l'Amérique centrale et de l'Amérique méridionale jusqu'à la Terre de Feu inclusivement. Les blancs sont placés dans les dernières vitrines. On commence par les Éthio-

---

[294] Vallois, Henri V. (1945).
[295] Signifiant que les squelettes étaient complets et assemblés de façon à pouvoir se tenir debout.

piens et les populations qui en dérivent. Suivent les Égyptiens, les Berbères de l'Afrique du Nord, les Arabes, les Juifs, les Syriens et finalement, les types de l'Inde. Par manque de place, les groupes d'Europe sont relégués dans les annexes du sous-sol.

Ernest Théodore Hamy et René Verneau sont très fiers du résultat[296] :

> Malgré tous ces défauts vainement signalés à maintes reprises, notre galerie neuve a grand air et le visiteur éprouve une réelle impression lorsque de la salle de Vibraye[297] il passe sur le balcon et peut contempler d'un coup d'œil circulaire cette armée de squelettes méthodiquement alignés.

Le Musée de l'Homme

Dans les années 1930, on assiste à une réorganisation. La première étape est le rattachement du Musée d'ethnographie du Trocadéro à la chaire d'anthropologie du Muséum national d'histoire naturelle puis, en 1937, vient la création du Musée de l'Homme qui rassemble les chaires d'anthropologie, d'ethnologie et de la préhistoire. Le nouveau musée, qui se veut également un centre de recherche et d'enseignement, vise à présenter l'humanité dans toute sa diversité anthropologique, historique et culturelle. Il ouvre ses portes au public en juin 1938.

Après avoir surplombé pendant 40 ans la galerie de paléontologie, les crânes et squelettes de la collection d'anthropologie du Muséum quittent donc le bâtiment qui les abrite au Jardin des plantes. Ils partent pour l'aile Passy du tout nouveau palais de Chaillot construit pour l'Exposition universelle de 1937 et situé en face de la tour Eiffel.

La galerie d'anthropologie est localisée au premier étage[298]. La seconde salle, consacrée aux races humaines actuelles et fossiles, y présente « les races actuellement observables (Blancs,

---

[296] Hamy, Ernest Théodore. (1907). p. 275.
[297] Salle occupant l'extrémité nord du 2e étage et qu'il faut traverser pour accéder au balcon. À l'époque, on y présentait la collection du marquis Paul de Vibraye (1809-1878), conservée au département de Préhistoire.
[298] Rez-de-chaussée pour les Nord-Américains.

Jaunes, Noirs et leur subdivision), avec des photographies, des crânes et des squelettes[299] ».

La race « eskimo » y est représentée :

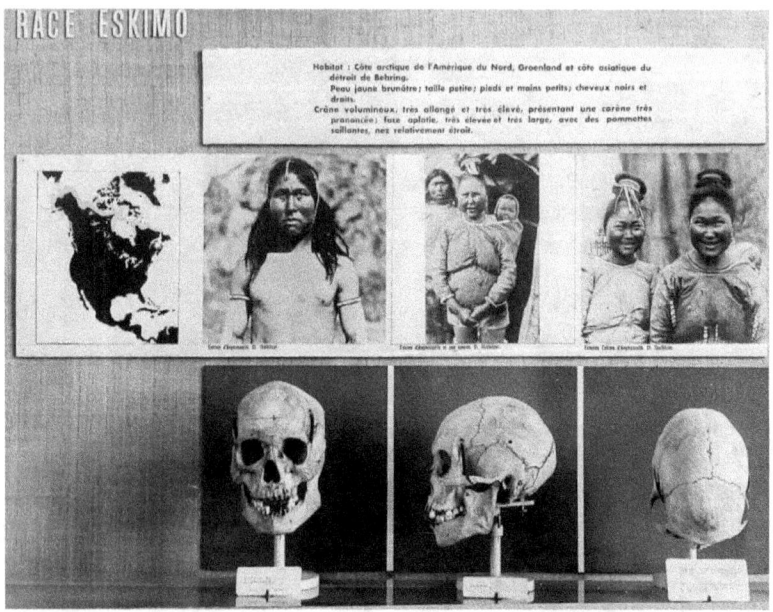

Fig. 90 « Race eskimo », Musée de l'Homme Vitrine 39. (© 2014. Musée du quai Branly/Scala, Florence)

À l'étage supérieur, se trouve la galerie des peuples arctiques. Une photographie datant de 1975 nous montre que le squelette d'un Eskimo de la côte nord du Labrador y était exposé dans une vitrine intitulée « Les Jaunes ». Ce squelette portait le numéro d'inventaire 10.244... le numéro d'inventaire correspondant au squelette de Tigianniak! Il n'a pàs été possible de déterminer la période durant laquelle le squelette de Tigianniak a fait partie des collections publiques. Il y était dans les années 1970 et, à une date inconnue, a été retiré pour rejoindre les réserves du Musée de l'Homme.

---

[299] *Guide du Musée de l'Homme*. (1952).

Qu'est-il advenu des restes de Nuggasak, de Paingu et de Sara?

En 1892, le Dr Rudolf Virchow publie *Crania Ethnica Americana*, une étude de divers crânes de peuples autochtones nord-américains dont le but premier est « d'établir une série de types ethniques crâniens comme fondement de la classification ethnique[300] ».

Trois crânes « d'Esquimaux » du Labrador font partie cette étude. Au chapitre XXI, Virchow présente deux crânes d'adultes dont l'un est celui que Johan Adrian Jacobsen a recueilli dans une sépulture à Hebron. Le second, lui a été remis en 1881 par Johann Friedrich Gustav Umlauff, un marchand de curiosités ethnologiques de Hambourg et beau-frère de Carl Hagenbeck. Virchow écrit[301] :

> En 1880, à la demande de M. Carl Hagenbeck, le capitaine J. A. Jacobsen ramena à Berlin deux familles esquimaudes. L'une venait de la mission morave à Hebron (env. 59° de lat. nord et 60° de long. ouest), l'autre d'un poste plus au nord. À la même occasion, on nous montra des objets provenant de tombes peut-être centenaires de la région de Hebron que M. Jacobsen avait recueillis personnellement. Parmi ceux-ci, il y avait le crâne photographié ici que M. Jacobsen avait eu la bonté de m'offrir. Mes commentaires le concernant se trouvent dans les actes de la Société d'anthropologie de Berlin (1880, p. 254, 258 et 263).
>
> Je présente à la fin les mensurations de ce crâne avec celles d'un autre crâne que M. Umlauff me présenta à Hambourg en 1881 avec un certain nombre de crânes groenlandais. Malheureusement, la mâchoire inférieure

---

[300] Brinton, Daniel G. (1892, 11 novembre).
[301] Virchow, Rudolf. (1892). Chapitre XXI.

manquait. Il avait une suture métopique persistante, une mâchoire presque orthognathe[302] et un palais en forme de fer à cheval.

Bien que le premier de ces crânes soit lié au groupe d'Abraham, il ne s'agit pas de crânes appartenant aux personnes qui constituaient ce groupe. Ceci dit, au chapitre suivant, Virchow présente le crâne d'un enfant décédé à Crefeld et dont l'exhumation a été autorisée par les autorités locales. Virchow présente ce crâne comme suit[303] :

> Les deux familles esquimaudes dont il a été question dans les explications de la planche XXI ont été peu à peu décimées par des maladies au cours de leur voyage. Un enfant de la famille chrétienne est mort à Crefeld. Les autorités locales ont eu l'obligeance d'autoriser l'exhumation du corps. Une photographie de toute la famille avec deux enfants se trouve dans le bulletin (ou dans les Actes) de la Société d'anthropologie de Berlin (Journal d'ethnologie 1880, vol. XII, Fig. 1).

Le crâne décrit par Virchow ne peut être nul autre que celui de Sara, la fillette de 3 ans d'Abraham et d'Ulrike. L'image dont parle Virchow[304] est celle de la famille d'Abraham publiée dans le compte rendu de sa conférence donnée le 7 novembre 1880. La jeune Sara a donc été exhumée, du moins son crâne l'a été.

Jusqu'à ce jour, les recherches effectuées par les archivistes de la municipalité de Krefeld ainsi que par ceux de la Société berlinoise d'anthropologie, d'ethnologie et de préhistoire (BGAEU), l'organisme qui préserve la collection ostéologique de Rudolf Virchow, n'ont pas permis de retrouver la demande d'exhumation de Sara. Nous ne savons pas quand cette demande a été faite ni si elle avait pour but d'obtenir le squelette en entier ou uniquement le crâne.

Mais nous avons la confirmation que le crâne de Sara ainsi que les deux autres crânes du Labrador décrits par Virchow dans *Crania Ethnica Americana* se trouvent toujours dans les collec-

---

[302] Orthognate : « se dit de quelqu'un dont le massif des os maxillaires ne fait pas saillie, de sorte que le profil de la face, du bas du front au menton, est approximativement rectiligne. » (Dictionnaire Larousse)
[303] Virchow, Rudolf. (1892). Chapitre XXII.
[304] Voir Chapitre Les « Esquimaux » étudiés par Rudolf Virchow pour l'illustration en question.

tions gérées et préservées par la BGAEU. D'éventuels tests d'ADN pourraient certainement fournir la preuve irréfutable qu'il s'agit bien du crâne de Sara.

Quant aux restes de Paingu et de Nuggasak, jusqu'à présent, aucun document prouvant que Virchow aurait également demandé leur exhumation n'a encore été trouvé. Pourtant, Virchow savait qu'elles étaient toutes deux décédées quelques jours plus tôt. Pourquoi seul le crâne de Sara l'intéressait-il?

À ce jour, on n'a pas encore réussi à déterminer quand les restes de Paingu et de Nuggasak ont été retirés des cimetières. Le cimetière de Bockum est devenu un parc depuis plus d'un siècle. À Darmstadt, le vieux cimetière existe toujours et la division où Nuggasak a été inhumée est accessible. En raison des lourds dommages subis lors de la Seconde Guerre mondiale et des multiples réaménagements au cours des années, la tombe de Nuggasak est considérée par les autorités locales comme étant disparue.

Pour ce qui est de l'étude de Virchow sur le crâne de Sara, voici le tableau des mesures prises qu'il présente dans *Crania Ethnica Americana* :

1. Valeurs mesurées

Volume	1210 ccm
Longueur horizontale maximale	166 mm
Largeur maximale	128 mm
Hauteur verticale	118 mm
Hauteur d'oreille	103 mm
Longueur occipitale	44 mm
Trou occipital à la racine du nez (ou : au nasion)	82 mm
Conduit auditif à la racine du nez	88 mm
Circonférence horizontale	471 mm
Circonférence de l'os frontal	115 mm
Circonférence des pariétaux	122 mm
Circonférence de l'os occipital	104 mm
Arc sagittal entier	341 mm
Largeur minimale du front	84 mm
Visage, hauteur A	87 mm
Visage, hauteur B	52 mm
Longueur du visage a	99 mm
Longueur du visage b	74 mm
Longueur du visage c	73 mm

Hauteur de l'orbite	30 mm
Largeur de l'orbite	34 mm
Hauteur du nez	38 mm
Largeur du nez	26 mm
Longueur du palais	37 mm
Largeur du palais	24 mm
Angle facial	75°

2. Indices calculés

Indice longueur-largeur	77,1
Indice longueur-hauteur	71,7
Indice de niveau de l'oreille	62,0
Indice occipital	26,5
Indice du visage	87,8
Indice orbitaire	88,0
Indice nasal	68,4
Indice buccal	64,8

Fig. 91 Rudolf Virchow dans son laboratoire, 1891
Portrait de Hanns Fechner (Wikimedia Commons)

La collection d'artefacts

Musée d'ethnographie du Trocadéro

Fig. 92 Musée d'ethnographie du Trocadéro
(Collection Horizons Polaires)

Revenons au 16 janvier 1881, le jour même du décès d'Ulrike, alors que Jacobsen reçoit une dépêche de Carl Hagenbeck qui l'implore de se débarrasser de tous les objets liés aux « Esquimaux ».

Jacobsen ne perd donc pas de temps et à sa sortie d'hôpital, un représentant du « musée parisien (Trocadéro) » vient le rencontrer pour évaluer la collection d'objets qu'il a recueillis dans les sépultures au Labrador et en faire l'acquisition.

À l'époque, le Musée d'ethnographie du Trocadéro n'est pas encore ouvert au public. Officiellement créé à peine quelques mois plus tôt, par des lois votées en juin et juillet 1880, le musée disposait tout de même de personnel : 2 conservateurs, 3 gardiens et 1 mouleur-modeleur. Les deux conservateurs étaient Armand Landrin et Ernest Théodore Hamy. Ce dernier était chargé du classement scientifique et de l'installation des collections et agissait comme directeur du musée et des missions scientifiques tout en cumulant sa charge à celle de son poste au Muséum national d'Histoire naturelle. Quant à Armand Landrin, sa tâche était « d'enrichir les collections à travers des missions dont il se chargea, des achats et des donations, travaillant de concert avec des correspondants et des membres des sociétés des traditions populaires, de géographie et d'anthropologie de Paris[305] ».

Fig. 93 Armand Landrin
(Gallica, Bibliothèque nationale de France)

Qui de Landrin ou de Hamy est allé à la rencontre de Jacobsen pour évaluer la collection? Aucune documentation n'a refait surface dans les archives du musée ni de celles du ministère de l'Instruction publique, dont le musée relevait, qui informerait des détails de la transaction. Cependant, les registres financiers de Carl Hagenbeck montrent, qu'en date du 13 mars 1881, le ministère de l'Instruction publique lui devait 300 marks[306] pour des objets « esquimaux ». Hagenbeck n'ayant jamais mis les pieds au

---

[305] Landrin, Armand. [s.d.].
[306] Les registres montrent également que le paiement a été reçu le 27 août 1881.

Labrador, ces objets ne peuvent être nuls autres que ceux rapportés par Jacobsen. Le fait que Hagenbeck ordonne à Jacobsen de les vendre confirme également qu'il en était considéré comme le propriétaire.

Dans le haut de la page du registre, on peut lire deux annotations pâlies : « Landrin » et « Palais du Trocadéro ». La balance semble donc pencher en faveur de Landrin comme l'interlocuteur de Jacobsen. Mais, il ne faut pas éliminer pour autant Hamy puisque, dans son journal, Jacobsen parle d'un « professeur du Muséum » qui est venu le rencontrer. Hamy était professeur au Muséum national d'Histoire naturelle. Landrin y était aide-naturaliste.

Le Musée d'ethnographie du Trocadéro, situé dans le Palais du Trocadéro, ouvre officiellement ses portes au public le dimanche 16 avril 1882.

Un article paru dans le journal Le XIXe siècle confirme qu'une salle des régions polaires est présente dès l'ouverture du musée[307] :

> Enfin la dernière salle est consacrée aux régions polaires et à l'Europe septentrionale : des Eskimos du Groenland et d'Amérique, Samoyèdes, Lapons et Scandinaves représentés par des costumes, des modèles d'habitations, des canots et des ustensiles de toute nature.

Il y a fort à parier que certains des artefacts recueillis par Jacobsen dans les sépultures du Labrador[308] sont ceux qui représentent les « Esquimaux d'Amérique ». Cette salle, qui se trouve au rez-de-chaussée, est en fait le vestibule de l'aile droite, nommée

---

[307] Inauguration du Musée d'ethnographie du Trocadéro. (1882, 14 avril).
[308] Gwénaële Guigon confirme cette hypothèse car en 1881, la collection arctique la plus importante provient bien de l'achat avec Hagenbeck. Elle est constituée de plus de trois cents pièces en provenance du Labrador selon le registre d'inventaire. Il n'existe que cinq collections répertoriées : deux pièces de vêtements sans origine auparavant conservés à la bibliothèque Nationale et datant probablement du XVIIIe siècle; une trentaine d'items rapportés par Alphonse Pinart en provenance des îles Kodiak; une soixantaine de pièces échangées avec le musée de Copenhague (désormais le National Museet) et moins d'une dizaine d'items groenlandais achetés à un capitaine danois.

l'aile de Passy et sert de transition entre les collections d'Amérique et celles d'Asie[309].

Bien qu'il attire des milliers de visiteurs, le Musée d'ethnographie du Trocadéro fait face à de multiples défis. À la suite de la mort de Hamy en 1908, il est laissé à l'abandon.

> Logé dans un palais construit pour un tout autre objet, sombre et non chauffé, garni de vitrines improvisées, mal protégées contre la poussière, l'humidité et les insectes, sans salles de manipulation, sans salles de travail, sans magasins, sans laboratoire, sans fichier de collections, le Musée donnait l'impression d'un « magasin de bric-à-brac » (le mot n'est pas de nous), où les objets de valeur, accumulés dans des armoires obscures, passaient inaperçus des visiteurs. L'étiquetage était pour ainsi dire inexistant. Les cartes géographiques et les cartes de répartition, indispensables pour orienter le public, manquaient. Fait plus grave encore, les objets périssables (en bois, en laine, en coton, en plume, etc.) étaient exposés à la destruction. L'insuffisance des gardiens rendait toute surveillance impossible ou en tout cas, illusoire. Aucune garantie n'existait ni contre l'incendie, ni contre le vol. La bibliothèque, sans bibliothécaire et sans catalogue, était pratiquement inutilisable malgré ses richesses[310].

En 1928, son nouveau directeur, Paul Rivet, professeur d'anthropologie au Muséum, fait rattacher le Musée d'ethnographie du Trocadéro à la chaire d'anthropologie du Muséum national d'Histoire naturelle. En décembre 1934, on inaugure une nouvelle salle des peuples arctiques qui a principalement pour but de mettre en valeur la collection d'objets rapportés par Paul-Émile Victor de son expédition au Groenland. Puis en 1937, donc, le Musée d'ethnographie du Trocadéro fait place au Musée de l'Homme. Le palais du Trocadéro est démoli et remplacé par le palais de Chaillot.

Musée de l'Homme

Le nouveau Musée de l'Homme possède également sa galerie des peuples arctiques, la galerie même où le squelette de

---

[309] Dias, Nélia. (1991). p. 180.
[310] Rivet, Paul et Georges Henri Rivière. (1931). p. 478.

Tigianniak était exhibé. Y retrouvait-on des items rapportés par Jacobsen?

Le seul indice recueilli jusqu'à présent indique que la salle couvrait les régions de l'Alaska, du Canada et du Groenland. « ... Les pièces les plus nombreuses de cette salle proviennent de la côte orientale du Groenland, chez le groupe d'Angmassalik[311]. Les objets les plus anciens et les plus rares proviennent de l'Alaska et du Canada[312]. »

À ce jour, aucune documentation sur la composition des vitrines de la galerie des peuples arctiques du Musée de l'Homme n'a pu être trouvée. Nous osons émettre l'hypothèse que certains des items recueillis par Jacobsen faisaient effectivement partie de ces objets rares et anciens provenant du Canada.

Musée du quai Branly

Depuis 2006, la collection d'ethnographie du Musée de l'Homme se trouve au Musée du quai Branly. Les archives de ce musée montrent que ses collections comptent plus de 250 artefacts du Labrador dont la vaste majorité a été achetée à un certain Hagenbeck! Bien que l'année d'acquisition inscrite aux registres soit 1879, il ne fait aucun doute pour Gwénaële Guigon, spécialiste des collections arctiques des musées français, qu'il s'agit bel et bien des artefacts que Jacobsen a recueillis en 1880. Gwénaële explique que ces objets ont été hérités du Musée d'ethnographie du Trocadéro et que l'inventaire de ce musée a été établi rétroactivement. Il est plausible que ceux qui ont dressé l'inventaire aient pris pour hypothèse que tous les items faisaient partie de la collection dès la création du musée[313].

---

[311] Ville de la côte est du Groenland aujourd'hui appelée Ammassalik.
[312] Thomas, Philippe et Jean Oster. (1982). p. 23.
[313] Gwénaële Guigon explique qu'en 2007, alors attachée au Musée du quai Branly en charge de répertorier les items arctiques, elle avait présumé qu'il s'agissait bien de Carl Hagenbeck Néanmoins ses investigations n'avaient pas abouti car la date d'entrée inscrite sur l'inventaire, 1879, ne lui permettait pas sans d'autres sources disponibles, d'envisager un lien avec le groupe de 1881. Elle avait alors exploré la piste du groupe groenlandais venu en 1877 en vain. C'est en 2011, lorsque nous nous sommes rencontrées et qu'elle a appris l'existence du groupe du Labrador, qu'elle m'a fait part de ses doutes sur la validité de la date d'entrée de l'inventaire. Ses suspicions ont été confirmées par Angèle Martin chargée de la documentation au Musée du quai Branly. Gwénaële Guigon ajoute : « La question est de savoir sur quel document ils se sont

Des artefacts recueillis par Jacobsen au Labrador se trouvent donc toujours à Paris. Plusieurs d'entre eux sont malheureusement aujourd'hui introuvables, mais apparaissent toujours dans l'inventaire. Est-ce surprenant compte tenu des divers problèmes auxquels le Musée d'ethnographie du Trocadéro faisait face?

Une étude systématique des artefacts serait nécessaire sous la conduite d'archéologues spécialisés sur le Labrador afin de confirmer leur origine ainsi que la nature et l'utilisation qui était faite des objets qui sont définis comme « indéterminés ». Avec les divers déménagements et remaniements au fil des ans, il est également possible que certains intrus aient pu se glisser dans l'inventaire attribué à Hagenbeck[314].

À l'heure actuelle, des artefacts de la « collection Hagenbeck », seuls quatre anneaux en ivoire sont montrés au public dans la galerie Arctique du musée. Mais, on reconnaît effectivement dans cette collection plusieurs types d'articles que Jacobsen dit avoir recueillis : lampes à l'huile, pointes de flèches, pierres à aiguiser, ulus (couteau de cuisine en demi-lune utilisé par les femmes), pots de cuisine, hameçons et outils de pêche (flotteurs, têtes de harpon), perles, etc.

> En marge : Étant donné que, là comme au Groenland, les lampes à graisse sont en stéatite, elles ne se cassent pas facilement. J'en ai donc trouvé un certain nombre en bon état que j'ai naturellement emportées. […]
>
> Beaucoup d'objets d'origine européenne, toutes les deux tombes; des clous en fer provenant des bordages, souvent aussi des pots en fer, un seau, et dans deux

---

appuyés pour rédiger l'inventaire. Peut-on envisager que des tractations furent effectuées bien avant le décès du groupe? Le manque de personnel, souvent des volontaires, n'a pas favorisé une continuité des savoirs au sein du Musée d'ethnographie du Trocadéro. Il n'y avait pas jusqu'à la fin des années 1970 de chargé des collections à plein temps pour le secteur englobant l'Amérique et le Groenland. »

[314] Lors du récolement en vue de la création du premier inventaire du Musée du quai Branly, Gwénaële Guigon fut surprise de constater que de nombreuses pièces de cette collection étaient incomplètes et que d'autres semblaient contemporaines.

> tombes également, des colliers de perles, européens aussi, des boutons en cuivre, des perles colorées serties de cuivre et même un dé de cuivre, le tout dans des tombes de plus de deux cents ans, car il n'y avait pas trace d'os humains. Dans une tombe, j'ai trouvé une de ces poupées de bois si souvent présentes dans les tombes du Groenland; un Anglais qui a vécu longtemps ici dit qu'il s'agit d'une idole des sauvages eskimos ou d'une amulette portée au bras. Les arcs étaient tous tellement pourris qu'il était impossible d'en emporter un seul, les flèches de même. J'ai cependant gardé trois morceaux de trois flèches différentes, toutes munies de pointes de fer faites de clous. Dans plusieurs tombes, il y avait aussi de petites pierres rondes très lourdes d'une roche inconnue de moi, de même qu'un morceau de minéral ferrugineux pesant, s'agirait-il d'un météorite? Et encore des pierres pour aiguiser leurs couteaux ainsi que des outils de pêche, des /Wicheln/ en bois, des <rouleaux ou bobines> de bois, des hameçons en fer pour la plupart, mais aussi en os et en fer. J'ai trouvé peu de harpons en os et en fer, des harpons montés sur bois comme les actuels, il y en avait dans presque chaque tombe, ou à côté de la tombe. (Journal de J. A. Jacobsen, 11 août 1880)

LE MUSÉE D'ETHNOLOGIE DE BERLIN

Bien que Jacobsen ne fasse aucune mention dans son journal de la vente d'artefacts du Labrador au Musée royal d'ethnologie de Berlin, quelques lettres ont été échangées entre Jacobsen et Adolf Bastian, directeur du département d'ethnologie du musée. Ces lettres montrent que les discussions avec le musée pour l'achat d'objets ont débuté avant le décès des « Esquimaux » puisque le premier contact est établi par Adolf Bastian le 13 novembre 1880 et vise à s'enquérir de la possibilité d'acquérir des objets du Labrador, du Groenland y compris des objets trouvés dans les sépultures[315].

Quelques jours après le décès des « Esquimaux », soit le 20 janvier 1881, Adolf Bastian contacte de nouveau Jacobsen. Il lui exprime ses regrets au sujet du décès des « Esquimaux » et demande s'il serait possible pour le musée d'acquérir « des objets souhaités » tels des raquettes du Labrador, un tambour du

---
[315] Thode-Arora, Hilke. (2002). p. 11.

Groenland, des trouvailles des sépultures, des lunettes de neige, des « dieux », des idoles[316] ainsi que des modèles réduits. Une série d'échanges de lettres entre Adolf Bastian, Johan Adrian Jacobsen, Adolf Schoepf et M. Bauer, l'assistant d'Adolf Bastian, et ce, jusqu'en mars 1881, aurait abouti à l'achat d'une partie de la collection par le musée berlinois[317].

Les registres financiers de Hagenbeck montrent également dans le compte des « Esquimaux » une somme de 100 marks reçue le 6 avril 1881 d'un musée de Berlin. L'hypothèse actuelle est que cette transaction confirme l'achat, par Musée royal d'ethnologie de Berlin, d'artefacts recueillis au Labrador par Jacobsen, de biens ayant appartenus aux membres du groupe ou d'objets qu'ils auraient fabriqués.

En 1882, Adolf Bastian aurait montré à l'ethnologue Franz Boas la collection « esquimaude » du musée qui était principalement composée des objets rapportées du Groenland et du Labrador par Johan Adrian Jacobsen[318].

Les démarches effectuées auprès du Musée d'ethnologie de Berlin pour confirmer si les objets acquis en 1881 s'y trouvent toujours n'ont pas encore porté ses fruits. En octobre 2013, leur conservateur des collections américaines ayant pris sa retraite depuis peu, on nous a promis que le nouveau conservateur nous contacterait dès que possible.

Fig. 94 Musée royal d'ethnologie de Berlin, ca 1900
(Wikimedia Commons)

---

[316] Petites figures représentant une divinité.
[317] Fienup-Riordan, Ann. (2005). p. 3-5.
[318] Baehre, Rainer. (2008). p.23.

Les répercussions de la mort des « Esquimaux »

À la suite de cette catastrophe, les journaux rapportent que Carl Hagenbeck s'est engagé à mettre fin à ses spectacles ethnographiques.

> *Nikolsburger Wochenschrif*, édition du 29 janvier 1881
>
> [...] À Hambourg, M. Hagenbeck, lui qui au cours des dernières années avec une sollicitude toute paternelle nous a rapprochés des peuples nordiques du nord, du sud, de l'est et de l'ouest, a tellement été ébranlé par cette triste affaire que, tel qu'il l'a communiqué, il s'est engagé à mettre fin à la présentation des spectacles ethnologiques de la sorte.

Pourtant dès l'automne 1881, Carl Hagenbeck reprend les spectacles avec la venue de 11 Fuégiens, habitants de la Terre de Feu au Chili. La tragédie frappe à nouveau et plus de la moitié de ce groupe est décimé par diverses maladies. La première victime est une fillette de 2 ans et demi qui décède, le 29 septembre 1881, au Jardin d'acclimatation à Paris[319]. Seules quatre personnes reprendront la route du Chili.

Ces deux tragédies successives n'ont pas signé l'arrêt de mort des spectacles. Elles ont plutôt eu pour effet qu'à partir de ce moment, Hagenbeck veilla à ce que tous les individus engagés soient examinés par un médecin et vaccinés avant la signature de leur contrat[320].

De 1874 à 1932, ce sont près de 70 spectacles ethnographiques qui furent organisés par l'entreprise Hagenbeck[321]. Bien qu'à

---

[319] Gontier, Martine. (2010, 11 mars).
[320] Thode-Arora, Hilke. (2011). p. 84.
[321] Carl Hagenbeck décéda en 1913.

partir de la fin des années 1880, la prolifération des expositions ethnologiques par des concurrents ait fait en sorte que la rentabilité de leurs spectacles n'était plus ce qu'elle avait été, les Hagenbeck ont néanmoins maintenu cette activité comme source de revenus secondaire[322].

Le Jardin d'acclimatation à Paris a entretenu ses liens avec Hagenbeck jusqu'en 1891 et le tiers des 33 exhibitions qui y ont été présentées ont été acquises par l'entremise de Hagenbeck[323]. La grande majorité, soit 29, ont été présentées durant la période de 1877 à 1910. Selon le site Web du Jardin d'acclimatation, les spectacles organisés par Hagenbeck qui ont été présentés au Jardin sont :

- 1877 Nubiens et Esquimaux (Groenland)
- 1878 Lapons russes
- 1879 Nubiens
- 1881 Fuégiens
- 1882 Indiens Galibi
- 1883 Cinghalais, Araucans, Kalmouk, Peaux-Rouges
- 1886 Cinghalais
- 1890 Somalis
- 1891 Dahoméens

Les grands absents de cette liste sont les « Esquimaux » du Labrador présentés en 1881. Doit-on en être surpris puisque même Hagenbeck ne fait aucune mention d'eux dans sa biographie? Espérons qu'un jour, le groupe reprendra la place qu'il mérite dans l'histoire des spectacles ethnographiques de Hagenbeck et du Jardin d'acclimatation.

Revenons quelques instants aux Fuégiens de 1881. En 2007, les restes de cinq des sept personnes décédées en Europe ont été retrouvés dans un laboratoire de l'université de Zurich, en Suisse. En janvier 2010, leurs restes ont été rapatriés au Chili[324].

Qu'en est-il du parcours de Johan Adrian Jacobsen? A-t-il continué à être impliqué dans le recrutement de « peuples exotiques »? Après le décès des « Esquimaux », Jacobsen s'est consacré principalement à la collecte d'objets ethnographiques. De ses divers voyages, sur la côte-ouest de l'Amérique

---

[322] Thode-Arora, Hilke. (2011). p. 82.
[323] David, Philippe. (s.d.).
[324] CÉRÉMONIE – Des indigènes rapatriés....un siècle plus tard. (2010, 15 janvier).

du Nord (1881-1883), en Sibérie et en Asie de l'est (1884-1885), puis en Indonésie (1887-1889), il rapporta plus de 12 000 objets pour le Musée royal d'ethnologie de Berlin. Ceci dit, il lui est arrivé, à l'occasion, de renouer avec le recrutement d'individus pour le compte de Carl Hagenbeck. Par exemple, en 1885, alors que Jacobsen était sur la côte ouest de la Colombie-Britannique avec son jeune frère Johan Filip, les deux hommes recrutèrent un groupe de neuf hommes de Bella Coola. Johan Adrian les ramena en Europe et partit avec eux en tournée jusqu'en juillet 1887.

Quant à la population du Labrador, cette tragédie n'a pas eu pour conséquence d'empêcher que d'autres personnes acceptent d'être exhibées. À l'automne 1892, un groupe de 57 « Esquimaux » dont 29 femmes et 19 enfants[325] quittèrent le Labrador en direction de Chicago en vue de l'exposition universelle. Ils avaient été engagés pour y animer le « village vivant eskimo » et le poste de traite du Labrador recréés sur le site de l'exposition.

La vie sur les côtes du Labrador étant difficile et souvent frappée de famine, plusieurs n'ont pas voulu laisser passer l'occasion d'être logés, nourris et de recevoir de l'argent de poche pendant deux ans. De plus, à la fin de leur contrat, on leur promettait une compensation financière d'environ 100 $ ainsi qu'un fusil, des munitions, de la viande de porc, de la farine, du pain, du thé, de la mélasse, du sel, des couvertures, des hameçons de pêche, etc.[326] Une offre difficile à refuser.

En 1899, Esther Eneutseak, une jeune femme qui avait participé à l'exposition universelle de Chicago revint au Labrador en compagnie d'un promoteur américain qui désirait recruter des « Esquimaux » pour une tournée européenne. Trente personnes, dont Esther, ses parents et sa fille Nancy Columbia (née durant l'exposition de Chicago), partirent pour une tournée de deux ans qui les mena à Londres, Madrid, Paris et en Afrique du Nord. Ils rentrèrent en Amérique du Nord en 1901 pour participer à une exposition à Buffalo[327].

Les histoires tragiques vécues par bon nombre de ceux qui ont participé à de tels spectacles ou exhibitions ont mené le gou-

---

[325] Forbush, William Byron. (1903). p. 52.
[326] Harper, Kenn et Russell Potter. (2010).
[327] Harper, Kenn. (2009, 20 août).

vernement de Terre-Neuve à voter, le 29 mars 1911, une loi interdisant à quiconque d'emmener des « Esquimaux » et autres peuples autochtones hors de la colonie sans l'approbation du gouverneur, sous peine d'une amende pouvant atteindre 500 $ ou six mois de prison[328]. Cette loi aurait toutefois été levée en 1914 afin de permettre le recrutement de jeunes Inuits comme snipers pour la Première Guerre mondiale.[329]

Une des tristes histoires vécues est celle de Pomiuk, un jeune garçon d'environ 8 ans originaire de Nachvak qui est revenu handicapé de l'exposition de Chicago où il s'était cassé une hanche. En 1895, George Ford, le gérant du poste de la Compagnie de la Baie d'Hudson qui avait réussi à convaincre Abraham de partir pour l'Europe, alerta le Dr Wilfred Grenfell de l'état lamentable du jeune garçon. Le Dr Grenfell retrouva le jeune garçon « nu et recouvert d'une vieille peau de caribou, [...] son visage marqué par la douleur et la négligence. Sa hanche était brisée et infectée[330] ». Malgré les soins prodigués, Pomiuk décéda en septembre 1897 des suites de l'infection qui avait envahi son corps.

Les cas où les participants ont su utiliser ces spectacles ethnographiques pour améliorer leur vie sont des exceptions. L'exemple le plus éloquent est celui d'Esther Eneutseak et de sa fille Nancy Columbia. Après la tournée européenne de 1901, Esther épousa un promoteur américain et les « spectacles d'Esquimaux » devinrent alors leur entreprise familiale. Ils créèrent leur propre « village eskimo » qu'ils menèrent à travers les États-Unis et ils jouèrent un rôle dans l'industrie cinématographique naissante. Entre 1910 et 1920, Esther, Nancy et leur famille participèrent à plus de 12 films et furent en fait les premiers acteurs professionnels d'origine inuite[331].

---

[328] Expositions and Epidemics. (1986, septembre).
[329] McGrath, Robin. (2014, 17 mai).
[330] Forbush, William Byron. (1903). p. 79-81.
[331] Harper, Kenn et Russell Potter. (2010).

Les prochaines étapes

Vous en savez maintenant autant que moi sur la tragique histoire d'Abraham Ulrikab. N'étant ni historienne, ni anthropologue, ni ethnologue, je suis très fière du travail accompli avec le récit des derniers moments de ce groupe parti du Labrador en 1880 et de la contribution que j'ai pu apporter pour l'éclaircissement des mystères qui entourent l'histoire tragique d'Abraham et de son groupe.

Ceci dit, le travail n'est pas terminé. La recherche et la rédaction doivent se poursuivre en parallèle avec le déroulement du prochain chapitre qui n'est pas encore écrit, celui de la prise de décision quant au rapatriement potentiel des restes humains. Cette tâche essentielle se déroulera au cours des mois, sinon des années à venir alors que la communauté inuite et les autres autorités compétentes, dialogueront. La publication du présent livre se veut donc le déclencheur de ce processus décisionnel.

Entre-temps, je poursuivrai mes investigations à propos des multiples questions qui demeurent encore en suspens. Peut-être trouverais-je les réponses dans les divers documents de langue allemande, anglaise, norvégienne ou inuktitut qui n'ont pas encore été traduits. Il y a aussi la recherche en cours pour retrouver de possibles descendants, et le journal original d'Abraham qui demeure introuvable. Peut-on oser espérer qu'il puisse se cacher dans le grenier d'un descendant?

Qu'est-il advenu des multiples autographes qu'Abraham a offerts aux visiteurs et de ses maints dessins que Virchow avait en sa possession? En existe-t-il encore un quelque part dans des archives familiales ou muséales? Où se cache la photo de groupe prise à Prague et remise aux « Esquimaux » à Noël 1880? Où se trouve l'affiche qui était placardée dans tout Paris annonçant la venue des « Esquimaux » du Labrador au Jardin d'acclimatation?

Certaines archives n'ont pas encore été trouvées dont celle d'Albert Geoffroy Saint-Hilaire, le directeur du Jardin d'acclimatation. Est-ce qu'Adolf Schoepf, madame Jacobsen, le capitaine Bang ou toute autre personne dont la route a croisé celle des « Esquimaux », auraient laissé des écrits contenant des récits sur cette rencontre? Quant aux archives de Johan Adrian Jacobsen, elles nous sont inaccessibles tant que le *Museum für Völkerkunde* de Hambourg ne trouvera pas les fonds et les ressources pour numériser les 5 000 documents. De même, nous n'avons pas encore pu franchir les portes des archives du Jardin zoologique de Berlin, du Musée d'ethnologie de Berlin ni des archives du laboratoire d'anthropologie où ont été moulés les cerveaux d'Abraham, d'Ulrike et de Tobias.

À propos des moulages, si les trois moulages endocrâniens « esquimaux » que possèdent les Musées anatomiques Delmas-Orfila-Rouvière s'avèrent être ceux d'Abraham, d'Ulrike et de Tobias, alors dans quelles circonstances est-ce que les calottes crâniennes qui ont servi à ces moulages ont été remises sur les squelettes? Le Dr Émile Landrieux affirme dans sa note à Armand de Quatrefages qu'il a donné l'instruction à son interne d'envoyer trois cerveaux et trois calottes crâniennes au laboratoire d'anthropologie. Est-ce que les moulages des calottes auraient été effectués à l'hôpital Saint-Louis, puis les calottes replacées sur les corps avant l'envoi de ceux-ci au cimetière? Espérons que la question sera bientôt tranchée.

Le travail de recherche ne s'arrête donc pas à la publication de ce livre. En effet, une version révisée et augmentée sera peut-être bientôt nécessaire.

Certes, je ne ferai pas partie des décideurs, il est évident cependant que je souhaite ardemment que les restes d'Abraham, de Maria, de Paingu, de Sara, de Tigianniak, de Tobias et d'Ulrike retournent dans leur patrie. Le passé ne peut être changé. Il me semble néanmoins que le rapatriement de leurs restes au Nunatsiavut, là où ils peuvent être enterrés dans la dignité, et être avec leurs ancêtres du *Torngait*, le lieu habité par les esprits, est la meilleure façon de s'assurer que la boucle puisse enfin être bouclée sur cet épisode tragique de la fin du XIXe siècle. Ceci dit, la décision revient aux aînés inuits et à la communauté. Ils sont les mieux placés pour statuer sur ce qui doit être fait. Il s'agit de leur histoire et de leurs ancêtres, pas des miens. Mon rôle est de leur fournir les informations dont ils auront besoin pour prendre une décision éclairée.

On peut supposer que s'il était encore parmi nous, le Vicomte de Challans n'hésiterait pas à exprimer le fond de sa pensée. Si vous aussi avez envie de partager votre opinion sur le sujet, si vous avez des questions, si vous croyez connaître une piste qui permettrait de recueillir un nouveau morceau du casse-tête, ou si vous jugez que certaines informations fournies dans ce livre sont inexactes, n'hésitez surtout pas à m'écrire (france@horizonspolaires.com). Tout commentaire constructif sera grandement apprécié.

Merci! Nakkumek!
France Rivet

Fig. 95 Herman Frederik Carel Ten Kate
(Wikimedia Commons, Bibliothèque nationale de France)

Anthropologue néerlandais (1858-1931) qui a rendu visite aux « Esquimaux » au zoo de Berlin en 1880. Il s'y est procuré plusieurs de leurs cartes de visite. En novembre 1910, H. F. C. Ten Kate a fait don de ces cartes au *Museum voor land- en volkenkunde en het Maritiem Museum « Prins Hendrik »* à Rotterdam. Ces cartes se trouvent aujourd'hui au *Nederlands Fotomuseum*. Ten Kate a étudié l'anthropologie à Paris avec Paul Topinard et Armand de Quatrefages, et à Berlin avec Rudolf Virchow. Faisait-il partie de l'audience lorsque Virchow a prononcé sa conférence sur les « Esquimaux »?

Annexe A – Journal d'Abraham

Nous reproduisons ici l'intégralité de notre traduction française du journal d'Abraham afin que vous puissiez le lire dans l'ordre dans lequel Abraham l'a écrit.

En 1881, le Frère Carl Gottlieb Kretschmer, missionnaire morave à Hebron, a traduit en allemand le journal écrit par Abraham en inuktitut. Notre traduction se base, non sur le manuscrit du Frère Kretschmer mais sur sa transcription parue dans le livre de Hartmut Lutz intitulé *Abraham Ulrikab im zoo : Tagebuch eines Inuk 1880/1881*. Malheureusement, le manuscrit original d'Abraham demeure introuvable.

Toutes les parenthèses explicatives qui apparaissent dans le texte sont de la plume du Frère Kretschmer.

**Journal d'Abraham, Eskimo de Hebron
écrit pendant son séjour en Europe en 1880
et traduit par Frère Kretschmer**

En 1880, la famille d'Abraham Ulrike fut emmenée en Europe par Monsieur Jacobsen, agent de M. Hagenbeck. Avec eux, le célibataire Tobias, également de Hebron et la famille Terrianniakat, païenne, originaire du Nord. Tous moururent en Europe, cf. entre autres le Bulletin de la Mission de décembre 1880 ainsi que les rapports à Herrnhut. Le journal d'Abraham fut avec d'autres effets retourné à Hebron. On y lit :

À Berlin, ce n'est pas bien plaisant, c'est impossible à cause des gens et des arbres et parce que tant d'enfants viennent. L'air est constamment rempli du bruit des piétons et des voitures, notre enclos est tout de suite entièrement occupé.

Le 22 oct. Nous n'avons appris l'arrivée de *The Harmony* que lorsque 2 connaissances de Hlawatscheck sont venues à nous. C'étaient 2 maîtres et ils ont été si heureux de nous voir, ils nous ont reconnus tout de suite et nous ont appelés par nos noms, ils nous ont fait chanter; et comme nous n'étions pas sans savoir diverses choses, ils étaient très contents, ils nous ont même beaucoup remerciés et nous ont demandé de venir chez eux et dans leur église. Nous voulons bien, mais nous ne pouvons pas, parce qu'il y a trop de gens. Oui, sortir le jour est impossible à cause des gens, parce qu'ils nous entourent de toutes parts, avec des visages très divers.

Le 23 oct. Il a neigé sans arrêt, les *kablunat* ont très froid, nous-mêmes nous avons très froid.

Le 25, nous avons vu le Maître Kern et l'un des grands maîtres ([von] Dewitz) qui envoient les maîtres.

Le 27, neige et pluie. Hier, le 26, nous avons été à l'église et prié et chanté ensemble. Nous avons reçu une très grande joie (bénédiction), tous nos *kablunat* eux aussi, nous en avons été très pénétrés. Nous les hommes (Esquimaux) nous avons chanté dans l'église *Jesu ging voran*[332] et ensuite dit la prière « Notre Père ». L'assemblée a été très pénétrée (édifiée) par nos voix. Et on a de nouveau intercédé pour nous recommander (au Seigneur). Et il y a eu encore un chœur *Wir stehen getrost auf Zion fest*[333]. Nous ne savions plus à quoi nous en tenir à force d'être bénis, et les *kablunat* non plus. Quand le chœur s'est arrêté, celui qui était à la table (le président de la réunion) a fait un signe vers le haut, alors les trompettes se sont mises à sonner *Kommst Du, Jesu, vom Himmel herunter auf Erden*[334] et d'autres mélodies encore. Quand nous avons eu fini, on nous a bien salués et bien donné (serré) les mains. Nous étions assis devant la table. Après cela les maîtres sont souvent venus dans notre habitation (au zoo) et ont chanté (et prié), même des femmes sont entrées dans notre hutte et ont chanté avec eux et nous ont beaucoup parlé de Jésus.

Un soir, nous sommes allés, portant de grands manteaux et des chaussures, regarder des choses exposées dans une grande maison[335], nous y avons été transportés dans une maison

---

[332] Notre traduction française de ce titre est « Avance Jésus ».
[333] Notre traduction française de ce titre est « Fidèles à Sion, notre consolation ».
[334] Chant choral de Jean-Sébastien Bach. Une version française existe sous le titre « Viens à présent, Jésus, du ciel ».
[335] La traduction française du journal d'Abraham publiée en 1883 précise que cette grande maison est un panoptique. Voir Notes de voyages d'Abraham, l'Esquimau. (1883).

sis[336]). Quand nous sommes arrivés, nous sommes entrés et avons vu beaucoup de gens réunis, – mais – c'étaient seulement des personnes qui ressemblaient à des humains (dans le cabinet de cires); elles étaient si ressemblantes qu'on ne remarquait rien. Oui, vraiment, certaines respiraient, d'autres bougeaient, et tout cela de l'intérieur, non, il est impossible de tout raconter. Nous avons vu aussi la voiture de Napoléon, on la lui a prise pendant la guerre. Et toutes sortes de fusils, oui, on aurait vraiment dit des humains, très variés. Nous avons vu aussi des Nubiens, des Africains, des Chinois et des Indiens, des Américains et des Californiens, oui vraiment des habitants du monde, nous en avons vu beaucoup à Berlin. Tous les dimanches, on a donné devant nous des concerts de violon dans une grande maison.

Les nôtres, la famille Renard (Terrianiak) ne sont plus joyeux parce qu'ils sont fatigués des gens. Et nous dans l'autre maison nous avons été patients, bien que nous soyons également très fatigués. Avec persévérance, quand le soir vient, nous prions qu'on [Dieu] veuille nous aider. Cela (la prière) semble aussi avoir de l'effet sur nous.

Il y a des *kablunat*, des catholiques (?) qui, c'est vrai, rient de nous, mais ceci ne nous a pas encore fatigués parce qu'on peut rire aussi de leur âme. À certains d'entre eux, qui parlaient de nous, j'ai même souvent répondu puisqu'ils pouvaient parler anglais. Souvent nos hommes du Nord[337] en ont horrifiés quelques-uns. J'ai tous les jours constamment à faire pour dessiner des humains, le Labrador et Nain.

Le 3 nov. Nous avons appris que beaucoup de bateaux près de Héligoland et de Londres avaient coulé dans la tempête.

Le 7 nov. Avons encore eu quelque chose de triste. Notre compagnon, le célibataire Tobias a été frappé par notre Monsieur Jacobsen avec le fouet à chiens. (Monsieur Jacobsen) a été tout de suite très en colère parce que Tobias ne lui obéissait jamais, ainsi qu'il a dit; il aurait beaucoup de raisons de lui en vouloir. Il a presque failli le laisser et le chasser. Si M. J. agit une autre fois de cette manière, je vais écrire en Angleterre, comme j'en ai reçu l'ordre. Par la suite, il a été très aimable avec moi,

---

[336] La traduction française du journal d'Abraham publiée en 1883 indique que la maison à laquelle Abraham fait référence est un tramway. Voir Notes de voyages d'Abraham, l'Esquimau. (1883).
[337] C'est-à-dire Tigianniak et sa famille.

pour que je n'écrive pas. On a même aussitôt acheté à nos deux femmes des rubans de soie. Si Tobias est souvent indocile, il ne sera pas payé, mais s'il est gentil, il aura un gros salaire. Après cela, Tobias a été gravement malade.

<u>L'étang sur lequel nous allons en kayak est très froid,</u> nous devons toujours d'abord briser la glace avant de canoter. En ce moment, c'est même le grand froid. Nous avons vu aussi les animaux des Berlinois, des poissons, un phoque Netsek[338] et presque tous les animaux aquatiques de toutes sortes. <u>La viande</u> (la viande de phoque) nous manque beaucoup, soit, tout n'est pas vraiment très bon, mais <u>voilà ce que nous mangeons le plus souvent</u> : le matin, café et biscuits de marins, à midi, de la morue, des pommes de terre, de la bière et du pain de marins. À 4 heures, du café et du pain de marins. À 6 heures, du thé, du hareng, de la bière et du pain de marins.

Les *kablunat* (les spectateurs) ont toujours quelque chose de bon avec eux, toutes sortes de choses à manger dont ils nous font cadeau et de gros fruits qui ont même du jus (des fruits frais).

Certains jours, j'ai aussi joué dehors du violon, parce que les *kablunat* le souhaitaient tant; soit, je ne sais pas parfaitement bien jouer, mais cela leur est égal. On m'a sans cesse demandé d'écrire mon nom, parfois les voix étaient très nombreuses, ils se l'arrachaient les uns aux autres; il était impossible de les satisfaire tous.

Le 10 nov. Il a neigé et même beaucoup à Berlin.

Tous les jours, nous avons entendu les voix des canons, très fort même. Mais tout porte ici à tomber malade de grands rhumes; mais moi, je me porte à peu près bien, bien que j'aie aussi un gros rhume. Mais le travail de chaque jour est dur, à cause de la mauvaise santé, parce que notre enfant Sara est malade et que nous souffrons tous, c'est naturellement dur, il est regrettable que (Sara) doive rester toute seule, elle ne se plaint pas parce qu'elle comprend déjà qu'on ne peut pas faire autrement.

De temps en temps on nous donne de l'argent, quelquefois 2 pence, quelquefois 1 mark, quelquefois 50 pence, parfois 20 pence, des cigares aussi tous les jours.

---

[338] En inuktitut « natseq » signifie « phoque annelé ».

Un an à passer, c'est bien trop long parce que nous voudrions rentrer vite dans notre pays, parce que nous sommes incapables de rester toujours ici. Oui vraiment! C'est impossible! Nuit et jour le terrible vacarme des (voitures) traîneaux et des sifflements de la vapeur.

Quand nous avons voyagé à la vapeur, nous étions plus rapides que si nous avions volé. Nous occupions toujours (les places) qui sont réservées aux grands messieurs. Le train était si long que ses deux extrémités étaient très éloignées l'une de l'autre. Nous étions au milieu dans une belle maison (un wagon); nous ne pouvions pas fermer les fenêtres si nous voulions voir; regarder dehors était impossible à cause du vent; j'ai eu mal aux yeux, ils étaient enflés de voir, bien que je n'aie qu'un peu sorti la tête.

[Pendant le voyage, notre compatriote Renard (Terrianiak) a fait, très extraordinairement, de la magie, alors qu'il était dans la belle voiture à vapeur, il était tout bouleversé par la magie et n'a pu sourire à personne quand nous sommes arrivés[339].]

Le samedi 15 ou 16 oct. Nous sommes arrivés à Berlin avec la merveilleuse machine à vapeur. Partis de Hambourg à 9 heures du soir, nous sommes arrivés le matin à 6 heures à Berlin dans notre maison que nous avons nous-mêmes construite; une belle maison, même si elle est en planches. Il a été impossible de balayer l'intérieur de notre maison à cause des gens. Nos chefs avaient beau les chasser dehors, d'autres entraient. Nous avons une maison au milieu des arbres. Tout près, il y a une maison pour la musique, admirable aussi. On souhaite beaucoup voir notre maison à Berlin, mais ce n'est pas possible pour tout le monde. Quelques-uns seulement l'ont vue, nos chefs ne savaient même pas si nous ferions entrer quelqu'un (ou non). Quand les maîtres sont arrivés, ils sont entrés les premiers, mais pas tout de suite, parce que c'était impossible à cause des gens. Notre clôture a été démolie plusieurs fois par les gens qui se bousculaient.

Un jour, un grand monsieur de Berlin est venu nous voir et il avait beaucoup d'autres messieurs avec lui. Ils sont tous venus dans

---

[339] Note manuscrite en marge : « Le passage entre crochets a été rayé par le Frère Kretschmer peut-être par égard pour le lecteur européen. Il est possible, toutefois, qu'il ait été rayé dans le texte original. (?) » Cette note tend à montrer que le manuscrit n'est pas celui de Kretschmer, mais une copie par une tierce personne (un autre frère morave?) qui n'avait pas accès à l'original d'Abraham. (Note de la traductrice)

notre enclos pour voir nos kayaks, mais tout a été aussitôt envahi par des gens et il a été impossible d'aller nulle part. Nos deux chefs, Schoepf et Jacobsen, pestaient beaucoup à grands cris et le chef des soldats aussi, quelques-uns sont sortis, mais la plupart n'avaient pas d'oreilles. Comme nos deux chefs n'arrivaient à rien, ils sont venus à moi et m'ont envoyé les mettre dehors. J'ai fait alors ce que j'ai pu, pris mon fouet et mon harpon à phoques groenlandais et un air terrible; l'un des messieurs semblait pleurer, d'autres m'ont tendu la main tandis que je les chassais; d'autres encore s'en sont allés ou ont sauté par-dessus la palissade parce qu'ils étaient si nombreux. Il y en a eu qui m'ont remercié d'agir comme je faisais et nos messieurs m'ont aussi beaucoup remercié. Ulrike avait aussi fermé la maison de l'intérieur et barricadé l'entrée pour que personne ne s'introduise et ceux qui voulaient regarder par la fenêtre, on les a repoussés avec un bâton.

11 nov. Peu de gens. On ne nous donne pas d'argent parce qu'ils sont trop peu nombreux.

12 nov. J'ai revu Elsner venu (de Brême) pour nous voir. Il est venu avec le maître de (l'empereur) Guillaume (le prédicateur à la cour Stöcker) et un autre homme. Ils ont prié pour nous, que nous ne reniions pas le Seigneur et ne tombions pas dans la perdition. Quelques femmes croyantes sont venues elles aussi dans notre hutte et ont beaucoup chanté (ou prié). Oui vraiment les croyants ici en Allemagne sont nos frères; ils nous ont même appelés « frères » et « sœurs »; ils ont même pleuré devant nous, en implorant que nous ne nous perdions pas en Satan, ils se sont même souvent agenouillés devant nous avec respect et nous ont en nous saluant souvent bien réconfortés; et ils nous ont plusieurs fois apporté de bonnes choses à manger et pensé que de cette manière ils fortifieraient en même temps nos âmes.

Esdraige (Autriche)

26 nov. J'écris ici au loin, à Prague, en Autriche, au pays des catholiques, dans une grande ville. Nous sommes ici pour deux semaines, à l'intérieur d'une grande et longue maison. Impossible de sortir, nous serions pris par les catholiques. Oui vraiment on a beaucoup de respect pour nous et nous avons une maison dans la grande maison. Il y a aussi un phoque venu de Hollande pour notre nourriture, mais il doit être abattu avec le harpon à phoques. Mais jusqu'à présent, je n'ai vu que peu de croyants, de ceux-là qui ne sont pas des nôtres. Ils ont chanté avec une petite voix par peur des catholiques.

Nous aussi seuls avec une petite voix nous pouvons chanter et prier ici pour que le Seigneur nous aide afin qu'il ne nous arrive rien par les catholiques, parce que l'on nous demande constamment si nous sommes croyants; nous ne pouvons pas le nier et l'affirmons constamment tout en nous demandant ce que l'on va nous faire; oui, c'est ainsi, parce qu'ici tout est à craindre; nous sentons que l'aide que nous recevrons sera une grande chose.

Un jour à 4 heures de l'après-midi, des soldats sont venus, innombrables, les grands chemins (les rues) étaient tout pleins. Ils portaient du feu[340] ainsi que des lanternes avec un manche (une poignée), les chevaux aussi portaient du feu. Mais ils ont fait entendre des voix (de la musique) tout à fait ravissantes avec des trompettes.

Le 27 nov. J'ai attrapé un phoque (netsek) à Prague dans un étang, alors qu'il y avait une quantité effrayante de gens, oui vraiment innombrable. Quand je l'ai harponné avec la lance, tous ont beaucoup applaudi, comme des eiders[341]. Quand j'en ai eu terminé avec lui (quand je l'ai tué), les faiseurs de voix ont chanté magnifiquement avec des violons, des tambours, des trompettes et des flûtes, oui vraiment, on ne pouvait plus se parler avec toutes ces voix.

Nous sommes repartis de Prague pour Francfort où il y a beaucoup de gens. Là nous avions deux maisons dehors dans un enclos. Tout le temps que nous sommes restés là, nous avons été gardés nuit et jour par des soldats qui se relayaient. Il y a là beaucoup de juifs, les catholiques sont très méprisés. Mais nous y avons fait beaucoup de kayak, même sur l'étang. De là, nous sommes tous partis de nuit à Darmstadt sur un traîneau avec des roues et des chevaux.

À Darmstadt, nous avons eu <u>une</u> belle maison dans une belle maison ronde qui est un terrain de jeux pour patiner sur des roues. Là, à l'intérieur de la maison, nous avons souvent, tous assis dans le traîneau, tourné en rond. C'est là que l'une d'entre nous, la fille de Terrianiak, Nuggasak a cessé de vivre (est morte) très vite et en souffrant affreusement. Après elle, dans un autre

---

[340] La traduction française du journal d'Abraham publiée en 1883 précise qu'il s'agit de flambeaux. Voir Notes de voyages d'Abraham, l'Esquimau. (1883).
[341] Nous comprenons que le bruit et les gestes que font les spectateurs en applaudissant évoquent à Abraham ces oiseaux en train de battre des ailes en criant. (Note de la traductrice)

pays, à Crefeld, sa mère est morte à son tour, elle aussi avec beaucoup de souffrances. Après elle c'est la petite Sara qui a cessé de vivre, paisiblement, d'une grande éruption de boutons avec des abcès, elle était boursouflée de partout. Elle a été malade deux jours et elle est morte à Crefeld.

Alors qu'elle vivait encore, on l'a amenée à l'hôpital où je l'ai accompagnée. Elle comprenait tout encore, pendant que j'étais là. Elle a encore joliment prié avec le chant *Ich bin ein kleines Kindelein*[342]. Quand j'ai été sur le point de partir, elle a encore salué sa mère et sa petite sœur. Quand je l'ai quittée, elle dormait et ne s'est plus réveillée; pour cela, nous sommes tous les deux reconnaissants. Tandis qu'elle vivait encore, nous sommes partis pour Paris et tout le jour et toute la nuit nous avons voyagé.

Abraham Ulrikab

---

[342] Notre traduction française de ce titre est « Je suis un enfant tout petit ».

Annexe B – Les Esquimaux du Jardin d'acclimatation

La petite brochure *Les Esquimaux du Jardin d'acclimatation*[343] publiée par le Jardin d'acclimatation se voulait un outil destiné à faire connaître aux visiteurs la culture « esquimaude ». Voici quelques extraits qui donnent un bon aperçu de ce qu'on racontait alors sur ces peuples venus du froid.

I

Le mot Esquimaux – ou Eskimos – comme il faut, paraît-il, écrire leur nom dans la langue abenakis, tribu de Peaux-Rouges du Labrador méridional, signifie « mangeur de poissons crus », et c'est par cette appellation que les Abenakis désignaient d'une façon méprisante leurs voisins du Labrador septentrional, ce qui équivalait à les traiter de sauvages.

Les Esquimaux sont les restes les plus considérables, dans les régions septentrionales, de cette race préhistorique innomée de pêcheurs et de chasseurs qui habita autrefois les côtes de l'Europe jusqu'au jour où ils furent repoussés jusqu'à la limite extrême des grands continents par les migrations successives des bandes aryennes. Ils ont existé, à une époque, en Angleterre, en France, en Allemagne, en Danemark, en Suède et en Espagne, tous pays dans lesquels ils ont laissé leurs traces par des sépultures, des dépôts et des « kitchenmixens » ou restes de cuisine. Ils étaient de race touranienne, et même aujourd'hui ils existent à l'état de Basques dans les âpres montagnes de l'Espagne. En Suède, on les retrouve à l'état de Lapons et de Finnois, et de même, le long de la côte russe, il est encore de leurs débris cantonnés sur le bord de l'océan Glacial.

Comment la grande division de cette famille préhistorique

---

[343] *Les Esquimaux du Jardin d'Acclimatation*. (1881).

se fraya-t-elle un chemin vers les vastes régions inhospitalières, où on la connaît aujourd'hui sous le nom d'« Esquimaux » donné à ses descendants, c'est ce qu'il n'est pas aisé d'établir. La théorie admise est qu'elle fut poussée là, et des côtes de l'Asie et des côtes de l'Amérique, à travers le détroit de Behring, par les migrations de tribus indiennes et mongoles; mais il est du moins tout aussi probable que ces hardis sauvages ont existé de temps immémorial dans les régions arctiques, et qu'en ce sens ils peuvent se prétendre réellement autochtones et enfants de leur sol ou plutôt de leurs glaces et de leurs neiges tout autant qu'aucune race existant sur la surface du globe. Mais, indigènes ou non, ils sont là les représentants de la grande famille touranienne et portent en eux la meilleure preuve de leur origine dans leur langue pleine d'affinité avec les dialectes des Lapons, des Basques, des Hongrois et des Turcs.

Quand tous les regards sont tournés vers l'extrême nord de notre planète, quand la récente et si heureuse expédition du professeur Nordenskiöld[344] est venue rendre plus grand encore le désir de connaître les régions arctiques jusqu'ici inexplorées, c'est certainement avec le plus vif plaisir qu'on apprendra l'arrivée, au Jardin zoologique d'acclimatation, d'un nouveau convoi d'Esquimaux.

Le Jardin d'acclimatation ne pouvait choisir un moment plus opportun pour mettre sous les yeux du public des spécimens de la race humaine habitant la zone hyperboréenne.

Déjà, il y a quelques années, en 1877, une famille d'Esquimaux du Groënland avait séjourné au Bois de Boulogne. Cette fois ce sont des Esquimaux de la côte du Labrador qui vont recevoir l'hospitalité parisienne.

Les premiers venus étaient originaires de Jacobshaven, petit poste danois sur la côte occidentale du Groënland au sud de l'île de Diskö. Les nouveaux arrivants viennent de la baie d'Hébron (côte du Labrador) et appartiennent à ces peuplades du nord du continent américain qui sont en

---

[344] Le baron Nils Adolf Erik Nordenskiöld est connu pour avoir exploré l'Arctique, étudié les côtes de la Nouvelle-Zemble et de la Sibérie et avoir été le premier à franchir le passage du Nord-Est.

rapports constants, pendant la belle saison, avec les Peaux-Rouges qui vivent dans ces régions septentrionales. Aussi ces Esquimaux sont-ils par leurs costumes et leurs mœurs, sinon par leur type de race, assez différents des Esquimaux du Groënland.

Ces derniers, en effet, ont tous été convertis au christianisme par les missionnaires danois, alors que, sur les côtes du Labrador, un grand nombre des naturels sont restés fidèles aux pratique idolâtres.

Sur les sept Esquimaux ramenés en Europe par l'*Eisbär* frété spécialement pour cette expédition par le célèbre importateur de Hambourg, Hagenbeck, cinq : – un homme, célibataire Tobias (vingt et un an); un homme, marié, Abraham (vingt-huit ans); une femme, Ulrika (vingt-trois ans); une petite fille, Sara (trois ans et demi); une petite fille, Marie (10 mois); — sont chrétiens.

Les deux autres : – Tiggianiak (le Renard de glace), quarante ans; sa femme, Paieng (la Loutre qui plonge), cinquante-cinq ans; – n'ont pas reçu le baptême.

II

Le territoire sur lequel habitent les Esquimaux occupe, dans les régions arctiques du globe, une étendue immense, véritable empire des neiges. Qu'on songe bien que les Esquimaux sont les seuls habitants des côtes de l'Amérique arctique et des deux rives du détroit de Davis, ainsi que de la baie de Baffin, y compris le Groënland. Outre ces terres, on les trouve répandus sur une bande d'environ 650 kilomètres sur la côte d'Asie, au-delà du détroit de Behring. Au sud, ils s'étendent jusque vers le 50e degré de latitude nord sur la côte orientale, et jusque vers le 60e degré sur la côte occidentale de l'Amérique, et encore jusque vers le 60e degré sur la baie d'Hudson. D'autre part, on les a rencontrés aussi loin au nord qu'ont pu pénétrer nos expéditions polaires.

Du point nord-ouest extrême au point nord-est extrême, la terre des Esquimaux ne mesure pas moins de 5000 kilomètres. Une tribu de l'extrémité de leur territoire asiatique par-delà le détroit de Behring, qui serait prise du désir insensé d'émigrer jusqu'à ce qu'elle ait rencontré la limite orientale extrême de la race au Labrador ou au Groënland, aurait à parcourir environ 8000 kilomètres le long de la côte, avant d'arriver au but de son voyage.

Jusqu'à une époque bien récente, tout ce qui était connu de ces peuplades pouvait se formuler par un point d'interrogation. Il y a cinquante ans et même moins, personne n'eût pu dire ce qu'était un Esquimau.

Le peu, en effet, qu'on savait de ces pauvres sauvages des glaces venait de personnes ou trop ignorantes ou trop préoccupées d'autres soins pour être en état de se renseigner d'une manière certaine. Les capitaines des baleiniers et les voyageurs arctiques, quand ils arrivaient en contact avec les Innuits (noms que se donnent les Esquimaux et qui veut dire « le peuple », le peuple par excellence) dans leurs huttes de neige, ne s'inquiétaient, les premiers que d'une chose : se procurer du lard de baleine, ou de phoque, qu'ils consommaient avec autant d'ardeur que les Esquimaux eux-mêmes; les seconds, d'eaux libres et du passage du nord-ouest. Les seules questions faites aux indigènes par leurs visiteurs étaient celles-ci : « Où y a-t-il des baleines? Quelle est la route du détroit de Behring? » Et si les bonnes gens donnaient parfois d'utiles renseignements aux baleiniers sur les baleines, les seules informations qu'ils pussent donner aux explorateurs arctiques sur une mer libre vers le nord-ouest étaient aussi maigres qu'insuffisantes à l'extrême.

Les Esquimaux sont donc intéressants au plus haut point, non seulement par leurs mœurs et leurs costumes si différents des nôtres, mais encore et surtout par les services qu'ils ont rendus aux navigateurs qui se sont aventurés dans ces régions désolées. Qu'eussent fait, en effet, les Franklin, les Hall[345], les Hayes[346] et plus récemment encore l'intrépide Nordenskiöld, s'ils n'avaient rencontré, dans ces régions de glace, des hommes mettant à leur disposition chiens et traîneaux?

Chez les Esquimaux, la flore consiste en quelques lichens mousses et pins rabougris, visibles seulement quelques mois de l'année, puisque la neige et la glace semblent maîtresses dans ces régions et qu'elles y séjournent le plus possible, comme si elles avaient mission d'empêcher la vie

---

[345] Charles Francis Hall (1821-1871), explorateur de l'Arctique qui a mené deux expéditions pour retrouver les traces de Sir John Franklin.
[346] Isaac Israel Hayes (1832-1881), explorateur de l'Arctique, en particulier de l'île d'Ellesmere, qui a également participé aux recherches pour Sir John Franklin.

dans ces parages et d'interdire à l'homme l'approche de ce point qu'il désire tant connaître et à la découverte duquel il a consacré déjà tant d'efforts : le pôle!

La nourriture, si variée chez nous, est chez eux de la simplicité la plus rudimentaire : du phoque, toujours du phoque; le plus souvent cru, quelquefois grillé et assaisonné de la graisse même de cet amphibie qui est pour l'Esquimau de la première nécessité.

Le résultat du contact entre les races civilisées et les races non civilisées n'a été absolument d'aucun secours à la science. Tout ce qu'on savait des Esquimaux, d'après ces sources, c'est qu'ils étaient de très habiles chasseurs – ou pêcheurs – de phoques et de baleines; qu'ils aimaient passionnément le gras de ces animaux, et que, quand ils en avaient à discrétion, ils se couchaient sur le dos pour se faire bourrer par leurs femmes de cette précieuse friandise, dont ils pouvaient absorber de 12 à 15 livres par jour.

Le phoque est tout pour l'Esquimau : sa chair le nourrit, sa peau le vêt lui et les femmes de la famille, le capuchon même des femmes leur sert à porter leurs jeunes enfants, ce qui est infiniment plus commode que de les avoir, comme nos nourrices, sur les bras.

La nourriture et les vêtements sont assurément choses précieuses déjà, mais le phoque fait plus encore pour l'Esquimau; la peau de l'animal sert à celui-ci à couvrir ses bateaux, grands ou petits; la vessie lui sert de bouée pour son harpon, et quand cet engin redoutable manque de porter juste, la bouée en question empêche qu'il ne soit perdu. La graisse du phoque alimente les lampes et chauffe la hutte. En un mot, sans le phoque, si abondant dans les régions arctiques et qui se laisse si facilement prendre, l'Esquimau ne saurait vivre un mois entier.

C'est dans le kayak que l'Esquimau poursuit le phoque, le harponne et l'amène à terre où il le dépèce. Il met de côté la peau, puis la graisse qui doit servir de combustible et d'huile d'éclairage, coupe et range sous la neige ou la glace la viande dont il se nourrira. Nous sommes loin, on le voit, des potages à la bisque et de l'éclairage inventé par

M. Jablochkoff[347]. L'Esquimau en est-il plus malheureux? Il est permis d'en douter, au moins il ne le croit en aucune façon. Il est certain que quelques individus qui ont vécu de notre existence, goûté les douceurs de notre civilisation, ont été enchantés de retourner dans leur pays et de recommencer à dépecer et surtout à manger du phoque; d'ailleurs, nos climats doivent leur être contraires, et il est probable qu'il leur serait aussi pernicieux de passer ici quelques années qu'aux habitants des contrées chaudes d'hiverner plusieurs fois de suite au milieu des glaces.

Les habitations des Esquimaux sont de deux espèces : des tentes en été, des huttes en hiver. Les tentes sont à peu de choses près les mêmes chez toutes les tribus : montées sur des perches, couvertes d'une double couche de peau de phoque, et plus hautes à l'entrée qu'à l'extrémité opposée. Les huttes diffèrent, la plupart sont bâties de pierres ou de mottes de terre; les poteaux et les solives qui supportent la toiture sont de bois. Il n'y a que les Esquimaux de la région moyenne qui construisent leurs maisons avec des blocs de glace; ceux de l'Ouest les font en planches. Elles sont toutes sur le même plan; l'entrée est un long passage qui s'enfonce au milieu et se relève à chaque extrémité, sans doute pour ce qu'on peut appeler « un but stratégique ». La maison elle-même se compose invariablement d'une seule pièce, dans laquelle quelquefois plusieurs familles vivent ensemble, dormant sur une large banquette qui, au Groenland au moins, n'occupe que le côté de la maison situé en face de l'entrée.

Si les Esquimaux savent manœuvrer avec la plus grande habileté la pirogue, que dire de la façon dont ils mènent leur équipage? Le traîneau, attelé d'une douzaine de chiens, est conduit par eux avec une sûreté de main et un coup d'œil extraordinaire. Par un coup de fouet adroitement lancé sur l'oreille des premiers chiens de la bande, ils font à volonté tourner le véhicule primitif, mais suffisant, dans lequel ils ne craignent pas d'entreprendre de longs voyages.

En sa qualité de pêcheur et de chasseur, tirant presque

---

[347] Pavel Jablochkoff (1847-1894) était un électrotechnicien russe qui s'est installé à Paris en 1876 et y développa une lampe à arc (la bougie de Jablochkoff) qui illumina, pendant quelques années, les boulevards des grandes capitales.

toutes ses ressources de la mer, l'Esquimau a peu l'idée de la propriété ou du commerce. Celui-ci se borne à des articles d'échange qui se troquent à intervalles réguliers. Quant à la propriété, elle est plutôt chez les Esquimaux commune que personnelle. À part quelques ustensiles nécessaires, quelques armes, quelques provisions faites pour une fraction de l'année, peu d'Esquimaux possèdent quelque chose en dehors de leurs vêtements et de leurs kayaks. Tout le reste est propriété de la communauté plutôt que de l'individu, et cette coutume repose sur certaines associations naturelles ou conventions de copropriété limitées à des cercles plus ou moins grands d'habitants qui, par une sorte de communisme instinctif, s'arrangent pour habiter ensemble – souvent plusieurs familles dans la même maison – pour les besoins de l'assistance mutuelle.

III

Les Esquimaux, avant leur conversion au christianisme, croyaient que l'homme a une âme qui existe après la mort, mais ils étendaient cette croyance aux animaux inférieurs, qu'ils douaient d'âmes à eux propres, et suivant eux, les âmes des hommes pouvaient passer dans le corps de ces animaux. Quant aux puissances supérieures, ils croyaient que tout le monde visible était gouverné par des êtres surnaturels qu'ils appelaient « possesseurs », et, comme presque chaque objet a son possesseur, cette croyance semblerait être un panthéisme modifié.

Pour ce que est de leur cosmogonie, la terre, avec la mer qui en dépend, repose sur des piliers et couvre un autre monde, et est elle-même recouverte par un monde placé au-dessus des nuages. Après la mort, les âmes humaines vont en haut ou en bas; mais, contrairement à la croyance de toutes les races, les bons vont dans le monde d'en bas, où ils vivent dans l'abondance sous le nom « d'arsissut ». C'est une terre, non de lait et de miel, mais de perpétuelle chair de phoque ou de graisse. Les méchants, d'autre part, vont dans le monde d'en haut, où ils souffrent continuellement du froid et de la faim. Comme les anciens Lydiens, ils trompent leur appétit, et en même temps ils jouent à la balle avec une tête de morse, ce qui produit l'aurore boréale.

Il est probable, comme dans d'autres mythologies, que les Esquimaux se contentèrent d'abord de l'arrangement panthéiste de possesseurs surnaturels qui gouvernaient chaque objet particulier dans l'univers; mais pareille croyance n'est que transitoire et finit dans la croyance à une puissance suprême. Cet être était appelé par les Esquimaux « Tornasuk », « l'Aide suprême ». Il ne se révélait, paraît-il, qu'aux « angakoks », ou aux sages, c'est-à-dire des prêtres. La déesse de l'Abondance, qui dans certains cas devient la décesse de la Famine, est assise devant sa maison avec une lampe allumée. À mesure que l'huile en déborde en gouttelettes, cette huile engendre des animaux qui servent à la nourriture de l'homme. Ceci a lieu quand la déesse est de bonne humeur. Quand elle est de mauvaise humeur, elle renverse sa lampe et lui supprime l'huile; alors les humains sont affamés. Il ne semble pas que « Tornasuk » ait d'autorité sur elle; mais il est clair que, s'il en a, il ne l'exerce pas toujours, car chaque Esquimau sait qu'il y a des saisons où les phoques manquent et qui sont suivies de famine.

Tigganiak, le chef de la famille idolâtre attendue au Jardin zoologique d'acclimatation, remplit dans son pays le rôle d'« angakok ». Doué d'une rare intelligence, il jouit d'une grande considération auprès de ses pareils et passe pour entretenir avec les dieux des relations qui lui permettent de faire à son gré la pluie et le beau temps. C'est ainsi que pendant la traversée il a à diverses reprises, les jours de tempête, fait des tentatives pour apaiser la fureur des flots et les disciples de Tigganiak sont persuadés que c'est à l'intervention de leur « angagok » qu'ils doivent leur arrivée à bon port.

Nous arrivons maintenant à la sorcellerie. Comme toute la race croyait beaucoup plus à la sorcellerie qu'à toute autre chose, dès qu'un individu se croyait ensorcelé, il s'adonnait lui-même à la magie pour rompre le charme. Cette détermination ne se prenait qu'après avoir consulté les sages, les « angakoks », c'est-à-dire les prêtres. Ainsi le prêtre, qui, dans les cas simples, comme on pourrait les appeler, avait recours aux prières, prescrivait, dans les cas de sortilèges invétérés, des contre-sortilèges et des incantations, et si ceux-ci ne réussissaient pas, il en appelait aux amulettes ou « arnuats », lesquels étaient des objets ordinaires, tels que des portions d'oiseaux ou de bêtes qui, ayant été en contact avec certaines personnes privilégiées, c'est-à-dire avec des « angakoks » ou êtres surnaturels, étaient doués du pouvoir de maintenir le possesseur à l'abri de toutes les machinations de la sorcellerie.

Outre les prêtres qui avaient une position reconnue, il y avait d'autres individus qui, sans être exactement des sorciers ni des prêtres, possédaient des pouvoirs extraordinaires. D'abord venaient les « kivigtoks », espèces d'ermites qui fuyaient le genre humain et vivaient seuls en face de la nature au cœur du pays. Nul ne sait pourquoi cette espèce d'existence entraînait de si merveilleux résultats. Un « kivigtok », non seulement acquérait une prodigieuse agilité, mais il apprenait le langage des animaux, et il connaissait même tout ce qui avait trait aux « piliers qui supportent la terre ». Dans d'autres pays, la vie solitaire n'est pas accompagnée de tels avantages ni adoptée aussi facilement, car les gens se faisaient « kivigtoks » pour un oui, pour un non. Éprouvait-on une injustice, était-on seulement réprimandé par un parent ou un compagnon de maison, on prenait la chose si à cœur, qu'on quittait le logis pour gagner « les champs ».

Il y avait aussi les « angerdlartugiaks », classe d'individus aussi agréables par le nom que par le fond de leur occupation. L'« angerdlartugiak » était un homme d'une éducation particulièrement soignée, qui avait pour objet, non de l'approprier à la vie présente, mais de le préparer à une existence future, de façon qu'il était toujours prêt à recommencer une vie nouvelle, s'il lui arrivait par exemple, de se noyer, accident fréquent, par parenthèse, chez les Esquimaux. Cette éducation ne laissait pas d'être fort étrange. La mère devait observer un jeûne strict : l'enfant devait être habitué à toute espèce de mauvaises odeurs et il ne devait jamais faire de mal à un chien. Enfin, quand il était assez grand pour manœuvrer un kayak, son père marmottait une prière à son intention, et je jeune nautonier était sûr de revenir à la vie, s'il avait la malchance de se noyer.

IV

Les contes au moyen desquels les Esquimaux, comme tous les peuples primitifs, abrègent la longueur de leurs sombres nuits d'hiver, sont pleins d'hommes fabuleux et de monstres avec lesquels les Innuits ont maille à partir, et dont ils triomphent invariablement. C'est la vieille règle que la force brutale, sans le secours de l'intelligence, ne peut lutter avec l'intelligence unie à force moindre. Il en ressort toujours, et souvent d'une façon terrible, des leçons de justice et de vérité. [...]

V

Les Esquimaux exhibés en 1877 n'employaient pour la confection de leurs costumes que la peau de phoque; ceux qui sont actuellement les hôtes du Jardin d'acclimatation doublent leurs vêtements de peau de renne; de plus, la forme des habits des femmes est assez différente : la veste au lieu de se terminer à la ceinture, se prolonge comme les pans de notre habit noir. Enfin, ces femmes portent de chaque côté de la tête de longues bandelettes de perles de diverses couleurs, qui rappellent les ornements dont se parent les Indiens Allah avec lesquels les Esquimaux du Labrador sont en relations d'échange.

Il est à remarquer que, malgré les rapports qu'entretiennent ensemble ces deux races, jamais les Indiens n'ont pris femmes parmi les Esquimaux et jamais les Esquimaux ne sont allés chercher d'épouses chez les Indiens. Par contre, il n'est pas rare que les Anglais, chasseurs de fourrures, qui pénètrent souvent dans les tribus d'Esquimaux, se soient mariés avec des femmes de cette race. [...]

Annexe C – Sommaire de la chronologie des événements

Date	Description de l'événement
1880-08-10	Jacobsen arrive à Hebron, Labrador.
1880-08-15	Jacobsen embauche un interprète, Abraham, pour se rendre à Nachvak recruter des « Esquimaux » non christianisés.
1880-08-16	Jacobsen accompagné d'Abraham partent pour Nachvak.
1880-08-18	Arrivée à Nachvak.
1880-08-19	Une famille non chrétienne accepte l'offre de Jacobsen.
1880-08-20	George Ford discute avec Abraham et le convainc de partir pour l'Europe.
1880-08-22	Départ de Nachvak.
1880-08-25	Arrivée à Hebron à 3 h du matin.
1880-08-26	Départ de Hebron en direction de l'Europe.
1880-09-22	L'*Eisbär* s'ancre à Héligoland près de l'embouchure du fleuve Elbe.
1880-09-23	Arrêt à Cuxhaven pour envoyer un télégramme annonçant leur arrivée.
1880-09-24	Arrivée à Hambourg à 6 h. Les « Esquimaux » et leurs bagages sont amenés chez Carl Hagenbeck au 13, de la rue Neuer Pferdemarkt.
1880-10-02	L'exhibition ouvre ses portes au Hagenbeck's Thierpark.
1880-10-04	Jacobsen entre à l'hôpital. Adolf Schoepf prend les « Esquimaux » en charge.
1880-10-15	Train de nuit de Hambourg à Berlin. Départ à 21 h.
1880-10-16	Arrivée à Berlin à 6 h.
1880-10-22	Visite de deux missionnaires moraves.
1880-10-25	Visite de huit frères et sœurs moraves au Zoo de Berlin.
1880-10-26	Première visite d'Abraham et de sa famille à

	l'Église morave de Berlin.
1880-10-27	Jacobsen rejoint le groupe à Berlin.
1880-10-28	Dr Rudolf Virchow conduit une étude sur les « Esquimaux » et prend diverses mesures anthropométriques des cinq adultes.
1880-11-07	Abraham rapporte que Tobias a été battu par Jacobsen. Le Dr Rudolf Virchow donne une conférence pour présenter les résultats de son étude sur les cinq adultes du groupe.
1880-11-09	Le Frère Elsner reçoit une première lettre d'Abraham.
1880-11-15	Départ de Berlin à 8 h. Arrivée à Prague.
1880-11-29	Départ de Prague.
1880-11-30	Arrivée à Frankfurt.
1880-12-12	Nuggasak commence à montrer des problèmes de santé. Départ pour Darmstadt en compagnie de madame Jacobsen.
1880-12-14	Nuggasak décède à l'Orpheum de Darmstadt à 8 h.
1880-12-16	Les funérailles de Nuggasak se tiennent à 16 h.
1880-12-17	Départ de Darmstadt en matinée. Arrivée à Crefeld à 19 h.
1880-12-24	Célébration de Noël.
1880-12-25	Paingu tombe malade avec les mêmes symptômes que ceux de Nuggasak.
1880-12-26	Sara tombe malade.
1880-12-27	Paingu décède au Zoo de Bockum à 19 h.
1880-12-28	Autopsie pratiquée sur le corps de Paingu. Jacobsen en profite pour prendre la calotte crânienne. Les funérailles ont lieu à Bockum en soirée.
1880-12-29	Sara est admise à l'hôpital de Crefeld. Le Dr Jacobi informe le bourgmestre de l'état de la fillette. Le zoo est fermé pour quelques jours.
1880-12-30	Départ de Crefeld vers 9 h. Le bourgmestre envoie une dépêche à la Préfecture de la Seine à Paris les informant que le groupe a laissé derrière lui une fillette atteinte de la variole.
1880-12-31	Arrivée à Paris à 4 h 45. Sara décède à l'hôpital de Crefeld à 10 h.
1881-01-01	Les « Esquimaux » sont vaccinés. Sara est enterrée au cimetière de Crefeld.
1881-01-06	Le Dr Arthur Bordier présente à la Société d'anthropologie de Paris la calotte crânienne

	d'un « Esquimau » décédé récemment en Allemagne.
1881-01-07	Les « Esquimaux » sont vaccinés une seconde fois.
1881-01-08	Abraham rédige sa toute dernière lettre au Frère Elsner.
1881-01-09	Les cinq survivants ainsi que Jacobsen sont admis à l'hôpital Saint-Louis. Un avis est publié dans les journaux comme quoi les « Esquimaux » sont repartis vers Labrador.
1881-01-10	Décès de Maria à 14 h.
1881-01-11	Décès de Tigianniak à 18 h.
1881-01-12	Maria est enterrée au cimetière de Saint-Ouen.
1881-01-13	Tigianniak est enterré au cimetière de Saint-Ouen.
1881-01-12 ou 13	Le Dr Paul Topinard se rend à l'hôpital St-Louis au nom d'Albert Geoffroy Saint-Hilaire. Le Dr Landrieux s'engage à lui faire don des cerveaux de trois des « Esquimaux ».
1881-01-13	Décès de Tobias à 2 h. Décès d'Abraham à 18 h.
1881-01-14	Tobias est enterré au cimetière de Saint-Ouen. Le Dr Landrieux fait une présentation à la Société médicale des hôpitaux de Paris sur ses observations lors de l'admission des « Esquimaux » et sur les autopsies des trois premières victimes.
1881-01-15	Abraham est enterré au cimetière de Saint-Ouen.
1881-01-16	Décès d'Ulrike à 3 h.
1881-01-16	Hagenbeck envoie une dépêche à Jacobsen lui demandant de se débarrasser de tous les biens des « Esquimaux ».
1881-01-17	Ulrike est enterrée au cimetière de Saint-Ouen. Jacobsen obtient son congé de l'hôpital.
1881-01-18 ou 19	Jacobsen rencontre un professeur du Musée d'ethnographie du Trocadéro qui achète la collection d'artefacts.
1881-01-20	Jacobsen, Schoepf et madame Jacobsen quittent Paris par train. Adolf Bastian écrit à Jacobsen pour exprimer ses regrets suite au décès des « Esquimaux » et pour s'enquérir de l'acquisition de certains artefacts.
1881-01-21	Le Dr Léon Colin est mandaté pour mener la commission d'enquête sur la mort des « Esqui-

	maux ».
1881-01-17 (aux alentours)	Le Dr Landrieux écrit au Muséum national d'Histoire naturelle suggérant que leur intervention pourrait permettre l'exhumation des corps des « Esquimaux ».
Fin janvier 1881	Les cerveaux d'Abraham, d'Ulrike et de Tobias sont reçus au Laboratoire d'anthropologie de l'École pratique des hautes études.
1881-02-04	Le Dr Léon Colin livre son rapport.
1881-03-10	La Préfecture de Police de la Seine accuse réception de la demande d'Armand de Quatrefages pour exhumer les restes des « Esquimaux ». Toutefois, une étude doit être menée par le Dr Brouardel afin de déterminer quand il sera sécuritaire de procéder.
1881-05-05	Théophile Chudzinski présente les moulages en plâtre des cerveaux d'Abraham, d'Ulrike et de Tobias à la Société d'anthropologie de Paris.
Du 15 juillet au 17 août 1881	Les communautés moraves du Labrador reçoivent le sommaire rédigé par le Frère Elsner sur le séjour et la mort du groupe en Europe. Leurs effets personnels et le journal d'Abraham sont retournés à Hebron.
1885-03-18	La ville de Paris émet les cinq certificats de décès.
1886-05-27	L'autorisation de procéder à l'exhumation des corps est envoyée par la Préfecture de Police de la Seine au Muséum national d'Histoire naturelle.
1886-06-04	L'exhumation des corps a lieu.
1886-06-05	Les corps sont reçus au Muséum national d'histoire naturelle.
1888	Publication par Georges Hervé du livre *La circonvolution de Broca* dans lequel il fournit les détails de son étude des moulages des cerveaux d'Abraham, d'Ulrike et de Tobias.
1892	Rudolf Virchow publie *Crania Ethnica Americana* dans lequel il fait mention de l'exhumation de Sara.
1898-07-21	Ouverture de la nouvelle galerie d'anthropologie au Muséum national d'histoire naturelle.

Annexe D – Allocution de Théophile Chudzinski

Nous vous présentons ici l'intégralité du compte rendu de l'allocution du Dr Théophile Chudzinski prononcée le 5 mai 1881 devant la Société d'anthropologie de Paris et publiée dans le Bulletin de la Société[348].

Sur les trois encéphales des Esquimaux morts de la variole du 10 au 16 janvier 1881, dans le service de M. [L]Andrieux, à l'hôpital Saint-Louis.

Les trois encéphales des Esquimaux sont arrivés au Laboratoire d'anthropologie de l'École pratique des hautes études deux semaines après la mort, et comme ils ont séjourné, pendant ce temps, dans l'eau faiblement alcoolisée, on conçoit aisément dans quel état déplorable on les a reçus au laboratoire.

Voici, d'ailleurs, les deux hémisphères de Paulus Abraham, qui témoignent de l'état de décomposition complet de son encéphale.

Pour les autres encéphales, nous avons réussi à les durcir et à les conserver de façon que l'étude de leurs circonvolutions pouvait [sic] se faire facilement. De ces trois encéphales esquimaux, deux appartiennent à des hommes, et l'autre à une femme.

Le premier de ces encéphales est celui de Tobias Ignatius, âgé de vingt-trois ans, et décédé le 13 janvier 1881; son poids est de 1398 grammes.

Le second encéphale est celui de Paulus Abraham, âgé de trente-cinq ans, mort le 14 [sic] janvier; le poids de cet encéphale n'est pas connu, à cause de son état de décomposition très avancée.

---

[348] Chudzinski, M. (1881).

Le troisième encéphale est celui de la femme esquimaude, Ulrika Hénocq, âgée de vingt-quatre ans, sœur [sic] de Paulus Abraham; elle est morte le 16 janvier, et le poids de son encéphale est de 1236 grammes.

Nous avons l'honneur de présenter à la Société d'anthropologie les moules de plâtre de ces trois encéphales, qui sont remarquables, à plusieurs titres, par leur conformation extérieure.

Premièrement, quand on examine ces encéphales, on remarque d'abord le volume considérable de leurs hémisphères cérébraux; ensuite, on aperçoit que les circonvolutions qui constituent leur surface extérieure sont larges, simples et très pauvres en divisions secondaires, et que leurs méandres sont peu flexueux.

Cette simplicité se remarque surtout sur les lobes frontaux des cerveaux de nos Esquimaux; ces lobes sont en même temps aplatis de haut en bas. La forme générale de ces encéphales est franchement dolichocéphale.

Passons maintenant à l'étude plus détaillée des particularités que présentent les scissures et les circonvolutions de ces trois cerveaux.

La scissure de Sylvius nous paraissait un peu plus courte que d'habitude, presque horizontale, ayant les contours très simples, à l'exception pourtant de la femme Ulrika Hénocq, chez qui elle est plus compliquée, surtout du côté droit.

Généralement, sa branche extérieure est très courte et même tout à fait cachée par le lobe temporal dans le cerveau de Paulus Abraham.

La scissure de Rolando a un très long trajet; en effet, cette scissure part à quelques millimètres de distance de la partie supérieure de la scissure de Sylvius, où elle commence par trois incisures chez Tobias Ignatius, et sur l'hémisphère gauche de Paulus Abraham; ensuite elle remonte obliquement, en haut et en arrière, vers la grande scissure interlobaire; là elle creuse le bord supérieur de l'hémisphère, se replie à la face interne de l'hémisphère et se termine sur la surface du lobule ovalaire, si justement nommé par M. Pozzi.

Cette partie de la scissure de Rolando qui entre sur la face interne de l'hémisphère est surtout remarquable chez Tobias

Ignatius, chez lequel elle décrit une sorte de crochet, dont la concavité est tournée en arrière et se scinde en deux parties.

Il est vrai qu'au fond de la partie intra-hémisphérique de la scissure de Rolando il existe un minuscule pli de passage, qui semble délimiter le sillon semi-lunaire propre au lobule ovalaire et à la scissure de Rolando proprement dite. Néanmoins son parcours, sur la face interne de l'hémisphère gauche de Tobias, a 11 millimètres. Pourtant la scissure de Rolando est flexueuse, et ses flexuosités sont très accusées chez Paulus Abraham. La scissure occipitale est très courte dans sa partie extra-hémisphérique; la partie intra-hémisphérique se confond avec la scissure calcarine, qui est longue et flexueuse, notamment chez Ulrika Hénocq.

La suture sous-frontale est longue aussi, munie de plusieurs incisures, surtout chez Tobias Ignatius.

Chez Ulrika Hénocq, la scissure sous-frontale est interrompue, au milieu de son trajet, par un large pli de passage (19 millimètres de large), absolument comme dans l'hémisphère schématique de mon vénéré maître M. Broca. La partie postérieure de cette scissure ainsi interrompue circonscrit exactement le lobule ovalaire. Dans sa partie antérieure, deux nouveaux plis de passage, beaucoup plus petits et un peu cachés, interrompent de nouveau son trajet.

La scissure sous-frontale, dans l'hémisphère gauche de Paulus, a une disposition très curieuse; simple d'abord dans sa partie postéro-supérieure, elle se divise en deux branches à partir du lobule ovalaire; sa branche supérieure divise la face interne de la première circonvolution frontale dans toute son étendue. La branche inférieure a le trajet ordinaire. Cependant il faut faire ici cette remarque, que la branche supérieure de notre scissure est séparée de son tronc par un petit pli de passage, caché au fond de la scissure sous-frontale à l'état frais, et que nous avons mis à découvert exprès, en moulant cet hémisphère.

Passons ensuite rapidement la revue des principaux sillons des cerveaux de nos Esquimaux.

Le sillon prérolandique est presque aussi long que la scissure de Rolando : il est presque non interrompu sur l'hémisphère gauche de Paulus Abraham. Ordinairement, chez nos Esquimaux, le sillon prérolandique est coupé en deux par le genou anastomotique de la deuxième circonvolution frontale. Sur l'hémisphère droit, comme la seconde circonvolution frontale possède deux genoux anastomotiques, par conséquent, le sillon prérolandique est coupé en trois parties distinctes.

Le sillon prérolandique est parallèle à la scissure de Rolando; il est non interrompu sur l'hémisphère gauche de Paulus Abraham, sur l'hémisphère gauche de Tobias et sur les deux hémisphères d'Ulrika.

Le premier sillon frontal est net et simple, à l'exception de l'hémisphère droit de Paulus. Les sillons du lobule orbitaire sont rares et très espacés dans l'hémisphère gauche de Paulus, et la conséquence naturelle de cette disposition des sillons est la largeur peu commune des plis cérébraux de ce lobule.

Pour terminer, qu'il me soit permis d'entrer dans l'examen de certaines particularités des circonvolutions.

Le lobe antérieur ou frontal est relativement court; mais les autres lobes sont au contraire très développés, surtout le pariétal. Les méandres des circonvolutions du lobule frontal sont peu nombreux, et cette disposition des circonvolutions frontales est remarquable, surtout chez Tobias Ignatius.

La première circonvolution frontale est très large, et, chez Tobias, elle a à peine quelques rares incisures.

Le développement de la seconde circonvolution est énorme, notamment chez Paulus. En effet, cette circonvolution, parmi les autres complications, en offre une qui consiste en deux plis anastomotiques qui la lient à la circonvolution frontale ascendante. La deuxième circonvolution frontale est très simple chez Tobias.

La troisième circonvolution frontale est très peu développée; elle est courte et comme ramassée sur elle-même.

Chez Tobias, elle est réduite en un tout petit ilot, à peu près lisse, dépourvu des méandres qui s'observent ordinairement sur les cerveaux supérieurs. De sa partie postérieure, il se détache un mince pli de passage qui, chez Tobias, ne dépasse pas 2 millimètres et demi et qui la relie à la partie inférieure de la circonvolution frontale ascendante. Cependant cette circonvolution est plus développée chez la femme Ulrika.

La circonvolution frontale ascendante est très large. La circonvolution pariétale ascendante est très flexueuse chez Paulus; elle est très large chez Tobias. Ces deux circonvolutions sont, au contraire, grêles chez Ulrika.

Les deux circonvolutions pariétales sont généralement simples et très étendues chez nos trois Esquimaux, et c'est la deuxième circonvolution pariétale qui se distingue sous ce rapport, c'est-à-dire par sa largeur et par la simplicité de sa constitution.

Ordinairement, chez les Esquimaux en question, le lobe occipital est très simple, et le maximum de cette simplicité se remarque sur le cerveau de Tobias.

Dans le lobe temporal, il y a à faire deux remarques; 1° la gracilité extrême de la première circonvolution; elle est tellement exiguë, qu'on ne la retrouve en cet état que dans les races inférieures; et 2° la largeur peu commune de la deuxième circonvolution frontale.

La face interne des hémisphères cérébraux de ces trois cerveaux d'Esquimaux présente les particularités suivantes : le développement énorme en largeur de la partie interne de la première circonvolution frontale, surtout chez Tobias; la division de cette circonvolution en deux circonvolutions secondaires par un sillon non interrompu sur l'hémisphère gauche chez Paulus, et comme nous l'avons remarqué précédemment, ce sillon semble se continuer avec la scissure sous-frontale; à droite, on remarque le même sillon, très accusé, mais interrompu, en divers endroits, par des plis anastomotiques. Chez Ulrika, la partie interne de la première circonvolution frontale s'anastomose largement, par un pli de passage très étendu, avec la circonvolution du corps calleux. La circonvolution du corps calleux est très étendue, en général, chez nos Esquimaux; mais sa largeur est très remarquable, chez Tobias, dans sa partie postérieure, et dans sa partie antérieure chez Ulrika, chez laquelle elle semble se diviser, dans sa partie moyenne, en deux plis secondaires.

Le lobule ovalaire est très étendu; son développement est énorme chez Ulrika; par contre, le lobule cunéiforme est petit, et même, chez Ulrika, il est réduit à un simple pli de passage, caché en grande partie dans la profondeur des scissures calcarine et occipitale.

Discussion

M. Pozzi. Je ne voudrais pas laisser passer la communication que vient de faire M. Chudzinski, sans insister sur l'intérêt qu'elle présente. Elle nous montre que les cerveaux de ces Esquimaux présentent une simplicité en quelque sorte schématique, et que cette simplicité s'observe surtout dans le lobe frontal. Elle existe, en particulier, dans la troisième circonvolution frontale, où se trouve, ainsi que l'a démontré M. Broca, l'organe cérébral du langage articulé. Sans doute cette infériorité anatomique, correspondait, chez les Esquimaux, à une infériorité physiologique, à une infériorité dans la fonction phonétique. Il est remarquable de voir cette simplicité du lobe frontal coïncider ici avec un développement exagéré des parties réputées motrices du cerveau, notamment des circonvolutions frontale et pariétale ascendantes et du lobule ovalaire; de sorte qu'il existe un contraste frappant entre le grand développement des parties dites motrices de l'encéphale, les moins relevées au point de vue psychique, et la simplicité des parties les plus humaines, pour ainsi dire.

M. Dally[349]. Il n'est pas exact d'appeler la troisième circonvolution frontale gauche l'organe du langage articulé : cette portion de l'encéphale joue habituellement le rôle d'un centre présidant au langage articulé; mais ce n'est pas une raison pour lui donner le nom d'organe du langage. La suppléance de certaines parties de l'encéphale par d'autres parties est trop clairement établie pour qu'on puisse qualifier d'organe une partie quelconque du cerveau.

M. Pozzi. Je mettrai M. Dally d'accord avec moi en disant : l'organe habituel.

M. Auburtin[350]. Qu'entend M. Dally par « suppléance de certaines parties de l'encéphale par d'autres parties »? Je ne sache pas que des faits positifs aient été signalés, établissant qu'une partie du cerveau puisse être suppléée dans ses fonctions.

M. Dally. Ces faits existent, et en grand nombre. M. Auburtin pourra les retrouver dans la thèse de M. Parant. Ils ont été constatés dans un certain nombre de cas d'aphémie. La suppléance mutuelle des diverses régions du cerveau est du reste admise par M. Brown-Séquard[351]. Il ne s'agit donc plus de trouver dans le cerveau des organes, mais bien des parties diversement adaptées à telle ou telle fonction, suivant les circonstances et notamment suivant l'éducation.

---

[349] Eugène Dally (1833-1887), médecin et professeur à l'école d'anthropologie.
[350] Simon Alexandre Ernest Auburtin (1825-1893), médecin neurologue français.
[351] Charles Édouard Brown-Séquard (1817-1894), neurologue français.

M. Coudereau[352]. Certaines parties du cerveau peuvent être suppléer dans leur fonction par d'autres parties, mais non par des parties quelconques; cela ne veut pas dire que toutes les parties du cerveau, indistinctement, soient aptes à remplir une fonction donnée. La troisième circonvolution frontale gauche peut être suppléée, dans sa fonction spéciale, par la troisième circonvolution droite, mais non par d'autres parties du cerveau que je sache.

M. Auburtin. C'est précisément ce que j'ai voulu dire tout à l'heure et à quoi M. Dally n'a point répondu.

M. Dally. Je ne puis évidemment pas citer à l'improviste des faits précis; mais ces faits existent, et je pourrai les citer un autre jour, si M. Auburtin le désire.

M. Le Président. Peut-être serait-il préférable de remettre cette discussion à une autre séance, où chacun pourra soutenir, les preuves en main, son opinion. »

---

[352] Charles Auguste Coudereau, pharmacien et membre de la Société d'anthropologie de Paris.

316   Annexe D – Allocution de Théophile Chudzinski

Fig. 96 Affiche *Amerikanische Völke*.
Meyers Konversationslexikon, 5ᵉ édition, p. 457e, 1897.
(Wikimedia Commons)

Fig. 97 Portrait de Nuggasak et de Tigianniak
Extrait de l'affiche ci-dessus, 1ᵉ rangée, 2ᵉ et 3ᵉ à gauche.

Annexe E – La circonvolution de Broca

Nous reproduisons ici l'intégralité de la section du livre *La circonvolution de Broca* dans laquelle Georges Hervé décrit son étude des moulages des cerveaux d'Abraham, de Tobias et d'Ulrike.

Nous avons eu la bonne fortune de pouvoir étudier trois cerveaux d'Esquimaux provenant de deux sujets masculins et d'une femme de cette race morts à Paris en janvier 1881. Avec son habileté consommée, M. Chudzinski a fait de ces pièces si précieuses des moulages déposés au Musée Broca.

1. Paulus Abraham, 35 ans. – Cerveau extraordinairement simple. Circonvolutions très larges, peu flexueuses, à limites parfaitement nettes.

À gauche, F^3 est séparée de F^{2u} par le sillon f^2, étendu sans interruption du prérolandique au point de réflexion de la troisième frontale sur le lobule orbitaire, où lui-même se termine en s'incurvant. – Le pied très simple, peu élevé, naît de celui de la frontale ascendante; il est séparé du reste de la circonvolution par un sillon profond et vertical qui se détache de f^2, et va plus loin que le bord inférieur de l'hémisphère qu'il contourne. – Au pied succède une boucle épaisse, à cheval sur une branche sylvienne antérieure unique qui, au niveau de la concavité de la boucle, se divise à angle aigu en deux petites branches secondaires, isolant entre elles un petit lobule cunéiforme pris sur cette boucle. – L'origine de la portion orbitaire forme un large opercule à sommet arrondi qui s'avance au-devant de l'insula, et décrit un méandre à convexité tournée en sens inverse de celle de la boucle précédente; ce méandre contourne la branche externe de l'incisure en H. – Quatre étages sont visibles sur le lobe frontal par suite de l'ininterruption du sillon rostral.

À droite, la région inférieure de la circonvolution se voit mal; le cap est recouvert sur le moule par le lobe temporal. Le lobe frontal est plus compliqué d'anastomoses que sur l'autre hémisphère, et le rostral ne se suit pas sur toute sa longueur.

2. Tobias Ignatius, 21 ans. – Circonvolutions extrêmement larges, massives, simples mais irrégulières.

À gauche (voir planche III, fig. 1), le pied de F^3 est réduit au minimum : haut, mais singulièrement étroit, il n'est plus représenté que par une très mince bandelette, large de 2 millimètres et demi, comme étouffée entre la frontale ascendante et le cap très élargi et triangulaire. La branche ascendante de Sylvius, longue de 20 millimètres, le sépare du cap. La branche horizontale, très courte et bifurquée, encoche l'origine de la portion orbitaire. Une incisure venant de f^2 parcourt le cap presque jusqu'à son sommet; en arrière de cette incisure, la branche postérieure du cap envoie à F^{211} une large anastomose qui coupe f^2. De l'origine de la portion orbitaire part une autre grosse anastomose qui va se perdre dans F^{211} et dans le lobule orbitaire : la branche externe de l'incisure en H la limite en dedans.

Il n'y a que trois racines frontales; mais F^2, simple à son origine, se dédouble bientôt en deux plis séparés par le rostral. À son point de départ, f^2 n'est séparé de ce dernier que par un pli très étroit de F^2, de telle sorte que les deux sillons semblent naître par une commune origine du prérolandique.

À droite, on ne distingue que le pied, séparé du reste de la circonvolution par une branche sylvienne qui, en haut, s'incurve en avant et se prolonge assez loin parallèlement à f^2. Celui-ci mesure 27 millimètres : en avant de lui, il y a fusion complète entre F^3 et F^2.

3. Henocq Ulrika, 24 ans, sœur [sic] du précédent. – Cerveau simple, mais à circonvolutions moins larges et plus flexueuses que chez les deux hommes.

À gauche, F^3 est séparée de F^2 par un second sillon frontal très net. La circonvolution est très large, extrêmement grossière et confuse. Une branche de 23 millimètres, qui descend jusque dans la fosse de Sylvius, limite en avant le pied très long et étroit. Vient ensuite une portion cunéiforme et triangulaire à sommet inférieur : c'est un pseudo-cap. Le cap véritable est en avant, petit et resserré entre une branche sylvienne ascendante de 15 millimètres et une branche horizontale de 6 millimètres : au milieu de ce cap se voit un long sillon, presque horizontal en arrière, qui émane de l'extrémité antérieure de f^2. – Le sillon rostral ne décompose que la partie antérieure de F^2.

À droite, F^3 est extrêmement réduite en hauteur et en longueur. Le pied est fusionné en haut avec la frontale ascendante; une incisure descendante venue de f^2 le sépare d'une portion triangulaire à sommet antérieur qui doit peut-être y être rattachée. Le cap, petit, operculaire, à sommet dirigé en bas et en arrière, est circonscrit par les deux branches sylviennes antérieures, lesquelles semblent se continuer par contour arrondi et naître d'un tronc commun derrière son sommet.

M. Chudzinski avait déjà très bien relevé les traits caractéristiques de ces trois cerveaux : le peu de longueur relative de leurs lobes antérieurs, les autres lobes étant au contraire très développés, surtout les pariétaux; la réduction de la circonvolution de Broca « courte et comme ramassée sur elle-même ». Il n'est pas interdit de penser que cette infériorité anatomique correspondait à une infériorité dans la fonction phonétique. Chez les Esquimaux, en effet, le système vocalique est simple; certaines consonnes manquent; la langue ne souffre pas, à la fin des mots, de groupements de consonnes.

Fig. 98 Affiche *Amerikanishe Völkertypen*
Encyclopédie Brockhaus, 14ᵉ édition, 1894-1896, p. 526a.

Fig. 99 Portrait de Paingu
Extrait de l'affiche ci-dessus, coin supérieur gauche.

Remerciements

Un projet de recherche d'une telle envergure et étalé sur plus de quatre ans n'aurait pu être mené à bien sans la contribution d'une multitude de personnes. Même les gestes qui nous paraissent les plus anodins ont parfois une incidence déterminante sur le cours de l'histoire.

Merci à Hans-Ludwig Blohm, rencontré en juillet 2009, lors d'une croisière le long des côtes du Labrador. S'il n'avait pas porté une tuque identique à la mienne, nous ne nous serions peut-être jamais adressé la parole et je n'aurais jamais entendu parler de l'histoire d'Abraham. Hans porte l'histoire d'Abraham dans son cœur depuis plusieurs années déjà. Ses photographies ornent les deux livres publiés par le Professeur Hartmut Lutz. Son soutien, ses encouragements et ses sages conseils m'ont été précieux.

Merci à Mechtild et Wolfgang Opel, un couple allemand également rencontré lors de la croisière au Labrador. C'est à la suite de leur suggestion que j'ai retrouvé James Garth Taylor, celui-là même qui, en 1980, a redécouvert le journal d'Abraham et l'a fait connaître au public du XXe siècle.

Merci à James Garth Taylor d'avoir accepté de répondre à mes questions sur sa découverte du journal d'Abraham et de m'avoir suggéré de consulter ses écrits sur les Inuits du Labrador conservés à la bibliothèque du Musée canadien des civilisations[353].

Merci à Anneh Fletcher de la bibliothèque du Musée canadien des civilisations, pour avoir pris l'initiative de fouiller dans les bases de données à la recherche de nouvelles informations. C'est elle qui a trouvé le court texte publié en 1881 par le *British Medical Journal*[354] qui s'est avéré être le tout premier texte qui m'a dévoilé le nom d'un médecin et d'une institution parisienne qui ont eu un rôle à jouer dans l'histoire des « Esquimaux ».

---

[353] Qui a depuis été renommé *Musée canadien de l'histoire*.
[354] The Esquimaux at Paris. (1881, 2 avril).

Merci à Marianne Adato, secrétaire de la Société médicale des hôpitaux de Paris de m'avoir aiguillée vers le Dr Loïc Guillevin, détenteur d'une copie de leurs archives.

Merci au Dr Loïc Guillevin d'avoir fouillé dans ses archives et de m'avoir aiguillée vers la Bibliothèque Interuniversitaire de Santé (BIU Santé).

Merci à Guy Cobolet, bibliothécaire à BIU Santé, de m'avoir indiqué l'adresse de leur site de recherche et proposé une piste de recherche. Quelques minutes plus tard, j'avais sous les yeux une douzaine d'articles en rapport avec les « Esquimaux » du Labrador. Ce sont ces articles qui m'ont, entre autres, dévoilé que les moulages des cerveaux ainsi que la calotte crânienne de Paingu avaient été présentés à la Société d'anthropologie de Paris ; un point tournant dans la recherche.

Merci à Christine de la bibliothèque centrale du MNHN d'avoir aiguillé ma demande d'information à propos des moulages et de la calotte vers les responsables de la chaire d'anthropologie du Musée de l'Homme.

Merci à Philippe Mennecier, chargé des collections d'anthropologie biologique du Musée de l'Homme, d'avoir répondu si promptement et de façon très détaillée à ma demande, mais surtout d'avoir pris l'initiative de me dévoiler la présence des squelettes des cinq « Esquimaux » dans leur collection ! Jamais au grand jamais cette possibilité ne m'avait effleuré l'esprit. J'ai été stupéfaite à la lecture du courriel de M. Mennecier et c'est à ce moment que le projet de recherche a pris un tournant inattendu. Il n'était dorénavant plus simplement question de débroussailler les événements de 1880-1881, mais une occasion se présentait pour que l'on puisse changer le cours de cette histoire.

Les personnes que je viens de nommer ont joué un rôle capital. Sans leur geste, aussi anodin qu'il puisse nous sembler, ce livre n'aurait probablement pas vu le jour et quelques décennies de plus se seraient écoulées sans que la communauté du Labrador apprenne la vérité sur le sort de huit des leurs.

Merci à Christian Prévoteau, conservateur des Musées anatomiques Delmas-Orfila-Rouvière, d'avoir accepté de me rencontrer malgré le fait que son musée n'existe plus ! M. Prévoteau a pris l'histoire des « Esquimaux » tellement à cœur qu'il a réussi à accomplir l'impossible... accéder aux moulages des cerveaux alors qu'ils se trouvaient au milieu de près de 200 palettes de cartons conditionnées pour un entreposage prolongé. Ce sont ses démarches et ses efforts qui nous ont permis de confirmer que les moulages sont bel et bien ceux des cerveaux d'Abraham, d'Ulrike et de Tobias.

Merci à Gwénaële Guigon, historienne, muséographe et spécialiste des collections arctiques en France, pour le partage de ses connaissances et pour ses précieux conseils apportés tout au long de cette recherche.

Merci à Jacqueline Thun pour son travail consciencieux, la qualité de ses traductions, la rigueur de sa révision du manuscrit et son enthousiasme à toujours répondre favorablement aux nouvelles demandes de traduction qui survenaient.

Merci à Hartmut Lutz d'avoir recruté Jacqueline et de s'être porté volontaire, malgré sa charge de travail déjà bien remplie, pour traduire de l'allemand à l'anglais le journal de Jacobsen. Je le remercie également de m'avoir autorisé à utiliser des extraits des traductions anglaises du journal d'Abraham et de divers textes que lui et ses étudiants de l'Université de Greifswald ont publié en 2005 dans le livre *The Diary of Abraham: Text and Context*. Les étudiants qui ont produit ces traductions sont : Claudia Albrecht, Dorothea Buchholz, Karen Ebel, Jennifer Felkel, Kathrin Grollmuβ, Nadine Hiepler, Karin Hinckfoth, Jana Jerchel, Sabine Ihlow, Martina Lange, Andrea Mages, Axel Nieber, Jana Schnorfeil, Susanne Rumpoldin, Verena Sachse, Anja Weidner and Susanne Zahn.

Merci à Philippe Gendron et Hans-Josef Rollmann pour leur aide à traduire divers articles de journaux de langue allemande.

Merci à Belinda Niedieck d'avoir accepté de traduire en anglais la partie du journal de 1879 de Jacobsen rédigé en norvégien, et ce, malgré le court préavis et le délai serré.

Merci à Diane Mongeau d'avoir pris l'initiative, après sa lecture de *Voyage avec les Eskimos du Labrador, 1880-1881*, de préparer les deux cartes géographiques qui permettent au lecteur de repérer visuellement des lieux qui sont rattachés à l'histoire d'Abraham tant du côté de l'Amérique du Nord qu'en Europe.

Merci à Line Fortin pour les innombrables heures consacrées à réviser et à corriger si minutieusement les manuscrits en français et en anglais, et ce, malgré les courts délais.

Merci à Jamie Brake, archéologue pour le gouvernement du Nunatsiavut, d'avoir pris le temps de lire le manuscrit et d'apporter des précisions sur certains aspects de la culture inuite et de la vie au Labrador.

Merci à Louise Metcalfe d'être allée au *Nederlands Fotomuseum* à Rotterdam et d'en avoir rapporté ces intéressants détails à propos de Herman Frederik Carel ten Kate.

Merci à Christelle Patin d'avoir partagé le rapport annuel de 1886 pour la chaire d'anthropologie du Muséum national d'histoire naturelle et *Instructions pour MM. les officiers de la marine qui voudraient faire des collections d'HN [histoire naturelle] destinées au Muséum de Paris par les professeurs administrateurs du Muséum.*

Merci également aux personnes suivantes qui ont contribué de leur temps et de leurs connaissances à l'obtention de nouvelles informations ou photographies. Dans certains cas, les recherches se sont avérées infructueuses, mais elles n'en étaient pas moins importantes puisqu'elles nous ont permis d'éliminer des pistes potentielles.

Au Canada

Archives de la Compagnie de la Baie d'Hudson (Winnipeg)	Maureen Dolyniuk Mandy Malazdrewich Tara Sadler
Historien	Kenn Harper
Historien de la famille Ford	Frederick Ford
Institut culturel Avataq (Montréal)	Christelle Cuilleret
Them Days (Happy-Valley-Gosse-Bay)	Aimee Chaulk
Université Laval (Centre interuniversitaire d'études et de recherches autochtones (CIERA) / Département d'anthropologie) (Québec)	Bernard Saladin d'Anglure Francis Lévesque

Université Memorial (St. John's)	Tom Gordon
Bert Riggs
Hans-Josef Rollmann
Linda White
Passionnés d'histoire du Labrador	Carol Brice-Bennett
Susan Felsberg
Louise Metcalfe
Denis Saint-Onge

En Allemagne

Archives de la ville de Darmstadt	Friedrich W. Knieß
Sabine Lemke
Archives d'état de Hambourg	Barbara Koschlig
Archives départementales de l'Hesse (Darmstadt)	Marion Coccejus
Ars Zimmerman
Archives moraves (Herrnhut)	Rüdiger Kröger
Archives municipales de Krefeld	Daniela Gillner
Michael van Uem
Hagenbeck Tierpark (Hambourg)	Klaus Gille
Hôpital Alexianer (Krefeld)	Barbara Krause
Institut d'histoire urbaine de Francfort	Volker Harms-Ziegler
Maison d'édition von der Linden	Marga von der Linden
Herbert von der Linden
Ragnhild von der Linden
Musée d'ethnologie de Berlin	Viola König

Musée d'ethnologie de Hambourg	Anja Battefeld Jantje Bruns Wulf Köpke
Musée de la préhistoire et protohistoire (Berlin)	Alix Hänsel Horst Junker
Musée des douanes (Hambourg)	Juergen Hegemann
Société d'anthropologie, d'ethnologie et de la préhistoire de Berlin	Nils Seethaler
Université Humboldt de Berlin	Britta Lange
Zoo de Berlin	Heiner Klös
Zoo de Dresde	Kerstin Eckart
Zoo de Francfort	Sabine Binger Caroline Liefke

En Belgique

Archives de la SNCB (Bruxelles)	Miek Somers

En France

Académie nationale de médecine (Paris)	Damien Blanchard Dr Emmanuel Alain Cabanis Jérôme van Wijland
Anthropologue et écrivaine	Christelle Patin
Archive de la ville de Neuilly-sur-Seine	Elise Dosquet Virginie Poullilian
Archives de l'Assistance publique – Hôpitaux de Paris	Marie Barthelemy Patrice Guérin Maïlys Mouginot

Archives de Paris	Gérald Monpas Solène Simon
Archives départementales du Nord (Lille)	Michel Vangheluwe
Archives nationales de France (Pierrefitte-sur-Seine)	Armelle Le Goff Cloé Viala
Augustines de Notre-Dame de Paris (Paris)	Sr Jeanne et l'archiviste de la communauté
Bibliothèque centrale du Muséum national d'histoire naturelle (Paris)	Hélène Foisil Alice Lemaire Antoine Monaque Julie Randriambao et les autres présidents de salle
Bibliothèque Forney (Paris)	Isabelle Sève
Bibliothèque historique de la ville de Paris	Marie-Françoise Garion-Roche Frédéric Lions Laura Minh Hong Séverine Montigny
Bibliothèque nationale de France (Paris)	Evelyne Bréjard Nadège Danet Valérie Sueur-Hermel
Centre des archives historiques de la SNCF (Le Mans)	Jean-Paul Berthet Sandrine Coulibeuf Didier Houlbert
Cimetière parisien de Saint-Ouen	Véronique Gautier
École pratique des hautes études (Paris et Bordeaux)	Jacques Berchon Olivier Dutour
Expert-marchand pour la photographie	Gérard Lévy

des origines à 1940 (spécialisation pour les spectacles ethnographique du Jardin d'acclimatation)

Historien	Pascal Blanchard
Jardin d'acclimatation (Neuilly-sur-Seine)	Marie-Laurence Jacobs-Pirajean
Médiathèque de l'architecture et du patrimoine (Paris)	Emmanuel Marguet
Musée « Les Arts Décoratifs » (Paris)	Michele Jasnin
Musée Carnavalet (Paris)	Jocelyne Van Deputte
Musée de l'Homme (Paris)	Aurélie Fort Alain Froment
Musée des moulages de l'Hôpital Saint-Louis et Bibliothèque Henri Feulard (Paris)	Françoise Durand
Musée du quai Branly (Paris)	André Delpuech Carine Peltier-Caroff Almudena Hitier Angèle Martin Anne-Christine Taylor-Descola
Préfecture de police du département de la Seine (Paris)	Richard Wagner
Préfecture du Nord (Lille)	Isabelle Gruber
Société d'anthropologie de Paris (Paris)	François Marchal
Société de géographie de Paris (Paris)	Sylvie Rivet

En Norvège

Bibliothèque nationale de Norvège	Personnel de la salle de lecture
Descendante de la famille Jacobsen	Anne Kirsti Jacobsen
Historienne	Kirsten K. Kotte Holiman
Musée d'histoire culturelle (Oslo)	Anne Britt Halvorsen Arne Røkkum Tone Wang
Polar Museum (Tromsø)	Juliane Seidl

Aux Pays-Bas

Nederlands Fotomuseum (Rotterdam)	Anneke Groeneveld Carolien Provaas

En République tchèque

Bibliothèque nationale de la République tchèque (Prague)	Šárka Nováková

En Suisse

Archives de la ville de Bâle	Sabine Strebel
Historien	Nicolas Bancel
Musée international de la réforme (Genève)	Simona Sala

Aux États-Unis

Anthropologue	Ann Fienup-Riordan

Archives de l'Église morave (Bethlehem, Pennsylvania) — Paul Peucker

Merci aux « Amis d'Abraham » dont la contribution à la campagne de financement participatif du printemps 2013 a permis de défrayer les coûts de deux voyages de recherche en Europe. C'est aussi grâce à eux que la publication du présent livre, ainsi que celle la traduction du journal de Johan Adrian Jacobsen, deviennent réalité :

Distinguée bienfaitrice
- Line Fortin

En l'honneur d'Abraham
- Annalise et Kurt Biedermann et leurs amis
- Steve Bouthillette
- Suzanne Rivet
- Nicole Vallée

En l'honneur de Tigianniak
- Hans-Ludwig Blohm
- Louise Poliquin
- Benoit Rivet
- Jean Rivet

En l'honneur de Paingu
- Anonymes
- Raymonde Arsenault
- Gilles Baron
- Ingeborg Blohm
- Louise Boulay
- Daniel Denis
- Nadine Fortin
- Stephen Gurman et Ann Thomson
- Rozanne Junker
- Claire Lavigne
- Gina Njolstad et Pierre Lalonde
- Sylvie Pinsonneault
- Jean-Marie Philippe
- Rock Poulin

En l'honneur d'Ulrike
- Pierre Bélanger
- Carole Brodeur
- Joyce et Jon Clarke
- Carole Leroy
- Gilbert Troutet

En l'honneur de Tobias
- Anonymes
- Suzanne Aubin
- Julie Dechenault
- Josée Labelle
- Albert Mougeot
- Bruce Raby
- Famille Riffou-Loomes
- Yvette Rivet
- Peggy Waterton

En l'honneur de Nuggasak

- Anonymes
- Shelley Ball
- Manon Francoeur
- Josée Morin
- Harry Nowell
- Ingo Peters
- Jérémy Rivet
- Philip Schubert

En l'honneur de Sara

- Anonymes
- Raymond Aubin
- Michel R. Beaudry
- Michel Y. Bédard
- Suzane Carrière
- Claire Charron
- Nathalie Côté
- Renaud Cyr
- Luc Fortin
- André Geick
- Carole Gobeil
- Lisa Goren
- Robert Gravel
- Jean et Lise Leclerc
- Diane Mongeau
- Thérèse Mongeau
- Madeleine Parisien

En l'honneur de Maria

- Anonymes
- Diane D'Aragon
- Roxann Dalpé-Morin
- Raymond Savard

En ce qui a trait au volet du projet qui vise à évaluer la possibilité de rapatrier au Canada les restes des Inuits conservés en sol européen :

Merci à Zipporah Nochasak d'avoir initié le contact avec le gouvernement du Nunatsiavut.

Merci à Johannes Lampe et Dave Lough, respectivement ministre et sous-ministre de la Culture, de la récréation et du tourisme du Nunatsiavut, pour leur soutien et leur confiance.

Merci à l'ex-consul du Canada, qui saura se reconnaître, d'avoir su m'aiguiller vers les bonnes ressources à Affaires étrangères, Commerce et Développement Canada.

Merci à Affaires étrangères, Commerce et Développement Canada ainsi qu'à l'ambassade du Canada à Paris d'avoir pris au sérieux cette « histoire de squelettes » à un point tel qu'ils ont proposé l'inclusion d'un éventuel rapatriement dans l'entente de coopération signée, le 14 juin 2013, par le premier ministre canadien Stephen Harper et le président français François Hollande. Merci au ministère des Affaires étrangères et du Développement international français d'avoir acquiescé à la demande. Jamais je n'aurais cru possible d'obtenir le soutien à un si haut niveau et ce, des deux côtés de l'Atlantique.

Merci à l'ambassade du Canada à Berlin, à l'ambassade de la République fédérale d'Allemagne à Ottawa et à l'ambassade de France à Ottawa pour leur intérêt et leur soutien.

Merci à Yvonne Uthurralt, Manon Francoeur et Rénald Gilbert qui m'ont hébergée durant mes séjours à Paris ainsi qu'à Lorraine et Jean Lepage, mes voisins, qui, à plusieurs reprises, m'ont permis de partir sur les traces d'Abraham en toute tranquillité.

Merci à toute ma famille ainsi qu'à mes amis qui depuis quatre ans m'encouragent, m'offrent leur soutien et m'écoutent patiemment parler de l'histoire d'Abraham.

Merci aux 25 designers graphistes qui ont pris le temps de nous faire parvenir des quatre coins de la planète leur vision de la couverture du livre. Merci à 99designs de fournir cette plateforme qui permet de lancer un tel concours. Merci à Sumit Shringi pour son excellent travail et sa patience.

Merci à tous les travailleurs de l'ombre qui œuvrent à numériser les livres et autres documents du domaine public et à les rendre accessibles aux moteurs de recherche. La profondeur et la variété de documents découverts dans la cadre de cette recherche est le résultat du travail que vous avez effectué au préalable.

Si cette entreprise a été menée à bien, c'est grâce à l'esprit de collaboration de tous. Mille mercis!

Références bibliographiques

Archives et manuscrits

Archives de l'Unité des Frères Evangéliques (Moraves), Bethlehem, Pennsylvanie, États-Unis

Ulrikab, Abraham. (1880). *Tagebuch des Hebroner Eskimos Abraham von seinem Aufenthalt in Europa 1880/1881, übersetzt von Br. Kretschmer*. Records of the Labrador Mission Station, 13557-13571.

Archives du Hagenbeck Tierpark, Hambourg, Allemagne

Registres financiers de 1881.

Bibliothèque du Museum für Völkerkunde, Hambourg, Allemagne

Journal manuscrit de Johan Adrian Jacobsen pour les années 1879 à 1881. *(Tagebuch n° 1 – May 1877-Dec 1881)*. Pages 54 à 158.

Archives de l'Unité des Frères Evangéliques (Moraves), Herrnhut, Allemagne (Les documents originaux n'ont pas été consultés. Nous avons utilisé les versions publiées dans (Lutz, Hartmut. (2007)) afin d'obtenir les traductions en français).

Missionsblatt aus der Brüdergemeine. (1880, décembre). Nr 12. 223-226. [Bulletin de la Mission morave : Journal de l'Unité des Frères. Contient la première lettre d'Abraham au Frère Elsner et le compte rendu de la visite du Frère von De Witz au Jardin zoologique de Berlin].

Missionsblatt aus der Brüdergemeine. (1881). Nr 3. [Bulletin de la Mission morave : Journal de l'Unité des Frères. Deuxième lettre d'Abraham au Frère Elsner].

Missionsblatt aus der Brüdergemeine. (1882). Nr 1. [Bulletin de la Mission morave : Journal de l'Unité des Frères. Contient le compte rendu des missionnaires en poste à Hebron des evenements survenus dans la communauté après le décès des Inuits].

Brief an die UAC von der Hebroner Conferez 1880-08-16. R 15 K b. 17 h. Nr. 111 [Lettre de Hebron à la Conférence des anciens de l'Unité].

Brief an Br. Connor von Br. Kretschmer, Hebron. 1880-08-20. R 15 K. b. 17 h. Nr. 114. [Lettre du Frère Kretschmer au Frère Connor].

Brief an Br. Reichel von Br. Elsner. 1880-11-10. R 19 Bf. 16b. [Lettre du Frère Elsner au Frère Reichel].

Brief an Br. Reichel von Br. Elsner. 1881-01-18. R 19 Bf. 16b. [Lettre du Frère Elsner au Frère Reichel].

Archives de la ville de Darmstadt + Archives de l'état de Hesse, Darmstadt, Allemagne

Stamdesamt Darmstadt Sterbenebenregister 1881 (HStAMR Best. 901 Nr. 293). [Acte de décès de Nuggasak].

Cartes historiques de la ville de Darmstadt.

Collection de photos et d'articles sur l'Orpheum. (Da/B/2.77.04)

Dossier : Zirkus Völkerschauen, Varieté : 2 C/2 Zeitgeschehen : allgemein und diverse, bis 1999. Sous-dossier « Eskimos à Darmstadt ». [Dossier interne sur les « Eskimos du Labrador » contenant les divers échanges qui ont eu lieu avec des chercheurs de 1997 à 2010].

Archives de la ville de Krefeld, Krefeld, Allemagne

Standesamt Bockum C. N° 148/1880 – 27 décembre 1880 [Acte de décès de Paingu].

Standesamt Krefeld C. N° 2037/1880 – 31 décembre 1880 [Acte de décès de Sara].

StadtA KR 4/1665, Bl. 75. – 30 décembre 1880 [Avis de la ville de Crefeld à la compagnie ferroviaire Bergisch-Märkischen qui a transporté les « Esquimaux ». Lettre pas encore transcrite ni traduite].

StadtA KR 6/290, Bl. 7. – 27 décembre 1880 [note du Dr Jacobi au bourgmestre].

StadtA KR 6/290, Feuillet 7. [note indiquant que le zoo a été fermé quelques jours suite au décès de Paingu].

StadtA KR 6/290 – section Évènements.

Carte de la ville de Bockum(1894).

Archives de l'Assistance publique – Hôpitaux de Paris, Paris, France

1Q 2/169 – Registre des entrées – Hôpital Saint-Louis, 1881.

3Q 2/39 – Registre des décès – Hôpital Saint-Louis, 1881.

C-2235 – Collection d'images de l'hôpital Saint-Louis (1885-1918).

3Fi4 – Saint-Louis – Fonds iconographiques

9L 11 – Hôpital Saint-Louis – Maladies contagieuses – Administration et règlementation – Activité et fonctionnement – Variole.

9L 11 – Hôpital Saint-Louis – Maladies contagieuses – Administration et règlementation – Documentation et publication – Variole.

9L 11 – Hôpital Saint-Louis – Maladies contagieuses – Administration et règlementation – Règlement et instructions – Variole.

9L 12 – Hôpital Saint-Louis – Maladies contagieuses – Travaux, hygiène et salubrité – Hygiène et salubrité – Isolement.

9L 12 – Hôpital Saint-Louis – Maladies contagieuses – Travaux, hygiène et salubrité – Hygiène et salubrité – Conseil d'hygiène publique et de salubrité.

9L 13 – Hôpital Saint-Louis – Maladies contagieuses – Malades hospitalisés – Varioleux.

9L 141 – Hôpital Saint-Louis – Services hospitaliers – Service des varioleux, 1879.

9L 141 – Hôpital Saint-Louis – Services hospitaliers – Service des varioleux, 1887.

ARCHIVES DE LA PRÉFECTURE DE POLICE DE LA SEINE, PARIS, FRANCE

BA90 – Rapport quotidien du préfet de police 1881.

DA38 – Secours publics – Attribution de voitures pour le transport dans les hôpitaux des personnes atteintes de maladies contagieuses (1881-1886.

DA39 – Secours publics – Transport dans les hôpitaux des personnes atteintes de maladies contagieuses.

DA127 – Exhibitions d'enfants phénomène, femme singe, la machine parlante,… 1876-1883.

DB202 – Exhibitions de peuplades étrangères.

DB440 – Moulages, embaumements – Momification de cadavres, amphithéâtres de médecine et de chirurgie, cours de dissection, écoles d'anatomie,…

DB459 – Hygiène publique – typhoïde, variole.

DB6 – Préfet de police – Travail avec les chefs de services, signature de pièces, départ correspondance.

ARCHIVES DÉPARTEMENTALES DU NORD, LILLE, FRANCE (Recherches effectuées par M. Michel Vangheluwe, Conservateur du patrimoine).

Documents relatifs à la surveillance de la frontière, aux épidémies et à la variole : M 178/2, M 303/59, M 321, M 403, M 184/90 à 93).

Journaux Écho de la Frontière et La Vraie France.

Archives de la Société d'Anthropologie de Paris, Paris, France

SAP 43 – Registre des correspondances – Entrées, 1859-1896

SAP 8 (1), Lettre B.2698 : Correspondance – Entrées – Carton B1 – n° U98 – Lettre du 5 janvier 1881 d'Albert Geoffroy Saint-Hilaire au Dr Paul Topinard

SAP 8 (1), Lettre B.2697 : Correspondance – Entrées – Carton B1 – n° U97 – Lettre du 11 janvier 1881 d'Albert Geoffroy Saint-Hilaire au Dr Paul Topinard

Fonds Paul Topinard (8 cartons)

Archives de la ville de Neuilly-sur-Seine, Neuilly-sur-Seine, France

2556R – Dossier sur le Jardin d'acclimatation

4Fi3/53 – Illustration des Groenlandais de 1877.

1C GA 1 – Journal *Gazette de Neuilly et de Courbevoie* (6 février 1881, 13 février 1881, 6 mars 1881)

Journal *L'Écho de l'arrondissement de Saint-Denis*, n° 51 à 61 (21 janvier au 13 mars 1881)

Archives de Paris, Paris, France

V3D1 – Mémoires du Préfet de la Seine.

V4E 3814 – Registre des décès du 10e arrondissement, 10 au 16 janvier 1881.

2484 W3 – Registres de transports des corps.

Archives des collections d'anthropologie – Musée de l'Homme, Paris, France

Registre des entrées (1881) et registre d'inventaire (1881).

Documentation associée aux pièces d'inventaire n° 1886-13.

- Lettre du 10 mars 1881 de la Préfecture de police de la Seine à Armand de Quatrefages.
- Lettre manuscrite du Dr Landrieux.
- Lettre du 10 mars 1885 de la Préfecture de police de la Seine à Armand de Quatrefages.
- Autorisation n° 7061 du 27 mai 1886 de la Préfecture de police de la Seine au Dr Délisle pour procéder à l'exhumation.
- Certificats de décès d'Abraham, d'Ulrike, de Tobias, de Maria et de Tigianniak.

ARCHIVES NATIONALES, PIERREFITTE-SUR-SEINE, FRANCE

AJ/15 – Muséum d'Histoire Naturelle

AJ/15/555 – Dossiers du personnel – Jules Louis Dédoyart, préparateur au laboratoire d'anthropologie, 1877-1923.

AJ/15/551A – Dossier personnel d'Armand de Quatrefages, 1842-1892.

F/8 – Police sanitaire

F/8/168-171 et -172 – Conseils et commissions de la Seine, 1807-1903.

F/17 – Ministère de l'instruction publique

F/17/3846-1 et -2 – Correspondance 1833-1895.

F/17/3847-1 et -2 – Comptabilité, 1879-1893.

F/17/3886 – Minutes des assemblées des professeurs, 1880-1889.

F/17/4001 – École pratique des hautes études, 1881-1884

F/21 – Beaux-Arts

F/21/4490 – Musée d'ethnographie du Trocadéro.

BIBLIOTHÈQUE CENTRALE DU MUSÉUM NATIONAL D'HISTOIRE NATURELLE, PARIS, FRANCE

AM 37 – Minutes des procès-verbaux des assemblées des professeurs (1881).

AM 38 – Minutes des procès-verbaux des assemblées des professeurs (1882).

AM 42 – Minutes des procès-verbaux des assemblées des professeurs (1886-1887).

AM 65 – Procès-verbaux des assemblées des professeurs (1886-1887).

2AM1K47a – Correspondance à l'arrivée [Échanges avec Carl Hagenbeck (neveu). 11 documents de 1932-1933.]

AM 93 – Correspondance au départ (1er semestre 1881)

AM 103 – Correspondance au départ (1er semestre 1885)

AM 104 – Correspondance au départ (2e semestre 1885)

AM 105 – Correspondance au départ (1er semestre 1886)

AM 106 – Correspondance au départ (2e semestre 1886)

AM 314 – Enregistrement des pièces justificatives des dépenses (1881)

AM 317 – Relevé général par service des dépenses (1886)

AM 390 – Enregistrement des pièces justificatives de dépenses (1886).

MS 2255 – Correspondance d'Ernest Théodore Hamy (1878-1883).

MS 2256 – Correspondance d'Ernest Théodore Hamy (1884-1887).

MS 2258 – Correspondance d'Armand de Quatrefages.

MS 2312 – Correspondance scientifique d'Ernest Théodore Hamy

MS 3317 – Collection de cartes postales du Muséum national d'histoire naturelle

Bibliothèque de l'Académie nationale de médecine, Paris, France

Consultation des dossiers des membres de l'Académie : Léon Colin, Paul Brouardel, Ernest Théodore Hamy et Paul Topinard.

Bibliothèque historique de la ville de Paris, Paris, France

Collection d'affiches [Dépouillement par M. Frédéric Lions].

Le Monde Illustré [du 1 janvier au 30 avril 1881].

L'Illustration [1881].

L'Univers Illustré [du 1 janvier au 21 mai 1881].

CP 3411 – Jardin d'acclimatation – Document manuscrits épars

Ancienne collection des actualités – Série 38 – Dossiers documentaires sur le Jardin d'acclimatation. (2 cartons)

Bibliothèque Nationale de France (Département des Cartes et Plans), Site Richelieu-Louvois, Paris, France

Histoire de France (1880-1881)

Photos sous Eichtal/Potteau, Rousseau

Va 92a fol, t. 12. B 20199, B20198, B201200, B201201

Esquimaux du Groenland 20302, 20303, 20304

Musée du quai Branly – Services des archives et de la documentation, Paris, France

Consultation de la base de données TMS (collections).

D000553 *Registre d'inventaire II des numéros d'entrées du MET* (version dactylographiée).

D000563 *Registre d'inventaire I des numéros d'entrées du MET* (version dactylographiée).

Notices des artefacts du Labrador conservés au Musée du quai Branly. Document généré le 14 novembre 2011 par le Service des archives et de la documentation.

DA001350-15437 – *Laboratoire d'anthropologie inventaire des collections ostéologiques.*

D000524/13273 – *Catalogue des clichés photographiques, conservés au Laboratoire d'Anthropologie. 1879 à 1890 et collection Potteau.*

D000524/7719 – *Collections des clichés photographiques du laboratoire d'Anthropologie du Muséum d'Histoire Naturelle de Paris : récapitulatif.*

ARCHIVES DU MUSEUM OF CULTURAL HISTORY, OSLO, NORVÈGE

Innkomme brev, 1877-1890 [lettres reçues]

ARCHIVES DE LA COMPAGNIE DE LA BAIE D'HUDSON, WINNIPEG, CANADA

RG3/40B/1 – Dossier biographique – George Ford.

D.38/55 folio 140 – Character report of George Ford, 1897-1908.

BIBLIOTHÈQUE ET ARCHIVES CANADA, OTTAWA, CANADA

Microfilm 1M1257 – Plan du poste de traite de Nachvak, 1895.

Microfilm 510 – 1837-1907 – Conférence de la mission : Procès-verbaux concernant les affaires spirituelles et les grands projets d'affaires de la Mission d'Hébron.

Microfilm 512 – 1881-1927 – Correspondance entre la mission de Hebron et la *Society for the Furtherance of the Gospel* (La Société pour l'avancement de l'évangile, la branche commerciale de l'Église morave).

PUBLICATIONS (MONOGRAPHIES, ARTICLES, PAGES WEB,...) CITÉES DANS LE PRÉSENT OUVRAGE

Annales de la chambre des députés – Débats parlementaires. (1881). Tome I (11 janvier au 12 avril 1881). Paris : Imprimerie du Journal Officiel, p. 443-447. Récupéré de http://books.google.ca/books?id=k6hDAQAAIAAJ&pg=PA442

Bahere, Rainer. (2008). Early anthropological discourse on the Inuit and the influence of Virchow on Boas. *Études/Inuit/Studies*, 32(2), 13-34. Récupéré de http://id.erudit.org/iderudit/038213ar

Barthélemy, Toussaint. (1880). *Recherches sur la variole.* Paris : Delahaye et Lecrosnier. 288 p. Récupéré de http://gallica.bnf.fr/ark:/12148/bpt6k5672779s

Berlin-Hamburg Railway. [s.d.]. Dans *Wikipédia*. Récupéré le 21 avril 2014 de http://en.wikipedia.org/wiki/Berlin%E2%80%93Hamburg_Railway

Besnier, Ernest. (1881, 13 mai). Rapport sur les maladies régnantes (janvier, février et mars 1881). *Bulletin et mémoires de la Société médicale des hôpitaux de Paris.* pp. 152-183. Récupéré de http://gallica.bnf.fr/ark:/12148/bpt6k5440212z

Bohemia. (1880, 15 novembre). (Prague). Nº. 317. p. 6.

Bohemia. (1880, 19 novembre). (Prague). Nº. 323. p. 14.

Bordier, Arthur. (1881). Calotte cérébrale d'un Esquimau du Labrador. *Bulletin de la Société d'anthropologie de Paris*, 3(VI), 16-19. Récupéré de http://gallica.bnf.fr/ark:/12148/bpt6k639174

Bourquin, Théodore. (1882). Correspondance du Labrador. Première lettre du missionnaire Bourquin, président. J*ournal des Frères de l'Unité chrétienne*. Quarante septième année. 25-31

Brinton, Daniel G. (1892, 11 novembre). Crania Ethnica Americana. Book Review. Back Matter Science, 20(510), 279. Récupéré de http://www.jstor.org/stable/1765100

Bulletin épidémiologique. (1881). *Revue d'hygiène et de police sanitaire*. Vol. 3. p. 176. Récupéré de http://www.biusante.parisdescartes.fr/histmed/medica/page?90113x1881x03&p=179

Bulletin hebdomadaire de statistiques. (1881, 16 janvier). *Le Siècle*. (Paris). p. 3. Récupéré de http://gallica.bnf.fr/ark:/12148/bpt6k735849s

CÉRÉMONIE – Des indigènes rapatriés….un siècle plus tard. (2010, 15 janvier). Le petit journal.com. (Santiago). Récupéré de http://www.lepetitjournal.com/santiago/societe/52062-ceremonie-des-indigs-rapatriun-sie-plus-tard

Charlottenburger Zeitung. (1880, 19 octobre). (Berlin). p. 2.

Charlottenburger Zeitung. (1880, 24 octobre). (Berlin). p. 2.

Charlottenburger Zeitung. (1880, 2 novembre). (Berlin). p. 2.

Charlottenburger Zeitung. (1880, 17 novembre). (Berlin). p. 2.

Chudzinski, Théophile. (1881). Sur les trois encéphales des Esquimaux morts de la variole, du 13 au 16 janvier 1881, dans le service de M. [L']Andrieux, à l'hôpital Saint-Louis. *Bulletin de la Société d'anthropologie de Paris*, 3(IV), 312-318. Récupéré de http://gallica.bnf.fr/ark:/12148/bpt6k639174

Colin, Léon. (1881a). *Rapport sur l'épidémie de variole à laquelle ont succombé les Esquimaux arrivés le 31 décembre 1880 au Jardin d'Acclimatation de Paris*. Paris : Imprimerie centrale des chemins de fer.

16 p. Consulté au Service des archives de la Préfecture de police de la Seine. (DB459 – Hygiène publique)

Crefelder Zeitung. (1880, 24 décembre). N° 304. p. 2. Consulté aux archives de la ville de Krefeld.

Crefelder Zeitung. (1880, 29 décembre). N° 307. Consulté aux archives de la ville de Krefeld.

Crefelder Zeitung. (1881, 4 janvier). N° 3. Consulté aux archives de la ville de Krefeld.

Darmstädter Tagblatt. (1880, 15 décembre). (Darmstadt). Consulté aux Archives de l'état de Hesse.

Darmstädter Tagblatt. (1880, 16 décembre). (Darmstadt). Consulté aux Archives de l'état de Hesse.

Darmstädter Zeitung. (1880, 16 décembre). (Darmstadt). Consulté aux Archives de l'état de Hesse.

David, Philippe. (s.d.). *55 ans d'exhibitions zoo-ethnologiques au Jardin d'acclimatation.* Récupéré de : http://www.jardindacclimatation.fr/article/le-jardin-vu-par/

De Challans, Vicomte. Chronique parisienne. Nécrologie. (1881, 16 février). *La Presse.* (Paris). p. 2. Récupéré de http://gallica.bnf.fr/ark:/12148/bpt6k543602d

Départ des Esquimaux. (1881, 9 janvier). *Le Figaro.* (Paris). p. 4. Récupéré de http://gallica.bnf.fr/ark:/12148/bpt6k277706f

Départ des Esquimaux. (1881, 9 janvier). *Le Gaulois.* (Paris). p. 4. Récupéré de http://gallica.bnf.fr/ark:/12148/bpt6k523694s

Départ des Esquimaux. (1881, 9 janvier). *Le journal des débats politiques et littéraires.* (Paris). p. 3. Récupéré de http://gallica.bnf.fr/ark:/12148/bpt6k4613976

Départ des Esquimaux. (1881, 10 janvier). *Gil Blas.* (Paris). p. 4. Récupéré de http://gallica.bnf.fr/ark:/12148/bpt6k7515980k

Départ des Esquimaux. (1881, 10 janvier). *La Presse.* (Paris). p. 3. Récupéré de http://gallica.bnf.fr/ark:/12148/bpt6k5435659

Départ des Esquimaux. (1881, 10 janvier). *Le Siècle.* (Paris). p. 4 Récupéré de http://gallica.bnf.fr/ark:/12148/bpt6k735843h

Départ des Esquimaux. (1881, 10 janvier). *Le Temps.* (Paris). p. 4. Récupéré de http://gallica.bnf.fr/ark:/12148/bpt6k228254x

Départ des Esquimaux. (1881, 10 janvier). *Le XIXe siècle.* (Paris). p. 4 Récupéré de http://gallica.bnf.fr/ark:/12148/bpt6k7563531g

Dias Nélia. (1991). *Le musée du Trocadéro (1878-1908) : Anthropologie et muséologie en France*. Paris : Centre national de la recherche scientifique. 310 p. (+ pl. XV)

Die Eskimos im Zoologischen Garten zu Berlin. (1880, 21 octobre). *Magdeburgische Zeitung*. (Berlin). N°. 493. [article dans lequel l'auteur s'indigne que l'on présente des humains dans des zoos]

Elliot, Hugh S.R. et Thacker, A.G. (1912). *Beasts and Men: Being Carl Hagenbeck's experiences for half a century among wild animals (an abridged translation)*. Londres : Longmans, Green and Co. xi, 299 p. Récupéré de http://ia600504.us.archive.org/22/items/beastsmenbeingca00hage/beastsmenbeingca00hage.pdf

Elliott, Deborah L. et Susan K. Short (1979, septembre). The Northern Limit of Trees in Labrador: A Discussion. *Arctic*. 32(3), 201-206. Retrieved from http://pubs.aina.ucalgary.ca/arctic/Arctic32-3-201.pdf

The Esquimaux. (1881, 21 mai). *The Sunday at Home Family Magazine for sabbath reading*. (Londres). 328-331.

The Esquimaux at Paris. (1881, 2 avril). *The British Medical Journal*. (Londres). p. 526.

Les Esquimaux du Jardin d'Acclimatation. (1881). Extrait des travaux publiés par La Revue Britannique. Paris : Librairie du Jardin d'Acclimatation. Consulté à la Bibliothèque nationale de France.

Les Esquimaux en Europe. (1881, 6 mars). *Feuille religieuse du canton de Vaud*. (Lausanne). 56ᵉ année. pp. 104-109. Récupéré de http://books.google.ca/books?id=aDQpAAAAYAAJ

The Esquimaux in Paris. (1881, 17 janvier). *Dundee Courrier and Argus*. p. 4.

The Esquimaux in Paris. (1881, 18 janvier). *Northern Warder and bi-weekly courrier and argus*. p. 7.

Exhibitions : L'invention du sauvage. [s.d.]. Musée du Quai Branly. Récupéré de http://www.quaibranly.fr/fr/programmation/expositions/expositions-passees/exhibitions.html

Expositions and Epidemics. (1986, Septembre). *Them Days*. (Happy Valley-Goose Bay). 12(1), s.p.

Faits divers. *Le XIXe siècle*. (1881, 10 janvier). (Paris). p. 3. Récupéré de http://gallica.bnf.fr/ark:/12148/bpt6k7563531g

Feuerschiff Elbe 1. [s.d.]. From *Wikipedia*. Récupéré le 25 janvier 2014 de http://de.wikipedia.org/wiki/Feuerschiff_Elbe_1

Fienup-Riordan, Ann. (2005). *Yup'ik elders at the Ethnologisches Museum Berlin : Field work turned on its head*. Seattle : University of Washington Press. xv, 337 p.

Forbush, William Byron. (1903). *Pomiuk, A waif of Labrador : A brave boy's life for Brave Boys*. Boston : The Pilgrim Press. 156 p. Récupéré de https://archive.org/details/pomiukwaifoflabr00forb

Ford, Henry. (2000). Labrador and Baffin Trading Company. *Them Days*. 25(4). s.p.

Frankfurter Nachrichten. (1880, 3 décembre). (Francfort).

Garnier, M.P. (1882). Vaccine internationale. *Dictionnaire annuel des progrès des sciences et institutions médicales*. Paris : Imprimerie Germer Baillière. p. 573. Récupéré de http://books.google.ca/books?id=2O0EAAAAQAAJ

Gontier, Martine. (2010, 11 mars). Un livre, un acte, un article : décès d'une Fuégiene en 1881 à Neuilly-sur-Seine. Récupéré de http://racinesenseine.fr/curiosites/pages/lectures0001.html

Guide des étrangers dans le Muséum d'histoire naturelle. (1855). Paris : Muséum national d'histoire naturelle. 70-73. Récupéré de http://books.google.ca/books?id=zj1PAAAAYAAJ

Guide du Musée de l'Homme. (1952). Paris : Muséum national d'histoire naturelle. p. 5

Guigon, Gwénaële, (2006). *Historique et présentation des collections inuit dans les musées français au XIXe siècle*, Mémoire de recherche de l'Ecole du Louvre, sous la direction d'André Desvallées et Michèle Therrien, 474 p.

Hagenbeck, Carl et M. Hoffmann. (1880). *Beiträge über leben und treiben der Eskimos in Labrador und Grönland*. Berlin : Im Selbstverlage des Herausgebers. 24 p. Récupéré de http://books.google.ca/books?id=90Q-AAAAYAAJ

Hames, Elizabeth. (2012). Their souls were to be laughed at. *Up Here Magazine*, June 2012. p. 72-75.

Hamy, Ernest Théodore. (1907). La collection anthropologique du Muséum national d'histoire naturelle, leçon d'ouverture du cours d'anthropologie faite le 11 avril 1907. *L'Anthropologie*. Tome XVIII. pp. 257-276. Récupéré de http://gallica.bnf.fr/ark:/12148/bpt6k5433874s

Harper, Kenn. (2000). *Give me my Father's Body: The life of Minik, the New York Eskimo*. London : Profile Books. 277 p.

Harper, Kenn. (2009, 20 août). Nancy Columbia : The first Inuit Queen. *Nunatsiaq Online*. Récupéré de http://www.nunatsiaqonline.ca/stories/article/taissumani_aug._28/

Harper, Kenn et Russell Potter. (2010). *Early Arctic Films of Nancy Columbia and Esther Eneutseak*. s.p. Récupéré de http://www.academia.edu/2324918/_With_Kenn_Harper_Early_Arctic_Films_of_Nancy_Columbia_and_Esther_Eneutseak

Harper, Stephen. Premier ministre du Canada. (2013, 14 juin). *Programme de coopération renforcée Canada-France*. Récupéré de http://www.pm.gc.ca/fra/nouvelles/2013/06/14/programme-de-cooperation-renforcee-canada-france

Hrdlička, Aleš. (1901). *An Eskimo Brain*. New York : The Knickerbocker Press. 47-49. Récupéré de https://archive.org/details/eskimobrain01hrdl

Hervé, Georges. (1888). *La circonvolution de Broca : étude de morphologie cérébrale*. Paris : Lecrosnier et Babé. 134-136, 183. Récupéré de http://gallica.bnf.fr/ark:/12148/bpt6k6210185d

Inauguration du musée d'ethnographie du Trocadéro. (1882, 14 avril). *Le XIXe siècle*. (Paris). p. 1-2. Récupéré de http://gallica.bnf.fr/ark:/12148/bpt6k7567387d

Instructions pour MM. les officiers de la marine qui voudraient faire des collections d'HN destinées au Muséum de Paris par les professeurs administrateurs du Muséum. (1882). Paris. p. 8.

Jacobsen, Johan Adrian et Adrian Woldt. (1977). *Alaskan Voyage 1881-83 : An expedition to the Northwest Coast of America*. Traduction anglaise par Erna Gunther du texte allemand de Adrian Woldt (1884). Chicago : University of Chicago Press. 1977, xii, 266 p.

Jacobsen, Johan Adrian. (1894). *Eventyrlige Farter, Fortalte for Ungdommen*. Bergen : John Griegs Forlag. Traduction de Ingeborg v.d Lippe Konow. 43-50. Consulté à la Bibliothèque nationale de Norvège (Oslo).

Jacobsen, Johan Adrian. (2014). *Voyage avec les Eskimos du Labrador, 1880-1881*. Traduction française du texte allemand par Jacqueline Thun. Gatineau : Horizons Polaires. 88 p.

Kremers, Elisabeth. (2002). *Vom Boulevard zum Biotop : Die Geschichte des städtischen Grüns in Krefeld*. Krefeld : Ville de Krefeld. 154 p.

Kretschmer, Marie. (1883). Correspondance du Labrador. Lettre de Madame Kretschmer (extraits). *Journal des Frères de l'Unité chrétienne*. Quarante huitième année. 118-120.

La Presse. (1881, 8 janvier). Paris. p. 3. Récupéré de http://gallica.bnf.fr/ark:/12148/bpt6k543563j

La santé publique. (1881, 26 janvier). *Le Siècle*. (Paris). p. 2. Récupéré de http://gallica.bnf.fr/ark:/12148/bpt6k7358594

La Trobe, Benjamin. (1888). *With the Harmony to Labrador : A visit to the Moravian mission stations on the North East Coast of Labrador*. Londres :

Moravian church and mission agency. 56 p. Récupéré de http://archive.org/details/cihm_01302

Laborde, Dr. (1881, 26 janvier). Esquimaux morts de variole. *Société de médecine publique et d'hygiène professionnelle*. 145-146

Landrieux, Dr. (1881, 14 janvier). Relation de quelques cas de variole hémorragique observés chez des esquimaux à l'hôpital Saint-Louis. *Bulletin de la Société médicale des hôpitaux de Paris*. 9-12. Récupéré de http://gallica.bnf.fr/ark:/12148/bpt6k5440212z/f13.image

Landrin, Armand. [s.d.]. Dans Wikipédia. Récupéré le 25 février 2014 de http://fr.wikipedia.org/wiki/Armand_Landrin

Latteux, Dr. (1877). Sur la technique microscopique dans ses applications à l'étude de la chevelure dans les races humaines. *Bulletin de la Société d'anthropologie de Paris*. 1877. 2(12), 193-195. Récupéré de http://gallica.bnf.fr/ark:/12148/bpt6k639143

Les On-Dit. (1881, 9 février). *Le Rappel*. (Paris). p. 2. Récupéré de http://gallica.bnf.fr/ark:/12148/bpt6k7534391j

Lutz, Hartmut, Alootook Ipellie, Hans-Ludwig Blohm. (2005). *The Diary of Abraham Ulrikab : Text and Context*. Ottawa : University of Ottawa Press. xxvii, 100 p.

Lutz, Hartmut *et al*. (2007). *Abraham Ulrikab im zoo : Tagebuch eines Inuk 1880/1881*. Wesel : M.u.H. von der Linden GbR. 167 p.

Martin, A.-J. (1881, 9 février). Académie et corps savants. Revue de médecine et d'hygiène. *Journal officiel de la République Française. Lois et décrets*. 13(39), 713. Récupéré de http://gallica.bnf.fr/ark:/12148/bpt6k6222565x

Menus extravagants et bizarreries culinaires. [s.d.] Récupéré de http://www.jardindacclimatation.fr/histoire/

Neue Preussische Zeitung. (1880, 23 octobre). (Berlin). N°. 249.

Norddeutsche Allgemeine Zeitung. (1880, 18 octobre). (Berlin). N°. 487.

Norddeutsche Allgemeine Zeitung. (1880, 21 octobre). (Berlin). N°. 492. p. 2.

Norddeutsche Allgemeine Zeitung. (1880, 23 octobre). (Berlin). N°. 496. p. 2.

Norddeutsche Allgemeine Zeitung. (1880, 26 octobre). (Berlin). N°. 501. p. 2.

Notes de voyages d'Abraham, l'Esquimau. (1883). *Journal des Frères de l'Unité chrétienne*. (Peseux, Suisse). Quarante huitième année. 148-155.

Nouvelles & Échos. (1881, 8 février). *Gil Blas*. (Paris). p. 1. Récupéré de http://gallica.bnf.fr/ark:/12148/bpt6k75160030

Periodical Accounts Relating to the Missions of the Church of the United Brethren Established Among the Heathen. (1881, décembre). Londres : The Brethren's Society for the Furtherance of the Gospel Among the Heathen. XXXI(329). Récupéré de http://collections.mun.ca/cdm4/document.php?CISOROOT=/cns_permorv&CISOPTR=8814&REC=5

Periodical Accounts Relating to the Missions of the Church of the United Brethren Established Among the Heathen. (1882). XXXII(333). Londres : The Brethren's Society for the Furtherance of the Gospel Among the Heathen. Récupéré de http://collections.mun.ca/cdm4/document.php?CISOROOT=/cns_permorv&CISOPTR=6268&REC=11

Petit, André. (1881, 21 janvier). Observations de M. Landrieux. Gazette hebdomadaire de médecine et de chirurgie. (Paris). 40-41. Récupéré de http://www.biusante.parisdescartes.fr/histmed/medica/page?90166x1881x18&p=42

Ratzel, Friedrich. (1886). *Völkerkunde. Zweiter Band. Die Naturvölker Ozeaniens, Amerikas und Afiens.* Leipzig : Berlag des Bibliogrphichen Instituts. p. 768. Récupéré de http://books.google.ca/books?id=eL8sAAAAYAAJ

Rollmann, Hans-Josef. [s.d.]. *Preliminary alphabetical checklist of Moravian missionaries, teachers and traders in Labrador (with years of their service) 1752 – ca. 1900.* Récupéré de http://www.mun.ca/rels/morav/texts/checklist.html

Rollmann, Hans-Josef. (2013, 7 novembre). Labrador Inuit Workship in Berlin. The Telegram. (St. John's). Récupéré de http://www.thetelegram.com/Living/2013-11-07/article-3469736/Labrador-Inuit-worship-in-Berlin/1

Rothfels, Nigel. (2008). *Savages and Beasts : The Birth of the Modern Zoo.* Baltimore : The Johns Hopkins University Press. xii, 268 p.

Sad faith of Esquimaux. (1881, 9 février). *Manchester Courrier and Lancaster General Advertiser.* p. 6.

Sad faith of Esquimaux. (1881, 10 février). *Edinburg Evening News.* p. 3.

Sad faith of Esquimaux. (1881, 11 février). *The Belfast News-letter.* p. 8.

Sad faith of Esquimaux. (1881, 12 février). *Manchester Courrier and Lancaster General Advertiser.* p. 3.

La septicémie. [s.d.]. Dans soinsinfirmiers.com. Récupéré de http://www.soins-infirmiers.com/septicemie.php

Siderey. M.A. (1881). Recherches anatomo-pathologiques sur les lésions du foie dans les maladies infectieuses. Bulletin de la Société anatomique de Paris. 46e année. 4(6), 631-638. Récupéré de http://gallica.bnf.fr/ark:/12148/bpt6k6333622b

Situation financière du Jardin [d'acclimatation]. (1882). Bulletin de la Société Nationale d'acclimatation, 3(9), pp. CXVII-CXXVI. Récupéré de http://gallica.bnf.fr/ark:/12148/bpt6k5453568k

Spitzka, Edward Anthony. (1902, 29 novembre). Contributions to the encephalic anatomy of the races. First paper:—three Eskimo brains, from Smith's sound. *American Journal of Anatomy*. 2(1), 28–29. Récupéré de http://onlinelibrary.wiley.com/doi/10.1002/aja.1000020104/abstract

The Spread of Small-Pox. (1881, 30 avril). *The Evening News*, Portsmouth. p. 2

Taylor, James Garth. (1981). An Eskimo abroad, 1880 : His diary and death. *Canadian Geographic*. Oct/Nov 1981, 38-43.

Thode-Arora, Hilke. (2002). Abraham's Diary—A European Ethnic Show from an Inuk Participant's Viewpoint. *Journal of the Society for the Anthropology of Europe*, 2(2), 2-17.

Thode-Arora, Hilke. (2011). Hagenbeck et les tournées européennes: L'élaboration du zoo humain. *Zoos humains*. Paris : La Découverte Poche/Sciences humaines et sociales. 150-159.

Thomas, Philippe et Jean Oster. (1982). *Le Musée de l'Homme*. Rennes : France-Ouest. 22-24.

Vaccinated to death. (1881, janvier). The Vaccination Inquirer and Health Review. (Londres). 2(22), p. 179.

The Vaccination Inquirer and Health Review. (1881, septembre). (Londres). III(30), p. 103.

Vallin, E. (1881a). Les varioleux en wagon. La trichine à Paris. *Revue d'hygiène et de police sanitaire*. Vol. 3. 89-93. Récupéré de http://www.biusante.parisdescartes.fr/histmed/medica/page?90113x18 81x03&p=92

Vallois, H. L. (1940). Le Laboratoire Broca. *Bulletin et mémoires de la Société d'anthropologie de Paris*. IX(1), 1-18. Récupéré de http://www.persee.fr/web/revues/home/prescript/article/bmsap_0037-8984_1940_num_1_1_2761

Vallois, Henri V. (1945) *Inventaire des collections ostéologiques du Département d'anthropologie du Musée de l'Homme*. (Cote DA001350/15437) Consulté au Service des archives et de la documentation du Musée du quai Branly.

Verneau, René. (1898). Les nouvelles galeries du Museum. *L'Anthropologie*. IX(3) p. 319-336. Récupéré de http://gallica.bnf.fr/ark:/12148/bpt6k5433873c

Virchow, Rudolf. (1880). Ausserordentliche Zusammenkunft im zoologischen Garten am 7. November 1880. Eskimos von Labrador. Zeitschrift für Ethnologie. (Berlin). Vol. 12. 253-274. Récupéré de http://www.jstor.org/stable/23026564

Virchow, Rudolf. (1892). *Crania ethnica americana* : *Sammlung auserlesener amerikanischer schädeltypen*. Berlin : A. Asher & Co. (4 p.-33-[53] p.-XXVI pl.) Consulté à la Médiathèque d'étude et de recherche (Réserve) du Musée du quai Branly.

Wöchentliche Anzeigen. (1880, 3 décembre). (Francfort). p. 2.

Wöchentliche Anzeigen. (1880, 14 décembre). (Francfort). p. 2.

Autres publications complémentaires

Bancel, Nicolas, Pascal Blanchard et Sandrine Lemaire. (s.d.). *Ces zoos humains de la république coloniale*. Paris : s.n. 11p. Récupéré de http://www.jardindacclimatation.fr/article/le-jardin-vu-par/

Baratay, Eric et Elisabeth Hardouin-Fugier. (2004). *Zoo: A History of Zoological Gardens in the West*. London : Reaktion Books. 127-128.

Bassler, Gerhard. (2006). *Vikings to U-Boats: The German Experience in Newfoundland and Labrador*. Montréal : McGill-Queen's University Press, 80-83.

Bertrand, Émilie. (2010). *La présentation des crânes préhistoriques : de l'Exposition universelle de 1878 à la création du Musée de l'Homme de 1937*. Paris : Muséum national d'histoire naturelle. (Mémoire de maîtrise). 101 p. Récupéré de http://www.ipt.pt/teses.digitais/emilie.bertrand/emiliebertrand.pdf

Blanchard, Pascal *et al.* (2011). *Zoos humains et exhibitions coloniales : 150 ans d'invention de l'Autre*. Paris : La Découverte Poche/Sciences humaines et sociales. 598 p.

Blanckaert, Claude *et al.* (2013). *La Vénus Hottentote, entre Barnum et Muséum*. Paris : Muséum national d'histoire naturelle. 478 p.

Bonnerjea, René. (2004). *Eskimos in Europe: How they got there and what happened to them afterwards*. London and Budapest : Biro Family Ltd. 355-363.

Bordier, Arthur. (1877a). Les Esquimaux du Jardin d'Acclimatation. *Mémoires de la Société d'anthropologie de Paris*. 448-461.

Bordier, Arthur. (1877b). Rapport de la commission nommée par la Société pour étudier les esquimaux du Jardin d'Acclimatation. *Bulletin de la Société d'anthropologie de Paris*. 575-586. Récupéré de http://gallica.bnf.fr/ark:/12148/bpt6k639143

Borlase, Tim. (1993). First Inuit Depiction by Europeans. *Labrador Studies : The Labrador Inuit*. Happy Valley-Goose Bay : Labrador East Integrated School Board. s.p.

Bouchardat, A. (1881) *Rapport sur la marche de la variole à Paris, depuis l'année 1860 jusqu'à ce jour, et sur les moyens d'en atténuer les ravages*. Paris : Conseil d'hygiène publique et de salubrité du département de la Seine. 19 p. (DB459 – Hygiène publique) Consulté au service des archives de la Préfecture de police de la Seine.

Bulletin hebdomadaire de statistiques. (1881, 24 janvier). *Le Siècle*. (Paris). p. 3. Récupéré de http://gallica.bnf.fr/ark:/12148/bpt6k735857c

Callet, A. (1898). Le jardin des plantes et les nouvelles galeries du Museum. *La Science française*. 357-358. Récupéré de http://gallica.bnf.fr/ark:/12148/bpt6k116380r

Carvajal, Doreen. (2013, 24 mai). *Museums Confront the Skeletons in Their Closets*. The New York Times. Récupéré de http://www.nytimes.com/2013/05/25/arts/design/museums-move-to-return-human-remains-to-indigenous-peoples.html?_r=0

Colin, Léon. (1881b). L'épidémie de variole des Esquimaux. *Annales d'hygiène publique et de médecine légale*. 225-237. Récupéré de http://www.biusante.parisdescartes.fr/histmed/medica/page?90141x1881x05&p=225

Colin, Léon. (1881c) L'épidémie de variole des Esquimaux et de la réceptivité spéciale des nouveaux venus dans les foyers épidémiques. *Bulletin de l'Académie nationale de médecine*. 2(X), 356-371. Récupéré de http://gallica.bnf.fr/ark:/12148/bpt6k408671n

Colin, Léon. (1881d) Épidémie de variole des Esquimaux. *Bulletin général de thérapeutique médicale et chirurgicale*. (Paris). N° 100. p. 272. Récupéré de http://www.biusante.parisdescartes.fr/histmed/medica/page?90014x1881x100&p=276

Colin, Léon. (1881e) L'épidémie de variole des Esquimaux. *La Revue scientifique de la France et de l'étranger*. 2(19), 614-618. Récupéré de http://gallica.bnf.fr/ark:/12148/bpt6k215096c

Colin , Léon. (1881, mars). L'épidémie de variole des Esquimaux et de la réceptivité spéciale des nouveaux venus dans les foyers épidémiques. *Archives générales de Médecine*. (Paris). Volume I. VIIe série, Tome 7. 498-499. Récupéré de http://www.biusante.parisdescartes.fr/histmed/medica/page?90165x1881x07&p=498

Corbey, Raymond. (1993). Ethnographic Showcases, 1870-1930. *Cultural Anthropology*, 8(3), 338-369. Récupéré de http://www.jstor.org/stable/656317

Coutancier, Benoit et Christine Barthe. (2004). Exhibition et Médiatisation de l'autre : Le jardin zoologique d'acclimatation (1877-1890). *Zoos humains*. Paris : La Découverte Poche/Sciences humaines et sociales. 306-314.

Darmstädter Zeitung. (1881, 4 janvier). (Darmstadt). [Article sur le décès de Paingu à Crefeld]

De l'épidémie de variole des Esquimaux et de la réceptivité spéciale des nouveaux venus dans les foyers épidémiques. (1881, 18 mars). *Gazette hebdomadaire de médecine et de chirurgie*. p. 169. Récupéré de http://www.biusante.parisdescartes.fr/histmed/medica/page?90166x1881x18&p=171

De Ranse, F. (1881, 19 mars). *Gazette médicale de Paris*, 52e année, 6e série, Tome III, n° 12, 154,155,160,161. Récupéré de http://www.biusante.parisdescartes.fr/histmed/medica/page?90182x1881x03&p=156

De Rialle, Girard. (1877, 19 novembre). Les esquimaux au Jardin d'acclimatation. *La Nature, revue des sciences et de leurs applications aux arts et à l'industrie*. 390-395. Récupéré de http://cnum.cnam.fr/CGI/fpage.cgi?4KY28.9/394/100/432/0/0

De Witte, A.F. (1898, 6 août). Le Muséum du Jardin des Plantes. Nouvelles galeries. *La France illustrée. Journal littéraire, scientifique et religieux*. 112-113. Récupéré de http://gallica.bnf.fr/ark:/12148/bpt6k5764632m

Au jour le jour. Académie de médecine. (1881, 17 mars). *Le Temps*. (Paris). p. 2. Récupéré de http://gallica.bnf.fr/ark:/12148/bpt6k228320p

Derex, Jean-Michel. (2012). *Les zoos de Paris : Histoire de la ménagerie du Jardin des Plantes, du Jardin d'Acclimatation et du zoo de Vincennes*. Parhecq : Éditions Patrimoines & médias. 124 p. Consulté aux Archives de Neuilly-sur-Seine.

Decaisne, E. (1881, 12 mars). Rapport de M. Léon Colin sur l'épidémie de variole qui a décimé la caravane d'Esquimaux du Jardin d'acclimatation. *L'Univers illustré*. (Paris). 166-167. Récupéré de http://gallica.bnf.fr/ark:/12148/bpt6k57382866

Dias, Nélia. (1989). Séries de crânes et armée de squelettes : les collections anthropologiques en France dans la seconde moitié du XIXe siècle. *Bulletins et Mémoires de la Société d'anthropologie de Paris*. 1(3-4), 203-230. Récupéré de http://www.persee.fr/web/revues/home/prescript/article/bmsap_0037-8984_1989_num_1_3_2581

Ditrich, Lothar et Annelore Rieke-Müller. (1998). *Carl Hagenbeck (1844-1913) Tierhandel und Schaustellungen im Deutschen Kaiserreich*. Frankfurt am Main : Peter Lang. 157-158.

Doulas, Cole. (1995). *Captured Heritage: The Scramble for Northwest Coast Artifacts*. Vancouver: UBC Press. 60-62.

Duckworth, W.L.H. et B.H. Pain. (1900). A contribution to Eskimo craniology. *The journal of the Anthropological Institute of Great Britain and Ireland*. 30(3). pp. 125-140. Récupéré de www.archive.org/details/v30t1journalofro30royauoft

Épidémie de variole des esquimaux, réceptivité des nouveaux venus dans les foyers épidémiques. (1881, mai). *Journal de médecine, de chirurgie et de pharmacologie*. (Bruxelles). 39e année. 72e volume. p. 516

Épidémiologie : Relation des quelques cas de variole hémorragique observés chez des Esquimaux. (1881, 12 février). *L'Union médicale : journal des intérêts scientifiques et pratiques, moraux et professionnels du corps médical*. 35(22), 256-258. Récupéré de http://www.biusante.parisdescartes.fr/histmed/medica/page?90068x1881x31&p=260

Feest, Christian F. (1989). *Indians and Europe : An Interdisciplinary Collection of Essays*. Aix-la-Chapelle : Alsno Verlag. p. 337

Felsberg, Susan. (2010). People: Labrador's Very First Export. In *Very Rough Country: Proceedings of the Labrador Exploration Symposium*, edited by Martha MacDonald. Happy Valley-Goose Bay : Labrador Institute of Memorial University. 214-227.

Frank, Edmond. (1898, 22 juillet). Les nouvelles galeries du Museum. *L'Illustration*. 22-23.

Glangeaud, Ph. (1898, 23 avril). Les nouvelles galeries du Museum. *L'Illustration*. 287-288.

Gosling, W.G. (1911). The Moravian Brethren. *Labrador: its discovery, exploration and development*. New York: John Lane Company, 309-313. Récupéré de http://www.ourroots.ca/e/toc.aspx?id=1205

Grimard, Edouard. (1877). *Le Jardin d'Acclimatation : Le tour du monde d'un naturaliste*. Paris : Bibliothèque d'éducation et de récréation. 392 p.

Guide du promeneur au Jardin d'Acclimatation du Bois de Boulogne. (1877). Édition 16a. Paris : Librairie spéciale du jardin zoologique d'Acclimatation. Récupéré de http://gallica.bnf.fr/ark:/12148/bpt6k5401443d

Hamy, Ernest Théodore. (1890). *Les origines du Musée d'ethnographie : histoire et documents*. Paris : Ernest Leroux. 321 p. Récupéré de https://archive.org/details/lesoriginesdumus01hamy

Hamy, Ernest Théodore. (1988). *Les origines du Musée d'ethnographie*. Paris : Éditions Jean-Michel Place. iv, 321 p. (facsimilé de l'édition de

1890 avec une préface de Nélia Dias). Consulté à la médiathèque du Musée du quai Branly.

Hayem, Georges et al. (1883). Pathologie interne et clinique médicale. *La Revue des sciences médicales en France et à l'étranger.* Tome XXII. 114-115. Récupéré de https://archive.org/details/revuedesscience47unkngoog

Joltrain, A. (1881, 3 mars). Bulletin des conseils d'hygiène – La variole des esquimaux du Jardin d'Acclimatation de Paris. *Journal d'hygiène.* Paris : Société française d'hygiène. pp. 100-103. Récupéré de http://books.google.ca/books?id=7O4DAAAAYAAJ

Kotte Holiman, Kirsten K. (2012). *Adrian Jacobsen, fra polarkulden og inn i varmen? en biografisk beretning om etnografen, eventyrerendog polarpionereren norge glemte.* Tromso : University of Tromso. (mémoire de maîtrise). 103 p. Récupéré de http://munin.uit.no/bitstream/handle/10037/4289/thesis.pdf

La collection anthropologique du Muséum d'histoire naturelle. (1875, 29 mai). *La Nature, revue des sciences et de leurs applications aux arts et à l'industrie.* 408-410.

The Esquimaux at Paris. (1881, 12 avril). *The Evening News.* (Portsmouth). p. 3

Landrieux, Dr. (1881, 11 juin). Du transport des corps des varioleux décédés dans les hôpitaux. *Le Progrès médical.* 9(24), 472-473. Récupéré de http://www.biusante.parisdescartes.fr/histmed/medica/page?90170x1881x01x09&p=477

Landrieux, Dr. (1881). La variole des Esquimaux. *Bulletin général de thérapeutique médicale et chirurgicale.* N° 100. 139-140. Récupéré de http://www.biusante.parisdescartes.fr/histmed/medica/page?90014x1881x100&p=143

Lereboullet, L. (1881, 25 février). L'épidémie de variole observée à Paris sur des Esquimaux venus du Labrador. *Gazette hebdomadaire de médecine et de chirurgie.* 116-119. Récupéré de http://www.biusante.parisdescartes.fr/histmed/medica/page?90166x1881x18&p=118

Lespès, Léo. (1874). *Une visite au Jardin d'Acclimatation du Bois-de-Boulogne.* Paris : La librairie du Jardin d'Acclimatation. 72 p. Consulté aux Archives de Neuilly-sur-Seine.

L'invention du sauvage. Exhibitions. Musée du Quai Branly. (2012, Janvier). *Beaux-Arts.* Issy-les-Moulineaux : TTM Éditions. 48 p.

Lutz, Hartmut. (2005). Unfit for the European Environment : The tragedy of Abraham and other Inuit from Labrador in Hagenbeck's Völkerschau,

1880/81. *Canadian environments: essays in culture, politics and history.* Brussels : Peter Lang. 53-70.

Manouvrier, L. (1897). Notice sur Théophile Chudzinski. *Bulletin de la Société d'anthropologie de Paris.* IV(8). 664-670. Récupéré de http://www.persee.fr/web/revues/home/prescript/article/bmsap_0301-8644_1897_num_8_1_5741

Martin, A.-J. (1881, 1 janvier). La vaccination obligatoire. *La Revue Scientifique de la France et de l'étranger.* 5-10. Récupéré de http://gallica.bnf.fr/ark:/12148/bpt6k215096c/f8.image

Martin, A.-J. (1881, 19 mars). Réceptivité spéciale des nouveaux venus dans les foyers épidémiques. *Journal officiel de la République Française. Lois et décrets.* 13(77), 1518-1519. Récupéré de http://gallica.bnf.fr/ark:/12148/bpt6k6223038m

Martin, A.-J. (1883, 18 juin). Prophylaxie de la fièvre typhoïde. *Journal officiel de la République Française. Lois et décrets.* 15(165), 3021. Récupéré de http://gallica.bnf.fr/ark:/12148/bpt6k6224114v

M. Bourgeois au Museum. L'inauguration d'aujourd'hui. *La Presse.* (1898, 22 juillet). p. 1. Récupéré de http://gallica.bnf.fr/ark:/12148/bpt6k548871f

Petrone, Penny. (1992). *Northern Voices : Inuit writing in English.* Toronto : University of Toronto Press. 108-112.

Ritsema, Alex. (2007). *Heligoland, Past and Present.* S.l. : Lulu. 113 p.

La santé publique. (1881, 2 février). *Le Siècle.* (Paris). p. 3. Récupéré de http://gallica.bnf.fr/ark:/12148/bpt6k735866b

Seurat, M. (1898, 21 mai). Les nouvelles galeries du Museum d'histoire naturelle à Paris. *Le génie civil : Revue générale hebdomadaire des industries françaises et étrangères.* XXXIII(3), 37-40. Récupéré de http://gallica.bnf.fr/ark:/12148/bpt6k6476618q

Sociétés savantes. Société d'anthropologie. Séance du 5 mai 1881. (1881, 4 juin). *Le Progrès médical.* 9(23), 449. Récupéré de http://books.google.ca/books?id=S9ZCAQAAIAAJ

Sociétés savantes. Société médicale des hôpitaux. Séance du 15 janvier 1881. (1881, 29 janvier). *Le Progrès médical.* 9(5), 84. Récupéré de http://books.google.ca/books?id=S9ZCAQAAIAAJ

Spehl, E. (1891). Contribution à l'étude de la « variole hémorragique ». *Journal de médecine, de chirurgie et de pharmacologie.* 49e année, 92e volume. 713-726. Récupéré de http://books.google.ca/books?id=KvKfAAAAMAAJ

Trautmann-Waller, Céline. (dir). (2004). *Quand Berlin pensait les peuples : Anthropologie, ethnologie et psychologie (1850-1890).* Paris :

CNRS Éditions. Web. Récupéré de http://books.openedition.org/editionscnrs/2190

Travaux académiques. Académie de médecine. (1881, 19 mars). *Gazette médicale de Paris*, 52e année, 6e série, Tome III, n° 12, 160-161. Récupéré de http://www.biusante.parisdescartes.fr/histmed/medica/page?90182x1881x03&p=162

Vallin, E. (1881b). Sur l'épidémie de variole à laquelle ont succombé les Esquimaux arrivés le 31 décembre au Jardin d'acclimatation de Paris, rapport fait au Conseil d'hygiène de la Seine par M. Le Dr Léon Colin. *Revue d'hygiène et de police sanitaire*. Vol. 3. 247-248. Récupéré de http://www.biusante.parisdescartes.fr/histmed/medica/page?90113x1881x03&p=250

Vallin, E. (1881c). De l'épidémie de variole des Esquimaux et de la réceptivité spéciale des nouveaux venus dans les foyers épidémiques. *Revue d'hygiène et de police sanitaire*. Vol. 3. p. 337. Récupéré de http://www.biusante.parisdescartes.fr/histmed/medica/page?90113x1881x03&p=340

Vallin, E. (1881d). Du transport des corps des varioleux décédés dans les hôpitaux. *Revue d'hygiène et de police sanitaire*, Vol. 3. p. 619. Récupéré de http://www.biusante.parisdescartes.fr/histmed/medica/page?90113x1881x03&p=622

Vallin, E. (1881, 11 juin). Du transport des corps des varioleux décédés dans les hôpitaux. *Le Progrès médical*, Vol. 3. 472-473. Récupéré de http://www.biusante.parisdescartes.fr/histmed/medica/page?90170x1881x01x09&p=477

Virchow, Rudolf. (1881). Ausserordentliche Zusammenkunft am 14. November 1881 im Saale des zoologischen Gartens. *Zeitschrift für Ethnologie*. (Berlin). Vol. 13. 375-394.

Von Kuenheim, Haug. (2009). *Carl Hagenbeck*. Hambourg : Ellert & Richter Verlag. 216 p.

Index des noms cités

Les folios en italique renvoient aux notes de bas de page. Ceux en caractères gras renvoient aux illustrations et à leurs légendes.

A

Abraham, 15, 16, 17, 18, 19, 20, 21, 22, 23, 38, **40**, 45, 46, 47, 49, 50, 51, 52, 53, **54**, 65, 69, *70*, 71, 74, 75, 76, 78, *79*, 81, **83**, 84, 86, 91, *92*, 94, 95, 97, 98, 99, 100, 101, 103, 104, 105, 106, 109, 112, 125, 126, 127, 132, 134, 139, 142, *143*, 145, 149, 150, 152, 153, 155, 158, 160, 161, 165, 166, 167, 168, 170, 172, **174**, 177, 178, 179, 181, 182, 184, 185, 186, 187, 188, 189, **200**, 201, 206, 210, 225, 226, 227, 228, 229, 230, 231, 232, 233, 234, 237, 243, 245, 246, 247, 248, **250**, 254, 255, **256**, 264, 268, 282, 283, 284, 287, *288*, *289*, *293*, 294, 297, 305, 306, 307, 308, 309, 310, 311, 312, 317
Alice (princesse), 155
Atget, Eugène, **244**
Auburtin, Simon Alexandre Ernest, 314

B

Baartman, Sarah, *263*
Bach, Jean-Sébastien, *102*, *288*
Baehre, Rainer, *108*, *278*
Bang (capitaine), 32, 47, 284
Barthélemy, Toussaint, *182*
Bastian, Adolf, 277, 278, 307
Bauer (M.), 278
Besnier, Ernest, 197, *198*
Bessels, Emil., 115

Blohm, Hans-Ludwig, 16, 17, **47**
Boas, Franz, 278
Bodinus, Heinrich, **100**
Bonaparte, Napoléon, 79
Bordier, Arthur, 235, 236, 239, 241, 306
Bourdel (M.), 197
Bourquin, Johann Heinrich Theodor, 229
Brinton, Daniel G., *267*
Broca, Paul, *121*, 236, 244, 311, 314
Brouardel, Paul, 220, 252, **253**, 308
Brown-Séquard, Charles Edouard, 314

C

Challans, Vicomte de, 11, 15, 285
Christensen (M.), 32
Chudzinski, Théophile, **242**, 243, 244, 245, 246, 248, 250, 308, 309, 313, 317, 319
Colin, Léon, *169*, *171*, **207**, 208, 218, 219, 222, 307, 308
Colomb, Christophe, 209
Columbia, Nancy, 281, 282
Connor (Frère), 50
Coudereau, Charles Auguste, 315

D

Dally, Eugène, 314, 315
David, Philippe, *280*
Delisle (Dr), 254
Delmas, André, 249
Dias, Nélia, *274*

E

Elizabeth (mère d'Abraham), *49*
Elliot, Hugh S.R., *25*, *26*
Elliott, Deborah L., *113*
Elsner, Auguste Ferdinand, 52, 91, 94, 95, 97, 102, 105, 177, 178, *208*, *209*, 225, 226, 227, 229, 230, 292, 306, 307, 308
Elsner, Bertha, 94
Eneutseak, Esther, 281, 282
Erdmann (épouse de Friedrich), 52
Erdmann, Friedrich, 52

F

Faust (Dr), 87
Fechner, Hanns, **270**
Fienup-Riordan, Ann, *28*, *278*
Fischer, J.H., **10**
Flandinette, Félix, 250
Fleischer, Carl, 47
Forbush, William Byron, *281*, *282*
Ford, George, 45, **46**, 47, 282, 305
Ford, Henry, *46*
Franklin, John (Sir), *298*

G

Garnier, M. P., 222
Gay, Eugène, 185, 188
Gendron, Philippe, *84*
Geoffroy Saint-Hilaire, Albert, 170, 202, 208, 216, 240, 241, 242, 284, 307
Girard (M.), 170
Giroux, Alphonse, 13
Gontier, Martine, *279*
Grenfell, Wilfred, 282
Guigon, Gwénaële, *136*, *220*, *273*, *275*, *276*
Guillaume 1er, 28, **29**, 63, 96, 292
Gulliksen (capitaine), 32

H

Hagenbeck, Carl, 16, 25, 26, 27, 28, 29, **30**, *34*, *36*, 38, 41, 42, **60**, 62, 63, **64**, 65, 66, 70, 71, 83, 84, 93, 100, 115, 135, 139, 142, 147, 151, 158, 161, 166, 172, 187, 189, 201, 203, *209*, 225, 226, 227, 228, 229, 230, 232, 233, 267, 271, 272, 273, 275, 276, 278, 279, 280, 281, 287, 297, 305, 307
Hagenbeck, Claus Gottfried Carl, 62
Hall, Charles Francis, *298*
Hamy, Ernest Théodore, 258, *259*, **260**, 261, 262, 265, 272, 273, 274
Harper, Kenn, **66**, *247*, *248*, *281*, *282*
Harper, Stephen, 19
Haugk, W., 37, 42, 230
Hayes, Isaac Israel, *298*
Hendrik, Hans, 29
Hervé, Georges, 245, 308, 317
Hlawatscheck, Gustav Adolf, 42, 97, 230, 287
Hoffmann, M., **29**, **36**, **60**, 63
Hoffmann, Philippe, 168
Hollande, François, 19
Hrdlička, Aleš, **246**, 248

I

Ipellie, Alootook, *17*

J

Jablochkoff, Pavel., *300*
Jacobi (Dr), 163, 166, 306
Jacobsen (madame), 66, 69, 153, 162, 166, 168, 189, 284, 306
Jacobsen (madamJae), 307
Jacobsen, Anne Kirsti, **27**
Jacobsen, Jacob Martin, 27, 29, **40**, **48**, **54**, 62, 65, **66**, **140**, **163**, **185**, **256**
Jacobsen, Johan Adrian, 16, 22, 23, 27, 28, 29, 30, 31, 32, 33, 34, 35, 37, 38, 39, **40**, 41, 42, 43, 44, 45, 47, 49, 50, 51, 57, 58, 59, 60, 62, 63, 65, 66, **67**, 75, 77, 78, 83, *93*, 97, 111, 112, 113, 115, 116, 120, 133, *134*, 144, 145, 147, 149, 153, 157, 158, *159*, 161, 162, 163, 166, 167, 170, 171, 173, 179, 180, 182, 184, 186, 187, 188, 189, 226, *227*, 228, 229, 233, 235, 236, 267, 271, 272, 273, 275, 276, 277, 278, 280,

281, 284, 287, 289, 292, 305, 306, 307
Jacobsen, Johan Filip, 281
Jenner, Edward, *220*
Jonas (frère d'Abraham), *49*

K

Kaufmann, C., 142
Kern, Carl Gotthelf, 52, *92*, 98, 99, 100, 101, 102, 103, 288
Kirchenpauer, Gustav Heinrich, *61*
Kokkik, Hans, 28, 33
Koppmann, Georg, **62**
Kraatz, Leopold, **36**
Kranich (M.), 158
Krell, E., **238**
Kremers, Elisabeth, *160*
Kretschmer, Carl Gottlieb, 15, 23, 37, 42, 50, 52, *70*, 230, 233, 287, *291*
Kretschmer, Marie, 233, *234*
Kujanje, Heinrich, 28, 33, 34

L

La Trobe, Benjamin, 234
Laborde (Dr), 219, 221
Landrieux, Émile, 181, **191**, *192*, *193*, 196, 197, *198*, 210, 221, 241, 251, 284, 307, 308
Landrin, Armand, **272**, 273
Latteux, Paul, 236, 237
Leutemann, Heinrich, **25**
Linder, Carl, 52
Liouville, Henri, 219, 221, 222, 223, **224**
Louis IV (grand-duc de Hesse), 155
Lubbock, Sir John, 133
Lubineau, René, 185, 188
Ludwig (pasteur), 227, 228
Lutz, Hartmut, 16, 17, 21, *41*, *50*, *94*, *98*, *225*, *231*, 287
Lyon, Julien, 185, 188

M

Maggak, Juliane, 28, *34*
Maria, 18, 19, 22, 49, **54**, 71, 98, 149, 150, 152, 172, **176**, 177, 179, 182, 281, 284, 287, 289, 292, 305, 306, 307
Martin, A.-J., *220*, 222
Martin, Angèle, *275*
Martinet (M.), 189
McGrath, Robin, *282*
Mendelssohn-Bartholdy, Felix, 105
Merrifield, Harriet, **46**
Meyer, W. A., **140**
Minik [Menee], 247
Molenaar, Gustav, 159
Mongeau, Diane, **55**, **56**
Müller-Kuchler, Carl, 159

N

Nerval, Gerard de, *87*
Niccodemius (frère d'Abraham), *49*
Niemeyer, Günter, *34*
Nochasak, Zipporah, 17
Nordenskiöld, Nils Adolf Erik (Baron), 296, 298
Nuggasak, 18, 22, 47, **48**, 52, 57, 71, 98, 113, 151, 153, **156**, 158, 162, 165, *170*, 171, **190**, 212, 227, 228, **238**, 269, 293, 306, **316**, **359**
Nuktaq [Nooktah], 247

O

Okabak, Anne, 28
Okabak, Caspar Mikel, 28, 33, 34
Okabak, Katrine, 28
Orfila, Mathieu, *249*
Oster, Jean, *275*

P

Paingu, 18, 22, 47, **48**, 52, 71, 83, 85, 98, 108, 110, 111, 113, 123, **124**, 125, 126, 127, 132, 151, 153, 158, 162, **163**, **164**, 165, 167, *170*, 171, 172, **190**, 212, 214, 227, 228, 235, 236, **238**, 255, 269, 284, 297, 306, **320**
Panneval (Dr), 171, 210, 214
Paulus (père d'Abraham), *49*
Peary, Robert, *247*

Index des noms cités

Petit, André, *191*
Petit, Pierre Lamith, **257**, **258**, **259**
Pinart, Alphonse, *273*
Pirou, Eugène, **261**
Pomiuk, 282
Potter, Russell, *281*, *282*
Pozzi, Samuel, 241, 310, 313
Prévoteau, Christian, 249

Q

Qisuk [Kishu], 247
Quatrefages, Armand de, **251**, 252, 253, 254, 259, 261, 284, 286, 308

R

Ratzel, Friedrich, **238**
Réaumur, René-Antoine Ferchault de, *88*
Reichel, Levin Theodor, **36**, 94, 225
Rindereknecht, Friedrich, 230
Rivet, France, **14**, **90**, **106**, **154**, **164**, **359**
Rivet, Paul, 274
Rivière, Georges Henri, *274*
Rochard, Jules, 222
Rollmann, Hans-Josef, **10**, *91*, *97*, *98*, 105, *112*
Rothfels, Nigel, *26*, *34*
Rouvière, Henri, *249*

S

Sabine (sœur d'Abraham), *49*
Sara, 18, 19, 22, 49, **54**, 71, 77, 98, 103, 149, 150, 152, 162, **165**, 166, 167, 168, *170*, 171, 172, **200**, 212, 228, **250**, 268, 269, 284, 290, 294, 297, 306, 308
Schneider, Johann Georg, 37, 42
Schoepf, Adolf, 66, **67**, 69, 75, 83, 97, 153, 158, 159, 166, 179, 189, 226, 278, 284, 292, 305, 307
Schoepf, Albin, *189*
Schuiler (M.), 169, 211
Shaw (Frère), 226
Short, Susan K., *113*
Siderey, M. A., 194, 195

Sinéty (M.), 195
Slotta, Carl Adolf, 230
Spitzka, Edward Anthony, 248
Stechmann, Hermann, *159*, 164
Stöcker, Adolf, **96**, 105, 292

T

Taylor, James Garth, 15, *16*
Ten Kate, Herman Frederik Carel, **286**
Thacker, A.G., *25*, *26*
Thode-Arora, Hilke, 16, *83*, *98*, *189*, *226*, *277*, *279*, *280*
Thomas, Philippe, *275*
Thun, Jacqueline, *84*
Tigianniak, 18, 19, 22, 47, **48**, 52, 59, **60**, 69, 71, 75, *76*, 79, 80, 81, 83, 84, 85, 86, 98, 111, 113, 123, 125, 126, 127, 132, 150, 153, 156, 158, 160, 164, 165, 172, 177, 179, 182, 184, **185**, 186, 188, 189, **190**, *198*, 199, 211, 212, 227, 228, 237, **238**, 243, 254, 255, 264, 266, 275, 284, 289, 291, 293, 297, 302, 307, **316**
Tobias, 18, 19, 22, 49, **54**, **66**, 71, 77, 78, 79, 80, 81, **83**, 84, 85, 98, 101, 103, 104, 105, 112, 121, 124, 125, 126, 127, 131, **132**, 149, 152, 160, 161, 163, 172, 178, 179, 182, 186, 187, 188, 189, 199, **200**, 211, 227, 228, 232, 234, 237, 243, 245, 246, 247, 248, **250**, 254, 255, 264, 284, 287, 289, 290, 297, 306, 307, 308, 309, 310, 311, 312, 313, 317, 318
Topinard, Paul, **239**, 240, 241, 242, 243, 286, 307

U

Ulrike, 18, 19, 21, 22, 49, 50, 52, **54**, 71, 75, 85, 94, 98, 103, 112, 120, 121, 124, 125, 126, 127, 131, 132, **133**, 149, 150, 152, 165, 172, **176**, 178, 182, 184, 185, 187, 188, 189, 191, *192*, *193*, 195, 199, **200**, 211, 225, 227, 228, 230, 231, 237, 243, 245, 246, 248, 249, **250**, 254, 255, 264, 268, 271, 284, 287, 292, 297, 307, 308, 310, 311, 312, 313, 317, 318

Umlauff, Johann Friedrich Gustav, 267

V

Vallin, E., *170*
Vallois, H. L., *244*
Vallois, Henri V., *264*
Verneau, René, **262**, 263, 264, 265
Vibraye, Paul de, *265*
Victor, Paul-Émile, 264, 274
Victoria (reine), 155
Virchow, Rudolf, **107**, 108, 109, 112, 114, 115, 116, 117, 133, *134*, 137, 139, **140**, 203, 267, 268, 269, **270**, 283, 286, 306, 308
von Dewitz, August, *92*, 98, 101, 288
Von Kuenheim, Haug, *65*

W

Wallace, William, *247*
Walter (M.), 158
Weiz, Samuel, 42, 52
Woldt, Adrian, *28*

Z

Zimmermann (Dr), 163

Fig. 100 Section II-J, vieux cimetière de Darmstadt
Lieu de sépulture de Nuggasak
(© France Rivet, Horizons Polaires, 2013)

En septembre 1880, lorsque Johan Adrian Jacobsen revient à Hambourg avec deux familles inuites du Labrador, il est confiant que le public européen viendra en grand nombre pour voir ces gens "exotiques". Jamais il n'avait imaginé qu'il les menait vers leur mort.

Découvrez les humeurs, les pensées et les états d'âme de ce norvégien de 23 ans au travers du journal qu'il a écrit, de juin 1880 à janvier 1881, lors de son périple avec Abraham et les « Eskimos » du Labrador.

Manuscrit original de Johan Adrian Jacobsen
Traduction de Jacqueline Thun

88 pages, 14 illustrations/photographies
6" X 9" (15.5 cm X 23 cm)

Aussi disponible en anglais.

Pour de plus amples informations :

abrahamulrikab.ca